外教社
博学文库

系统功能语言学视阈下的中国小学生
作文个性化分析模式研究

Researching Writing Individuality of Chinese Primary
Schoolchildren: An SFL-Based Analytical Model

陆丹云　著

上海外语教育出版社
外教社 SHANGHAI FOREIGN LANGUAGE EDUCATION PRESS

图书在版编目(CIP)数据

系统功能语言学视阈下的中国小学生作文个性化分析模式研究 / 陆丹云著.
—上海：上海外语教育出版社,2020
（外教社博学文库）
ISBN 978-7-5446-6145-4

Ⅰ.①系… Ⅱ.①陆… Ⅲ.①作文课—教学研究—小学 Ⅳ.①G624.243

中国版本图书馆 CIP 数据核字(2020)第 019716 号

出版发行：**上海外语教育出版社**
（上海外国语大学内）　邮编：200083
电　　话：021-65425300（总机）
电子邮箱：bookinfo@sflep.com.cn
网　　址：http://www.sflep.com
责任编辑：蒋怡颖

印　　刷：上海叶大印务发展有限公司
开　　本：890×1240　1/32　印张 9.75　字数 279千字
版　　次：2020 年 5 月第 1 版　　2020 年 5 月第 1 次印刷
印　　数：1 100 册

书　　号：ISBN 978-7-5446-6145-4
定　　价：33.00 元

本版图书如有印装质量问题,可向本社调换

质量服务热线：4008-213-263　电子邮箱：editorial@sflep.com

博学文库
编委会成员

（按姓氏笔画为序）

姓　名	学　校
王守仁	南京大学
王腊宝	苏州大学
王　蔷	北京师范大学
文秋芳	北京外国语大学
石　坚	四川大学
冯庆华	上海外国语大学
吕　俊	南京师范大学
庄智象	上海外国语大学
刘世生	清华大学
杨惠中	上海交通大学
何刚强	复旦大学
何兆熊	上海外国语大学
何莲珍	浙江大学
张绍杰	东北师范大学
陈建平	广东外语外贸大学
胡文仲	北京外国语大学
秦秀白	华南理工大学
贾玉新	哈尔滨工业大学
黄国文	中山大学
黄源深	上海对外贸易学院
程朝翔	北京大学
虞建华	上海外国语大学
潘文国	华东师范大学
戴炜栋	上海外国语大学

出版说明

上海外语教育出版社始终坚持"服务外语教育、传播先进文化、推广学术成果、促进人才培养"的经营理念,凭借自身的专业优势和创新精神,多年来已推出各类学术图书600余种,为中国的外语教学和研究作出了积极的贡献。

为展示学术研究的最新动态和成果,并为广大优秀的博士人才提供广阔的学术交流的平台,上海外语教育出版社隆重推出"外教社博学文库"。该文库遴选国内的优秀博士论文,遵循严格的"专家推荐、匿名评审、好中选优"的筛选流程,内容涵盖语言学、文学、翻译和教学法研究等各个领域。该文库为开放系列,理论创新性强、材料科学翔实、论述周密严谨、文字简洁流畅,其问世必将为国内外广大读者在相关的外语学习和研究领域提供又一宝贵的学术资源。

上海外语教育出版社

序言

　　在国庆六十五周年前,有幸收到解放军国际关系学院陆丹云教授的书稿《系统功能语言学视阈下的中国小学生作文个性化分析模式研究》,读后感受到一种别样的节日气氛。在作者引领下,我没有远游这山那湖,在人群中挤压,而是在斗室中宁静地做了一次有关作文教育的中国梦,有时与丹云教授通过电话、电子邮件、短信,以至"时尚的"微信相互交流。总的来说,书稿内容朴实,却蕴含了许多值得思考的重大命题,涉及学界在不同时期的不同观点,这就让我不时在"过去、现在、将来"的时间维度上和国内、国外的空间维度上往返穿越。

　　尽管国人都承认作文是语文教育的重要内容之一,但多年来人们对语文教育的认识有褒有贬。从正面说,人类知识的积累和传递都仰仗语言,因此婴儿出生后都有一个学说话的过程,掌握语音这个符号系统来反映客观世界和建立人际关系,然后上学读书识字,学习另一套文字的符号系统,从而得以在这个大千世界中生存和有所作为。从负面看,当代有一种怪论只谈"习得",不谈"教育"和"学习",混淆了人类天生具有的认知和学习语言的能力与出生后通过教育和社会实践积累经验和发展包括语言在内的各种符号的能力。有的怪论以"听说"挤"读写",无视

II

"听说"和"读写"是人类赖以表达意义和交际的两个不可或缺的符号系统,干扰了正常的语文教学和外语教学。

对语文教学的片面认识必然导致对写作教学的不适当的否定或曲解。最典型的是上世纪六十年代开始的"文化大革命"期间,"假左派"以搞大批判来冲击正常的语文教学。写大字报,谁的调子高,谁就是"好样的""革命的"。正是这个原因,我国一代年轻人语文水平一度跌落千丈。进入新世纪后,一种新的极端思潮又出现了,这表现在对 1999 年大学英语教学大纲的批判,罪名是该大纲强调读写和语法教学,是"重大失误"。所幸仗义执言的人还是有的,北京大学已故李赋宁先生在他的《人生历程》中无所畏惧地说:"我有一个坚定的信念就是学好英语,必须落实在笔头。"对英语教学我们应该如此认识,对本民族的语言教学岂不更应如此? 令人高兴的是本书作者如今以如何搞好作文教学为主题进行研究,这正是我们前一辈学者为之奋斗一生的信念。

什么是作文教学? 如何搞好作文教学? 本书作者谈到过多个层面,如"文本"——具有特定形式特征的产品,包括书写方式、编排格式、词汇语法、篇章结构等;"事件"——把作文看作在特定情景语境下使用语言进行互动以实现特定交际目标;"活动"——把作文看作是作者利用社会文化语境所提供的资源进行社会文化实践,即具有社会建构功能的"话语",关注作者如何通过写作构建身份、服务社会。应该说,对这些层面的论述都从不同侧面体现了当代语言学理论的精辟之见。但我更看重的是作者强调作文的"创造性"本质,我对此点甚为赞同,要实现我们所倡导的"中国梦",除了发扬苦干实干和为人民服务的精神外,还要求我们在工作中勇于"改革"和"创新",在我们的社会群体中能涌现出更多的"改革者"和"创新者"。可以想象,如果我们的教育部门只培养一些没有想象力的个性缺失者,他们很难担当这一重任。当然,在小学、中学、大学不同层次的学校中,在不同性质的课程内容中,以至在不同的工作岗位上,我们都要提倡创新精神。由于本书作者曾参与两项国家社科基金项目——《评价理论、跨文化自传和英语教学的素质教育潜力研究》和《二语学术写作中的评价系统研究》,又熟悉中央教育科学研究所主持的"中小学作文个性化发展研究课题",本书语料和举例以小学生作文的个性化为主,微言大义,应予肯定。

写作教育研究如何客观评价个性化现状?这是本书作者力图回答的问题。作者尝试采用系统功能语言学理论探讨和解决中国学生作文个性化研究,说明作者对系统功能语言学的语言发展观、写作观和适用观有很深刻的理解。值得注意的是,作者的总体理论框架有其独特的一面,即这个框架必须包括语言使用者的差异理论,不然难以分析和评判学生作文的个性化。在这个问题上,作者注意到相对于系统功能语言学的语境差异和使用差异的"实例化"理论,有关个体语言使用者差异的"个体化"研究尚属起步,因此本项研究对理论框架的建立和发展具有重要意义。这就是说,从功能语言学的视角,作者在框架中增添了"个体化"研究维度,即将"语言能力"和"联盟取向"作为分析语言使用者个体差异的两大变项。因此,这是一个包括语义(组篇意义、经验意义和人际意义)、作文能力和联盟取向三个维度的"作文个性化多维分析模式"。这里,作者对系统功能语言学的发展做出了贡献。

本书作者陆丹云教授是我近年来所关注的新生代学者。她的成功在于好学,勤于思索。在一些学术会议和讲习班,都有她的踪影,如北大举办的语言学讲习班、苏州大学的符号学高层论坛、北京师范大学的韩礼德教授讲座、清华大学的马丁教授讲座,等等。我还注意到参加这些活动后,她总是会对一些发言内容发表评论,并与国内外学者进行交流和讨论,包括她与我的老师韩礼德教授的讨论。

最后，我还想占用一些篇幅，谈谈我个人和丹云教授的特殊情谊。**IV** 我除了在学术刊物上经常读到丹云发表的学术论文外，在学术上，丹云和我都接受系统功能语言学的基本理论，我们都重视语篇分析、外语教学、语言规划、计算机辅助教学、多模态学、评价理论、英汉对比等课题的研究，有共同目标和共同语言。在工作中，丹云曾参与撰写我和李战子教授合编的《语言学简明教程》英文版和中文版的"语音学"和"音位学"两章，并承担部分组织工作，同甘共苦。就我个人来说，还有两点值得一谈。一点是丹云教授在解放军国际关系学院任教，我本人 1954—1958 年曾在部队领队机关工作过，我的许多战友都曾去过该校讲学或工作，1990 年 5 月我被该校聘为兼职教授，并在北京参加该校的学科建设专家讨论会，对在同一"战壕"里战斗工作的场景深有体会。另一点也非谈不可，丹云的老师李战子教授在我指导下，在北京大学获得博士学位后于1999 年荣归金陵。第二年，丹云就听了战子教授讲授《功能语法》和《话语分析》两门研究生课程，后又在战子教授指导下攻读博士学位。十多年一晃而逝，丹云前来认我这个已入耄耋之年的师爷爷，岂不令人激动。如果说战子离开北大时给我留下失落之感，如今她们师徒两人给我回报了难能可贵的"隔代亲"之情，我心领了。

祝丹云教授在教学科研中取得更大成就！

胡壮麟

北京大学外国语学院

2014 年 10 月

前言

　　听说读写是语言的四种基本技能。从应用空间、使用频度和习得顺序来看,"写"在四种能力中一般排至末位,但是在当今小学语文教育中,写作能力却成为语文素养培育目标中一个日益凸显的能力要素。原因有两点:(1) 小学生写作空间的扩展:过去,儿童只有进入学校才被要求学习写作,其写作多服务于学校教育,而如今小学生的写作空间已经远远超越作文课堂,他们以多种渠道参加各种社会机构举办的征文比赛,可以通过报纸、杂志等各种媒体发表自己的习作甚至出版自己的专辑,而网络、自媒体亦成为他们通过文字书写自我、表达个性、传递思想的平台;(2) 小学生语文素养的提高:国内多数地区的语文教育已在学前展开,小学生的识读能力较之从前有大幅提高,而在信息爆炸的互联网时代,小学生获取信息、了解社会、学习知识变得非常便捷,语文能力的提高和知识视野的拓宽势必会提高并扩展其写作需求,学校狭小的作文课堂似乎和学生广阔的求知空间、丰富的表达诉求构成不对等关系。

　　进入 21 世纪以来,"个性"和"多元"成为儿童素质教育的关键词,作文如何彰显学生个性、促进学习主体的个性化成长成为写作教育研

VI

究的主题。教育部 2002 年要求中央教育科学研究所主持牵头"中小学作文个性化发展研究课题"研究,根据课题计划,课题组前期在全国970 所学校 3 800 多个实验班开展试点,后期则将研究成果推广到全国各中小学。课题于 2006 年结项,但研究之初设定的子课题"学生作文个性化理论研究"和"学生个性化作文评价方案"并未形成可推广应用的成果,课题在理论构建和实践价值上均难以满足当代写作教育需求。2014 年教育部组织、北京师范大学牵头开展了"中国学生发展核心素养"课题研究,构建了新时期中国学生发展核心素养的总体框架——以"全面发展的人"为核心,含"文化基础""自主发展"和"社会参与"三个方面。落实在语文素养上,"全面发展的人"和"自主发展"强调"个体""个性","社会参与"强调语言输出能力的综合运用,包括写作,如何在核心素质教育中发展个性化写作素养再次成为教育界关注的话题。从当前写作教育的社会文化语境来看,教育界人士、学生家长、关注青少年成长的各界人士对于儿童作文"千篇一律""缺乏想象创造力"的诟病之声不绝于耳,教育职能部门无法对学生写作缺乏个性的"定论"发出有力的辩驳,学界对中国小学生作文是否呈现个性化难以形成定论,作文个性化研究尚未形成系统的理论框架、可操作的分析模式和科学的研究路径,以此指导学校作文教育显得缺乏理据。

作文个性化归根结底是语言使用者差异问题,这是语言学研究不可或缺的一个方面。自古以来,人们就认为使用语言是在"言说自己""书写自己",虽然 20 世纪中后叶的语言学研究更加关注社会结构如何影响语言使用,"个人"在言语中的能动作用一度被"机构"的制约作用所湮没,但是日益演进的语言生态——包括当今社会非主流社会人群的边缘话语多样化、社会人的地域流动性加强以及自媒体的迅速发展等,导致使用者个体差异成为以语言为主要媒介的社会活动中的显性变量、语言研究的一个重要关注点。"个体"来自于"群体"却不等同于"群体",个体间存在语言差异,缺乏对使用者个体差异关照的语言研究势必有失偏颇。遗憾的是,当今语言学理论并未对研究语言个体差异、语言个性特点提供一个系统的、适用的分析框架。

在 20 世纪诞生的诸多语言学理论中,系统功能语言学(Systemic Functional Linguistics,简称为 SFL)以其独有的"适用性"(胡壮麟、黄国文 2007:1)区别于其他流派。"适用性"体现在其应用价值上——它可以帮助我们更加深刻地理解经验如何得以构架、关系如何得以建立,更加精确和细致地描述语言在上述人类活动中的运行机制,发现、分析和破解社会实践中的各类现实问题。"适用性"体现在其理论体系上——SFL 在"元功能"(metafunction)、"层次化"(stratification)、"实例化"(instantiation)、"语域"(register)、"语境"(context)、"语类"(genre)等方面的研究日趋成熟,系统功能语法成为研究话语语义的适用性理论并被广泛应用于各类语篇的分析研究,为解决形形色色的社会问题提供理据和方案,这其中就包括教育问题。"适用性"还体现于学科发展特点——它在应用中发现理论空缺,发展、修补和完善其理论框架,通过"与实践的辩证性对话"而成为一门具有生命力和开放性的语言学理论(Martin 2009a)。母语发展、二语习得一直以来是 Halliday、Hasan、Martin 等系统功能语言学家所关注的问题,SFL 理论亦在对语言教育问题的应用研究过程中不断发展。

虽然"使用者""个体风格"等概念早在 SFL 理论创始阶段就出现于 Halliday(1964,1995a)、Hasan(1973,1989)等的论著中,例如 Hasan(1973)根据 Bernstein(1967)对于社会角色关系的分类——"社团化"(communalized)和"个体化"(individuated),提出了语言编码中的"个体化"(individuation)①趋向。Martin(2006：458)提出 SFL 理论体系需要一个"个体化"的研究维度,但是相对于关注语境构架、语类差异的"实例化"理论,关注个体语言使用者差异的"个体化"研究迄今几乎还处于荒芜状态(Martin 2006,2008a,2008b,2009a,2009b,2010)。鉴于系统功能语言学在语言教育和语篇分析领域具有"适用性",该理论在"个体化"维度的完善将有助于解决使用者个体差异这一研究难题以及当代中国教育所面临的作文个性化研究理论缺失、评估手段匮乏等现实问题。本研究开展了以下几项工作:

(1) 针对现阶段语言使用者个体差异研究缺乏系统的理论框架和分析模式问题,探讨 SFL 视阈下的使用者个体差异研究模式,构架基于SFL 的使用者差异"个体化研究模式"。

(2) 针对现阶段研究尚未对作文个性化形成可操作性定义和评判标准、作文个性化分析评估缺乏客观、系统的手段问题,参照 SFL 理论框架,归纳民间、机构和学术三方话语中的作文个性化特征要素和语义评判要素,形成对作文个性化的语言学定义并构架基于 SFL 的"作文个性化多维分析模式"。

(3) 针对小学生作文是否呈现个性化问题开展基于真实素材的案例研究,利用上述理论框架针对一个班级小学生作文的想象创造个性化问题展开多维分析,在验证基于 SFL 的作文个性化分析模式适用性的基础上,以小型语料考量三方话语的"个性缺失"评判与当代小学生写作现状是否相符。

---

① 国内引介性论文对"individuation"有两种译法,分别是"个性化"(马丁、王振华 2008)和"个体化"(陆丹云 2011a,2013;朱永生 2012),本书采用第二种译法——"个体化"。文中的"个体化"特指 SFL 理论体系中研究语言系统和个体渐变关系的视角,而"个性化"(writing individuality)则为当代中国教育话语、民间话语和学术话语论及中小学生作文时所频繁出现的术语,三方话语对此并未形成统一定义。

本研究源于当代中国作文个性化教育困局的现实驱动和发展 SFL 个体化维度的理论驱动。我们将国内 SFL 应用型研究的关注点从高等教育、外语教育领域延伸到基础教育、母语教育领域，以 SFL 为理论框架研究中国小学生作文问题、分析小学生作文这一汉语自然语料，希望成为扩展 SFL 研究范围、体现 SFL 本土化"适用性"的一次积极探索。研究以定量方式分析了小学生作文个性化整体状况，希望通过案例式研究将语言学理论应用于作文评估实践，为基础教育阶段语文教育研究提供语言学的理论视角和方法途径；实证结果构成对现有三方话语的对话，藉此倡导以"有理有据"的方式开展作文个性化研究和评判，以科学务实的方法改革写作教育模式方法并构建新时代文化语境下的良性写作教育生态。

陆丹云

2014 年 9 月

总目录

第一部分　现状和问题

第二部分　理 论 构 架

第三部分　实　证　研　究

图目录

表目录

缩略语表

1. 术语缩略

CDA：critical discourse analysis 批评话语分析

GSP：generic structure potential 语类结构潜势理论

ICM：idealized cognitive model 理想化认知模式

K-D：knowledge-device 知识机制

KPs：key participants 关键参与者

K-S：knowledge-strategy 知识策略

MCM：mental context model 心理语境模式

PRD：pattern recognizing device 型式识别机制

RST：rhetoric structure theory 修辞结构理论

SCM：stylistic cognitive model 风格认知模式

SCS：social-cognitive system 社会认知体系

SFL：systemic functional linguistics 系统功能语言学

PSCWI：primary school children's writing individuality 小学生作文个性化

SCWIDP：School Children's Writing Individuality Development Project 中小学生作文个性化发展研究课题

UIV：user individual variation 使用者个体差异

VFs：visible figures 可视经验图形

WI：writing individuality 写作个性化

2. 参与者类型缩略

【Att1】Intensive Attribute 内部属性

【Att2】Possessive Attribute 所有物

【Att3】Circumstantial Attribute 环境因素

【Bhv】Behaver 行为者

【Bnf】Beneficiary 受惠者

【Clt】Client 受益者

【CrA】Actor of Creation 创新者

【CrG】Goal of Creation 创新对象

【CrI】Initiator of Creation 创新发生者

【Crr1】Intensive Carrier 内部属性拥有者

【Crr2】Possessive Carrier 所有者

【Crr3】Circumstantial Carrier 环境属性拥有者

【DsA】Actor of Dispositive Creation 终结者

【DsG】Goal of Dispositive Creation 终结对象

【DsI】Initiator of Dispositive Creation 终结发生者

【Ext】Existent 存现者

【Idd】Identified 识别对象

【Idr】Identifier 识别者

【Phn】Phenomenon 现象

【Rcp】Recipient 接受者

【Rcv】Receiver 接收者

【Sns1】Senser of Cognition 认知者

【Sns2】Senser of Desideration 意愿者

【Sns3】Senser of Perception 感知者

【Sns4】Senser of Emotion 情感者

【Syr】Sayer 言谈者

【Tgt】Target of Verbal Process 言谈目标

【Tr1A】Actor of Elaborating Transformation 基本特质转变者

【Tr1G】Goal of Elaborating Transformation 基本特质转变对象

【Tr1I】Initiator of Elaborating Transformation 基本特质转变发生者

【Tr2A】Actor of Extending Transformation 延伸关系转变者

【Tr2G】Goal of Extending Transformation 延伸关系转变对象

【Tr2I】Initiator of Extending Transformation 延伸关系转变发生者

【Tr3A】Actor of Enhancing Transformation 姿态位置转变者

【Tr3G】Goal of Enhancing Transformation 姿态位置转变对象

【Tr3I】Initiator of Enhancing Transformation 姿态位置转变发生者

【Vbg】Verbiage of Verbal Process 言谈内容

第一部分

现 状 和 问 题

第一章

小学生作文个性化研究的
现状和问题

Nystrand(2006：17)在"写作研究的社会历史语境"一文中指出,学校教育的每一次变革都和教育指导思想、社会历史环境和学术研究的指向有关,这三个方面构成影响教育改革的三方话语——机构话语、民间话语和学术话语。中国小学生作文个性化的教育实践和研究历程亦受到这三类指向、三方话语的影响。因此,我们的研究将以个性化写作研究的社会文化历史语境为起点,通过回顾、梳理三方话语,从中提炼小学生作文个性化研究的要点,在此基础上挖掘现阶段小学生作文个性化研究存在的问题并探讨通过语言学途径解决问题的可行性。

1.1 社会文化历史语境中的三方话语 ——————

从中国小学生作文个性化教育的社会文化历史环境来看,机构话语、民间话语和学术话语的对话既构成影响中国小学生写作教育实践的指向因素,也代表了个性化写作教育研究的部分现状,三方话语的对比研究可揭示中国小学生作文个性化研究所存在的问题。

1.1.1 机构话语

4

机构指教育部及其下属的教育管理职能机构,负责制定课程要求、教学大纲和教学要求,指导学校作文教学。中华人民共和国成立以来教育部共颁布了 15 份重要的小学语文教学指导性文件,这 15 份文件构成了影响中国小学生作文教育的机构话语(见表 1.1)。

表 1.1　影响中国小学生作文教育的机构性文件

所属阶段	颁布年代	文 件 名 称
第一阶段: 1950—1963	1950	小学语文课程暂行标准(草案)
	1954	改进小学语文教学的初步意见
	1955	小学语文教学大纲草案(初稿)
	1956	小学语文教学大纲(草案)
第二阶段: 1963—1978	1963	全日制小学语文教学大纲(草案)
第三阶段: 1978—1992	1978	全日制十年制学校小学语文教学大纲(试行草案)
	1980	全日制十年制学校小学语文教学大纲(试行草案)
	1986	全日制小学语文教学大纲
	1988	九年义务教育全日制小学语文教学大纲(初审稿)
	1991	中小学语文学科思想政治教育纲要(试用)
第四阶段: 1992—2000	1992	九年义务教育全日制小学语文教学大纲(试用)
	1994	《九年义务教育全日制小学语文教学大纲(试用)的调整意见》
第五阶段: 2000—	2000	九年义务教育全日制小学语文教学大纲(试用修订版)
	2001	全日制义务教育语文课程标准(实验稿)
	2011	全日制义务教育语文课程标准(修订稿)

15 份文件在标点符号、汉字书写、组词造句、选材组篇和中心大意等方面对小学生作文教学均有所要求,揭示教育职能机构对小学作文教学在语言能力方面的要求具有相对的稳定性。同时,15 份文件在作文教育的教学指导思想、教学目标和要求、教学方法、命题方式、批改评估等方面呈现阶段性变化,因此我们将影响小学生作文教育的机构话语分为五个阶段(见表 1.1[①]、表 1.2[②]),五个阶段作文教育机构话语的关注点各不相同:

　　第一阶段:关注作文的人文性,关注儿童的思想感觉和兴趣爱好。作文教学注重激发和满足儿童写作需求,尊重儿童自信心和自尊心,鼓励其好胜心、上进心,提倡儿童自由作文和指导性作文并重。

　　第二阶段:关注作文的工具性,强调作文形式的"正确性"和"为阶级斗争服务"的目的,作文多由教师命题,对学生写作的主观愿望和写作积极性鲜有考量。

　　第三阶段:关注写作中的主体需求,将作文和学生的学习、生活、思维发展相联系,命题上要求写作内容和儿童现实生活相关,教学上试图从作文外寻找学生写作中的问题,如学生的生活阅历、阅读量、范文积淀、观察思考能力、心智能力等。此阶段作文教学的要旨是促成学生从被动作文向主动作文转变。

　　第四阶段:关注写作和思维的关系,注重激发写作兴趣和动机。写作教学中力求训练方法灵活多样、创造各种机会激发作文兴趣、调动学生作文的积极性、增强其创作责任感,促成其心智能力发展和作文能力发展的协同性。

　　第五阶段:关注作文的自主性、真实性和创新性,对于写作的语言能力要求降低。例如【D2001】要求写作教学"为学生的自主写作提供有利

---

　　① 本文以【D+年代】的缩略形式指代机构文件,如【D2001】指 2001 年发布的《全日制义务教育语文课程标准(实验稿)》。【D1950】—【D2000】,参见课程教材研究所(编),《20 世纪中国中小学课程标准·教学大纲汇编》。北京:人民教育出版社,2000;【D2001】、【D2011】参见人民教育出版社课程教材研究所,《语文课程标准》,http://www.pep.com.cn/xiaoyu/jiaoshi/tbjx/kbjd/,2012/10/13/08:00'00''。

　　② 本研究尤其关注对于小学高年级阶段(五、六年级)的作文要求,表格中提及的教学要求一般指针对小学高年级阶段的作文要求。表 1.2 中加引号部分为各阶段机构话语的原文,其他为作者对机构话语的阐释,"需求满足法""讲读法""内容法""读写法""动机激发法""过程法"等为作者本人对该阶段教学方法的归纳总结。

条件和广阔空间,减少对学生写作的束缚",要求学生在作文中"说真话、实话、心里话,不说假话、空话、套话",要求教师"鼓励自由表达和有创意的表达"。该阶段强调通过写作促成小学生个体成长,包括"培养现代社会公民良好的人文素养和科学素养","创新精神、合作意识和开放的视野"等。

表 1.2 影响中国小学生作文教育的机构话语变迁

阶段	指导思想	教学目标	教学要求	教 学 方 法	命题、批改和评估
第一阶段	作文"体现了儿童语言发展和思维发展"	指导儿童运用书面语言表达自己的思想/感情;培养儿童思想的条理性,发挥写作的自由性	正确表达、有内容,通顺、连贯,合乎逻辑	需求满足法:尊重儿童自信心、自尊心、好胜心、上进心;注重写作需求,"自由作文和指导性作文并重"	自由选题和教师命题并重;批改"多保留原意""抹改不可太多"
第二阶段	作文"是字、词、句、篇的综合训练"	在写作中"使学生提高觉悟、增长知识、掌握语言文字工具,具有初步的写作能力"	利用语言文字"反映阶级斗争、生产斗争和科学实验"	讲读法:将讲读教学和学生写作实践密切联系起来,将阅读文章作为习作范例	教师命题,"从逻辑、语言、书写"上精批细改,找优缺点,分析错误原因和改正方法
第三阶段	作文"是学生思想水平和文字表达能力的具体体现"	培养作文能力、观察事物、分析事物的能力和思考的习惯,"引导学生接触自然社会及拓展视野"	培养用词造句、布局谋篇的作文能力,初步培养准确、鲜明、生动的文风。作文有具体内容、实事求是;看对象	内容法:开阔学生思路,调动学生的积累,让学生把自己所见所闻所想的"有意义的内容用文字表达出来" 读写法:鼓励从读学写,从阅读内容中学习"写什么",从范文形式学习"怎么写",借鉴课文的表达形式,学习写作方法	命题作文,强调题目要切合学生实际、有话可写;重视作文的指导、批改和讲评;鼓励自我修改

阶段	指导思想	教学目标	教学要求	教　学　方　法	命题、批改和评估
第四阶段	作文"是把自己的所见所闻所思所感用自己的话写下来"	培养基本写作能力，养成观察事物抓住重点的习惯，适当展开想象	有中心、有条理、内容具体、语句通顺、感情真实、思想健康	动机激发法：灵活多样的写作训练，创造各种机会激发作文兴趣，"使学生喜欢作文，主动练习作文"	命题和自拟题结合；提倡自我修改
第五阶段	写作是"运用语言文字进行表达和交流的重要方式，是认识世界、认识自我、进行创造性表述的过程"	发展语言能力和思维能力，激发想象力和创造潜能。养成实事求是、崇尚真知的科学态度，掌握科学的思想方法	根据日常生活需要，运用常见的表达方式写作：语言上"文从字顺""内容具体，感情真实""把自己的见闻、感受和想象写出来"	现实法：贴近学生实际，引导学生"关注现实，热爱生活，表达真情实感" 过程法：将"观察、思考、练习、修改/创作"作为提高写作能力的必要步骤和能力要求 动机激发和需求满足法："尊重学生的写作意图，肯定其进步""调动学生观察思考和练笔的积极性"；"激发其展开想象和幻想，发挥创造性"	多种灵活的命题形式，加强自拟题作文练习；批改采取多种形式方法，逐步培养其自我修改的习惯

　　第五阶段分别在 2000 年、2001 年和 2011 年颁布了三份教学指导文件，是对当代小学生写作教育产生重大影响的主要阶段。第五阶段的机构话语与前四个阶段有显著区别：相对于传统作文教学思维模式对作文教育的意义认定大致围绕着文字能力的训练、正确的写作、表达情感和见闻、锻炼思维能力几个方面，第五阶段将作文教育的指导思想从强调"工具性""思想性"转向"人文性""个性化"，如将写作视作儿童"运用语言文字进行表达和交流的重要方式""认识世界、认识自我、进行创造性表述的过程"，将作文教育的作用解读为"造就现代社会所需要的一代新人"。可见，此阶段写作教育的导向是关注作文在小学生个体成长中的作用，强调写作能力的发展和小学生的全面发展密不可分，将作文教育和儿童的个性化成长相联系。

8

在修订教学大纲和教学要求的同时,教育部委托中央教育科学研究所于 2002 年 4 月开展了"中小学生作文个性化发展项目"(SCWIDP)。SCWIDP 的基本出发点是让教师和学生的作文意识"返璞归真":首先,改变学生写作无个性的现状,让学生习作从"非个性色彩的统一化、模式化向个性色彩的个体化、多元化转化",让"作文的本义回归";同时,改变教师的教育观念,把学习者的个人身心需要、个人才智置于教育的重要地位,让作文教学适应和满足具有多元能力、多元智慧和多元差异的不同学生的写作发展的需要(徐同 2005a:18)。在课题开展的第一个五年(2002—2006)中,有 970 所学校 3 800 多个实验班参加项目实验,从第二个五年开始,几乎全国所有的小学都逐渐开展了"作文个性化"教学实践。

1.1.2　民间话语

民间话语来自作家、一线教师和学生家长等关注儿童写作现实的非专业人士,他们通过各种渠道传递自己的所见所感,间接影响机构话语,并辐射到作文教学理念和课程改革。第五阶段作文教育机构话语之所以将作文和学生的个体成长紧密结合起来,主要原因是受到民间话语的推动,这其中最具有代表性的是《北京文学》1997 年 11 月发表在《忧思中国语文教育》专栏上的一组文章。专栏下三篇文章的作者分别是作为学生家长的作家邹静之、中学语文教师王丽和大学教师薛毅,三位作者根据各自的亲身经历和观察思考,尖锐地抨击了我国各阶段语文教学所存在的问题,例如过分强调语文学科的工具性而忽视其人文性、过分强调和依赖标准化考试,导致学生死记硬背、照搬硬套,尤其是作文教育:"对于直接体现语言能力的写作环节,过分强调技巧与形式的训练,不重视写真情实感,无需观察、分析、想象,只凭机械模仿就能下笔成文,结果写出的作文言之无物、千人一面,严重影响了一代青少年观察力、想象力的培养"(邹静之 1997:4)。

这组文章将批判的矛头直指我国基础教育阶段语文教育,其批判的焦点是语文教育严重抹杀了学生的个性与灵气、窒息了学生的创造性思维、不利于创新型人才的成长,因此掀起了一场"关于我国语文教育现状与改革的大讨论"(何克抗、马宁 2005：43)。在作文方面，参与讨论的作家、教育工作者、学生家长、媒体工作者等各界人士一致指出学生作文普遍存在"概念化""成人化""功利化""抄袭杜撰""假、大、空、套""千人一面"等现象，"思想缺席""个性湮没""思维固化""语言枯涩""技法雷同"成为学生作文的通病(顾振彪 2006)。诸多民间人士将这些问题归结于学校语文教育长期以来惯用"公共思维"和"群性话语"来限制学生丰富多彩的思维方式和言语自由，使作文教学观念和实践均堕入了"极端畸形的模式"①。例如，俞发亮(2007：31)发现一些极具个性和创意的"争议作文"得不到教师的正面评价，甚至被打了超低分，他认为学校的语文教育、写作教学依然处于"揠苗助长、扼杀和扭曲学生的写作天性与言说欲"的误区，"立意要高"的紧箍咒葬送了孩子的写作天赋和才情，对写作的热爱和喜好，导致写作成为他们生活中"艰难、痛苦和压抑"的事情。葛红兵(2010)则对中小学作文中的"说假话""说反话"现象展开炮轰，他认为大多数语文老师逼迫孩子说假话，让他们写与生活不相关或者完全相反的事，短期后果是学生觉得作文难写或者不得不在作文中说假话，长期下去，学生会掩藏真实想法，"用伪装、假话来装点自己"、丧失了说真话的能力"、成为"伪思想的奴隶"，形成了"分裂人格"。葛红兵把学校的写作教育和儿童的个性成长甚至民族特性联系起来："这是孩子的悲哀，一代中国人的悲哀"。他认为理想的作文教育应该教孩子如何"回溯"自身，观察世界，在自己的身上发现"真理"，在周遭的环境中发现真实、探究真相，而中国小学生作文教学的现实恰好与之背道而驰。

1.1.3 学术话语

在机构话语倡导作文个性化教学、民间话语诟病作文个性缺失的同时，从事写作教育研究的专家学者也针对作文个性化问题展开研究，他

---

① 对于小学作文的网络评论资源主要来自：(1)【新浪博客】：学科作文教学研究，http://blog.sina.com.cn/xuekezuowen；(2)【人教论坛】：小学语文教育教学，http://bbs.pep.com.cn/forum.php? mod=forumdisplay&fid=139；(3)【网易博客】：语文课程与教学研究，http://zdyang1967.blog.163.com/blog/static/1297981952012419103 72850/。

10

们以各自的学术视角研究小学生作文中牵涉的理论和实践问题,包括学生品德修养、生活素养、审美情趣、健康个性、全面发展以及作文评价等诸多因素与作文个性化之间的关系,力图通过学术反思为学校的教学实践提供指导,这其中最有代表性的就是"中小学生作文个性化发展项目"(SCWIDP)中的课题研究。SCWIDP 课题规划了七项科研内容,以求在作文个性化教学的理论体系、教学机制、操作基本模式、评价体系等方面有所突破(潘自由 2006),其中有三项子课题分别以作文个性化的"现状""理论"和"评价"为研究内容(见表 1.3):

表 1.3 SCWIDP 子课题设计

子 课 题	研 究 内 容	研究方法	成果形式
子课题 1 中小学生作文现状调查及分析	学生的写作兴趣、动机、作文水平、个性倾向等	调查 问卷 个案研究	调查报告
子课题 2 学生作文个性化理论研究	理论构架、概念界定、教学原则等	实验 经验总结 个案研究	论文 专著 实验报告
子课题 6 学生个性化作文评价研究	学生个性化作文评价的原则、方式、方法和标准	个案研究 资料研究	研究报告《学生个性化作文评价方案》

自 SCWIDP 课题开展以来,与作文个性化相关的研究报告和教学总结不计其数,仅通过"篇名"对 2000—2012 年间中国知网的文献搜索即可获取篇名同时包括"个性化"和"作文"的论文共 205 篇,其中学术期刊论文 139 篇,硕士论文 44 篇,报纸文章 16 篇,会议论文 6 篇。表面上看,学术界也积极地参与了作文个性化论题的对话,然而,对上述成果的深度审读却揭示学术研究在"现状""理论"和"评价"三个方面成效甚微,在 SCWIDP 课题指导下的小学生作文个性化研究并未完成预期目标:

(1)现状调查:教育部自 2002 年起在全国近千所小学开始了"个性化作文教学"的改革实验项目,以"个性化作文""创新作文""新概念作文"甚至"争议作文"为书名的作文集如雨后春笋般出现在各类图书发行渠道。一些语文教师指出,当今的语文教育已远不是 20 世纪的陈旧状况,教材与时俱进地增加了很多具有时代特色的美文,教学方法也从传统的指令式作文变成读写结合，一些教学案例说明学生作文"感性、直率、理智"，已远离"假话连篇"的历史，"个性化"作文是当代学生写作的主要特征(龙在田 2010)。然而，各界人士持续不断的"个性化诉求"和对写作教育模式化的强烈批驳说明"现状堪忧"，他们所提供的作文案例反映"个性化"改革并未彻底扭转学生作文的"畸形模式"。当前中国中小学生的作文个性化的整体现状是怎样的？当前研究对此未能提供科学、客观、可信的回答，SCWIDP 项目预期的调查报告也未曾出现。

(2) 理论体系：为证实开展作文个性化教学的必要性并探讨作文个性化教学的科学原则，SCWIDP 试图开展理论研究，构建作文个性化研究的理论体系并界定相关概念，然而 205 篇论文多为对开展个性化作文教学的意义、必要性、方法和注意事项等的例举式漫谈和浅表性论述，一部分是对教育部相关文件的重复性阐释，一部分则为对教学经验的总结和反思，除徐同(2005a、2005b)以概念界定为目的对"个性""个性化"进行了哲学、心理学、社会学、教育学的对比性阐释外，其他论文几乎都没有涉及对作文本质的理论探讨，迄今国内没有对作文个性和个体成长缘何相关、如何相关进行深入研究的论著、论文出现。

(3) 评价方案：社会各界将作文模式化问题的原因归结于教育体制和评估方法——当教学和训练跟着考试的指挥棒走，而考试制度、评估制度又与个性化理念矛盾时，学校写作训练势必沿着统一命题、限定范围的老路走。SCWIDP 课题研究计划之一是通过其学术研究构架作文个性化评价方案，以改变评价模式"标准化"和教育理念"个性化"的矛盾现状。然而，205 篇论文中没有一篇探讨如何构架更科学的小学生作文个性化评价方案，更无对小学生作文个性化程度进行深入分析、客观评价、整体评估的实证研究。唯一以"作文个性化评价"(解正宝、杨永明 2006)为主题的文章是以高中生为研究对象，且未提供具体的评价方式。在小学生作文个性化评估方面，当前研究并未形成可操作性方案。

1.1.4 存在的问题

机构话语、民间话语、学术话语代表了中国当代小学生作文教学和研究所处的社会文化语境,可以揭示中国小学生作文个性化研究的现状。当代小学生作文教育始终围绕着"个性化"这一关键词展开,三种话语的共同点在于：均认可作文素养的发展和儿童个体发展的密切相关性、均认为当前小学生作文存在"个性缺失/弱化"的问题。不同点在于,民间话语关注当代小学生写作的现状和问题,着力于通过凸显的个案揭示学校语文教育中、学生作文中的负面现象,对语文考试制度中的作文评分机制提出批评;机构话语(如【D2000】、【D2001】、【D2011】)虽对现状相对沉默,但试图通过提倡"作文个性化发展"来改良学校的作文教育;学术话语强调作文个性化研究的重要性和必要性,但是在作文个性化的理论构架、评价方案和现状调查三个核心子课题上止步不前,其研究的理论深度和实践效度离解决小学生作文个性化发展的现实要求相去甚远。

"理论""评价"和"现状"是作文个性化研究的核心问题,不解决作文个性化的理论体系、概念界定问题,就无法解释个性化作文和个体发展之间的关系,更无法证明"个性化发展策略"对于写作教育具有指导意义,不建立评价体系,无法对当代中国学生作文个性化的总体现状进行客观判断,对于现行考试制度的批评和对语文教育的改革设想均显得没有说服力。因此,当代中国的写作教育迫切需要深入研讨以下三个问题,以对小学生作文个性化教育形成"有理有据"的、令人信服的学术指导：

(1) 如何构建小学生作文个性化研究的理论体系?

(2) 如何评估作文的个性化程度?

(3) 小学生作文个性化的整体现状究竟如何?

1.2 小学生作文个性化研究要点

构建作文个性化研究的理论框架、拟定作文个性化评估方式和调查作文个性化整体现状对应了 SCWIDP 课题尚未完成的三个主要研究目标,也是本研究试图探讨和解决的问题。建立小学生作文个性化研究的理论框架和分析模式,就必须回答何为作文、何为作文个性化;拟定小学生作文个性化评估方式就必须对现有的作文评估方式进行梳理并发掘最适用于个性化评估的模式;调查作文个性化整体现状就必须对作文的真实语料进行语义分析。为此,作文的本质属性问题、作文个性化的定义问题以及作文评估模式问题是小学生作文个性化研究的要点。

1.2.1 作文的本质属性

研究作文个性化应尊重作文的本体特点、本质属性。早期写作研究或将作文解读为写作的"产品",即"文章",或将作文解读为写作的"过程",即"撰写文章",因此作文可视作生产特定"产品"的特定"过程"。随着语言的社会功能和建构意义的发掘,越来越多的学者开始将作文当作一种行为,并分析其社会性、文化性和建构性。

当代写作研究受四类语言观的影响,分别是:

(1) 语言即"文本"(text);

(2) 语言即"心理认知"(cognitive process);

(3) 语言即"事件"(event);

(4) 语言即"社会文化政治语境"(sociocultural and political context)(Ivanic 2004:222-224)。

写作研究对于作文本质属性的探讨和对于作文的定义也基本在这四个层面展开(见图1.1),并由此产生不同的作文教学方法和评价标准。

(1) "产品"观

第一类语言观将作文看做具有"文本"特定形式特征的产品,其特定形式包括书写方式、编排格式、词汇语法、篇章结构等。例如,沈永耿(1994:58)的"文章本质辩"将作文定义为"以书面语言文字符号作为物质媒介,能承载或蕴含具有一定主题、具备一定篇章序列形式的社会信息的传播载体",关注的就是作文的"文本"特征,他认为文章的本质属性

14

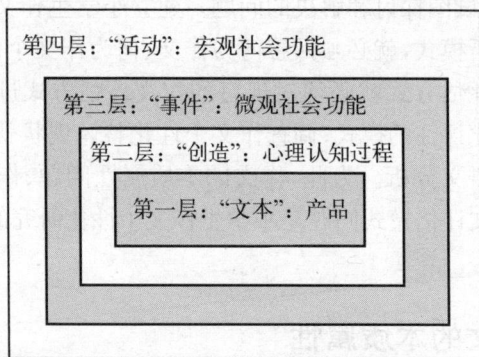

第四层: "活动": 宏观社会功能

第三层: "事件": 微观社会功能

第二层: "创造": 心理认知过程

第一层: "文本": 产品

图 1.1   作文的四层本质属性①

是由其物质媒介(书面语言文字符号)和形式(篇章序列)决定,由此才能和绘画、雕刻等其他表意方式区分开。如果把"文本"作为作文的主要特性,就会在作文教学中关注书写、标点、格式、遣词造句和谋篇布局等"语言技能",对作文的评价以作文的形式是否正确、表达是否准确为主要标准,根据 Ivanic(2004:227)对西方教育话语的观察,大多数作文教学大纲都对"语言技能提出要求",实质上就是因为大纲的制定者坚持作文即文本,作文能力即特定媒质上的文本制造能力。

(2)"创造"观

第二类语言观将作文看做作者通过特定的心理过程而创造的语言产品,关注写作中语义的加工生产和接受、写作策略设计等心理认知过程,对作文的评价以内容和风格是否具有"创造性"(creativity)、"文学效果"(effectiveness)为标准。例如顾振彪(2006:32)将作文定义为"写作主体个人进行的一种精神产品的独特制作",强调的正是作者的心理过程;路德庆(1994)的《普通写作教程》将写作解读为"作者在与客观事物相互作用时,以语言文字符号为工具和载体,进行思维活动和心理活动,将其成果有序化、篇章化地表达出来并传递给读者,以引起他们的共鸣与反应的一种活动和过程。它既是一种语言现象,更是一种心理现象、

---

①   编译自 Ivanic(2004)。

思维现象;既是思想、感情、知识等信息的表达、表现,也是思想、感情、知识等信息的发生和形成"。这个定义在明确作文"文本"特征的同时,更加关注作者的心理过程特点,包括其情感、兴趣、写作动机等对于作文的影响,例如"真实地表达自我"符合人的心理需要,"创造""想象"和"求真求善求美"是人类生存的高层次心理需求等,由此产生的写作教学理念包括"写长法""无主题写作""读写法"以及融构思、成文和修改于一体的"过程教学法"等。

(3)"事件"观

第三种语言观把作文看做在特定情景语境下使用语言进行互动实现特定交际目标的"事件",关注的是作文对于写作者在特定社会情景语境下有何具体的功能,对作文的评价取决于文本的语言形式相对于语境的"得体性"(appropriacy),即作文是否能够满足语境的需要、服务于作者,如陈望道(2005)提出作文应该"利用文字传达意义"、路德庆(1994)认为写作能"反映客观事物,表达思想、认识、情感"等,均强调了作文的"事件"属性。当作文成为"事件",它就势必受制于语境并服务于语境的需要,特定的语境对文本的语言提出特定要求,例如文体为正式或非正式,内容为复述或者描写、传信还是指示等等,由此产生"语类教学法",即训练学生学会利用特定的语言形式体现社会情景语境所需要的特定的语言功能,Martin 20 世纪 80 年代开始在澳大利亚中小学开展的读写训练就围绕着培养学生的语类意识而展开(Martin 1993b,2000,2009b,2012;Martin & Rothery 1981,1986;Lea & Street 1998)。

(4)"活动"观

第四种语言观把作文看做作者利用社会文化语境所提供的资源进行的社会文化实践"活动",即具有社会建构功能的"话语",关注宏观社会文化语境中,作为人类社会活动之一的个体写作活动和社会文化制度、意识形态、权力分配等文化因素的关系,关注写作者如何通过写作构建身份、服务社会。为此,评估作文的标准有两类,一类是作文所体现的社会责任和实现社会目标的有效性,旨在检验作文是否实现了构建功能;另一类是批判意识,旨在检验作者是否能够使用恰当的社会表征方式构建个体身份。基于"话语"视角的研究往往将作文视作一种人类独特的行为并试图解读其行为规律,刘锡庆(2008:53)在对"读"与"写"两种语言活动进行区分时,指出作文是"书面形式的一种人际交往与信息交流,是言语交际的书面表达活动",其功能是在"交谈者不在场的条件下发挥作用",它可以"更加充分地表达交际的内容""具有更大的随意性和自觉性",这就是在宏观社会文化语境下定义作文的本质属性。"活动观"更多地从社会建构视角理解写作活动,此类写作教学关注写作的交际性、实践性,其典型的教学法包括"真实语境教学法""社区活动法"等,例如英国"新伦敦小组"的读写教学实践,将服务于宏观语境设定为写作目的,他们试图通过写作活动促成青少年在特定社区的个体成长、提高其社会适应能力、参与能力,其写作教学取得了社会成效(New London Group 1996;Stein 2008)。

1.2.2　基于语言本质的小学生作文定义

"文本""创造""事件"和"活动"是作文的四大属性(Ivanic 2004:223),之所以存在对于作文的不同定义,是因为定义者所关注的层面不同。一个全面的作文观是应该融合以上四种观点的,对当代小学生作文的定义应该涵盖上述这四类属性,即:

> 小学生作文是小学生通过书写的方式、在书面媒质上生产出来的、讲求书写、标点、格式、遣词造句以及篇章布局的文本;是基于儿童兴趣爱好、受写作动机目的、儿童记忆、知识和任务语境等因素影响的、包括立意、转写和修改的创造过程;是根据特定的微观习作语境需要选择恰当表达方式完成特定写作目标的社会事件;是一个在当代中国的宏观社会文化语境中儿童利用可及资源表达其独特身份、并在社会文化语境产生相应效果的建构活动。

上述定义从四个层面展开(见图1.1),反映了作文的语言本质,涵盖了小学生作文的四类本质属性。从这四个层面看中国的小学作文教育,我们发现国内作文教育普遍关注作文的"产品"属性（例如所有的语文教学大纲对于书写、标点、格式、遣词造句和篇章布局都提出教学要求）和"事件"属性（大部分大纲都提出对记叙文/纪实文、描写文、应用文等文类的写作要求，提出作文要实现表情达意的功能、应有鲜明的文风等），作文的心理"创造"特征也在一部分指导性文件和写作研究中得到关注（例如写作应有想象力、创造力；写作教学应培养其观察事物、分析事物的能力和思考的习惯，等等）。关注作文个性化的各类话语则凸显了对"活动"层面的关注，例如【D2001】指出作文是"写作实践"、是"认识世界、认识自我"的过程，作文教学是"关注现实，热爱生活，积极向上"的过程，这就是将学生作文视为社会文化大背景下的建构性话语，是从社会建构的角度关注作文在儿童成长过程中的作用。可见，当代小学生作文教育实践中，或多或少地体现了对小学生作文四个本质属性的关注。

小学生作文具有四个方面的属性，要对小学生作文进行全面深入的研究，就需要一个系统的理论，该理论需要关注到作文本质上具有"文本""创造""事件"和"活动"四个属性，对于书面表达、表达过程、微观宏观语境和作文的互动作用的研究有理论指导意义。

1.2.3　个性、个性化与写作

"个性"一词有多重来源，心理学上的"个性"（personality）与"人格"密切相关，由拉丁语中的"人格面具"（persona）演变而来，"在人类的各种自我表演中，面具传达了最重要的意义，代表着人们已经形成的自我概念……力图充分体现的角色……真实的自我……力图达到的自我"（Goffman 1988，见班建武 2010：35），随后"面具"的意思逐渐被延伸至心理学上的"心理面貌"，特指和社会共性所相对的个别性（许书明 2005：63）。社会学将"个性"（individuality）定义为群体的特殊形态，是区别于社会性的个体特质，个体所特有的独立自主意识、社会存在意识，是个体在社会生活中"成为人的必要条件"，也是人类的社会活动"得以维持的重要因素"（Johnstone 1997：237－239）。

　　无论是心理学,还是社会学,均强调人的"个性"并非与生俱来,而是在先天遗传基础上受后天自然的、社会的、心理的等各种因素影响而逐渐形成和发展的独特性,其形成有赖于社会实践并受到各种社会因素的影响,发展教育学将形成个性、获取个性和展示个性的过程称为"个性化"(Feldman 2006)。"个性化"发生在两个维度上,第一是纵向的时间维度,即与生俱来、不同的潜质、不同的潜能方向,在日益丰富的生活经验、经历和文化情境中发展其主体性,最终形成"思想和行为的总体特征"(朱小曼,见顾振彪 2006:10);第二是横向的社会维度,即人在一定的社会历史条件下,通过社会实践活动形成和发展自我的独特性、实现自我并区别于他者的过程(刘传权 2012)。由于"个性"既形成于社会实践,又在社会实践中实现自我以区别于他者,因此"个性化"是个人与社会的多层次动态关系中的一个重要方面。

　　"个性"这个词自出现之日,就和"意义""自我表达"密不可分,没有意义和不表达自我的"个性"是不存在的。从语言学的视角看,不论是在个体发展形成个体特点的纵向时间维度上的个性化,还是在各种社会实践活动中实现自我区别于他者的横向社会维度上的个性化,语言始终扮演了重要角色:"语言创造了个性现象,人之所以能够实现其个性和主体、世界之所以能够具有自我和他者之分,均归功于语言之语法"(Johnstone 2001:122)。

　　个性是语言活动的产物,"个性化"和使用语言是两个同步的过程。写作是人类特有的、以书面语为主要媒介的社会活动,在写作活动中,写作的构建性和人的"个性化"是同步发生的:在写作的宏观语境中,在写作的"活动"层面,一方面个性通过写作实现自我、区别他者、展示个性,另一方面写作活动形成和发展作者的个性。也就是说,"个性化"是以书面写作为形式的言语活动不可或缺的一部分,"个性"也是写作过程的自然产物,因为作文"从来就或永远是写作主体自我个性的一种或深或浅、或隐或显的表现,是一种充满了主观情意和个性色彩的人格呈现"(刘锡庆,见顾振彪 2006:32)。"作文个性化发展"强调的正是个性和写作的双向作用,作文应该是展示小学生个性的过程,也是全面发展其个性的过程。

1.2.4 "作文个性化"的定义缺失

研究、评估小学生作文个性化的前提是对"作文个性化"进行明确的定义,并将其作为判定"个性化"的标准。然而,不论是机构话语、民间话语还是学术话语,对"作文个性"和"个性缺失"的诠释大多是对"个性"概念的解释,例如:"个性鲜明/个性湮没""内容鲜活/内容空洞""与众不同/千人一面""亮点突出/言之无物""独有和全新的创造/缺乏活力、灵气和蓬勃生机"等等,上述释义未能深入作文的具体内容、针对作文的本质属性来讨论作文个性化的内涵。

以往的写作个性化学术话语将研究重点放在对作者个性的研究。国内的"作者个性"研究可追溯至刘勰在《文心雕龙·体性》中的细致分析。刘勰强调了"性"(创作者个性)对于"体"(文章风格)的重要影响(参见沈谦 1986:55;韩泉欣 2000):"各师成心,其异如面",即大师的作品之所以能够与众不同,是因为他具有创作个性,因此他对二者关系进行了较为系统的分析,通过对"性"(个性差异)的构成要素的分类阐释了"性"与"体"的动态关系(见表 1.4),说明作者的才、气、学、习四类个性对于文章的风格产生影响。

表 1.4 《文心雕龙》中的"性""体"关系

性	个体差异	体	对写作的影响
才(能)	语言驾驭能力	才有庸俊	决定作品文辞义理的庸常或杰出
气(质)	先天的气质	气有刚柔	决定作品风调趣味的刚健或柔婉
学(养)	所受的教育和修养	学有浅深	决定作品据事类义的浅薄和深邃
习(染)	环境、经历的影响	习有雅郑	决定作品体式的雅正或俚俗

　　当代写作研究对学生作文中的个性问题有过类似分析,如徐同(2005b:9－10)认为学生四个方面的个性可通过作文体现:自身的先天素质、个体内部相对稳定的心理结构和形成过程、个体生命与生存环境相互影响下的个人生活经验、个体生命对生存环境作出的反应与行为,这四点基本也对应了刘勰所说的才、气、学、习,可视作国内学界对于写作"个性"的基本认同。

　　然而,对"作者个性"的列举并不能作为判定"写作个性化"的标准。在评阅小学生作文的过程中,很难对"先天素质""心理过程""生活经验""反应行为"加以区分,因为作文本身就是一个动态的过程,我们无法在这个动态的语义生成过程中划界,将"先天的"和"后天的"、"经验"和"行为"完全区分开来。

　　回顾国内可及文献,唯一试图对"个性化作文"进行界定的是许书明(2005:63)"试论个性化作文教学的目标和原则"一文,他将"个性化写作"解读为"学生在自主作文中表现出自己的个性特点,能用自己的语言自由抒写真实独特的感受,能发表自己与众不同的观点和看法,具有一定的想象力和创造力,并且在写作过程中注重自身人格的塑造与完善。"这个定义强调了个性化作文在表达情感、观点和经验方面的特点。小学生在写作中的个性化需求以及作文宏观的构建功能,较为全面地体现作文个性化和作文"文本""创造""事件"和"活动"四个本质属性的关系。然而,定义仅仅表达了对"作文个性化"的总体要求,其中列举的"个性化"特点较为笼统,无法作为客观评价标准,例如对于"想象力""创造力""独特性"的判定,仁者见仁、智者见智,作为评判作文个性化的具体参照还不够系统、具体,缺乏可操作性。

　　第五阶段的教学大纲、课程标准反复强调"作文个性化发展",但文件本身对"个性化作文"也未能提供明确定义。国内的作文个性化研究往往止步于对作者个性的列举、对"个性化"或"个性缺失"现象的罗列式描述或对作文个性化提出笼统的总体要求,未形成对"作文个性化"有效的可操作性定义,因此如何定义作文个性化、确立作文个性化的判定参数和维度,成为个性化研究必须要解决的问题之一。

1.2.5　作文个性化评估

　　评价学生作文发展现状有助于揭示学校写作教育存在的问题,也能够为进一步改良学校教育模式和教育方法提供参考。对作文评价模式和国内有影响力的小学生作文评估方案的得失分析,将有助于探寻对小学生作文个性化现状进行整体评估的可行途径。

1.2.5.1　作文评估模式

　　由于作文教学是各国小学教学的重要部分,作文评估既是作文教学的重要部分,又对作文教学方法有指导意义,各类评估模式的关注点、操作方法、结果类型以及对写作教学的意义各不相同,因此国内外出现了多种作文评估模式(见表1.5)。

表 1.5　作文评估模式的类别

类 别 标 准	评 估 模 式
评估过程	质性评估、定量评估
评估标准	指标评估、整体评估
评估对象	直接测量、间接测量、内隐评估
评估参与者	教师评估、学生互评、社会评估
评估目的	能力发展评估、水平测试评估
评估范围	局部评估、整体评估
时间跨度	形成性评估、终结性评估
评估复杂程度	多元评估、一元评估

　　(1) 质性评估和定量评估

　　质性评估是对作文成品进行分析,它没有一个客观的指标体系作为衡量标准,凭借教师的教学经验进行主观评定,即作文印象评价法,多数教师对于习作练习的评价属于质性。其优点是便捷、经济、综合性强,其缺点是主观性强、人力消耗大，受到个体经验和客观条件制约，受位置效应、对比效应、先后效应和光环效应等影响，评价的信度和效度易受质疑。由于质性评分存在误差，某些作文（如中国高考作文）出现过不同评阅人分别给满分和零分的现象。

定量评估利用量表的形式测查写作能力，其优点是方便快捷、有数据说服力，但是它不能直接检测作文成品，是对一种理想化能力的评估，而且定量评估的成绩一旦和有经验的评估者的质性评估产生矛盾，其效度就会遭到质疑。抨击写作个性缺失现象的话语中不乏对于定量分析方法的批判，例如王丽（1997：10）的"中学语文教学手记"一文指出：标准化阅卷将作文的内容视为抽象的公式、定理、定义和概念，用标准化、计算机阅卷，追求所谓的"准确性""科学性"，结果导致那些凝聚着作者思想、情感和才华的作品得不到认可。

（2）直接测量、间接测量和内隐评估

直接测量指以作文成品为评估的对象，拟定作文分数解释参照标准，设计量表，确定作文参照常规模式，通过量化的方法，评定学生成绩，目前大部分的考试作文评分机制都是采用常模直接测量法。它可部分矫正考试作文评分的随意化。间接测量又称标准化测量，测试中安排被试对给定的问题进行多重选择、通过计算测试结果评定被试的作文能力，其优点是便于操作和统计，缺陷是不能完全测试到学生的实际应用情况。内隐评估关注的是写作过程中的内隐记忆和内隐因素，通过观察写作过程中被试的变化来发现个体写作过程中的问题，内隐评估有助于教师跟进习作过程、指导习作，常常被教师融入教学之中。

（3）指标评估和整体评估

指标评估指以作文的某些要素为指标评估作文（刘淼 2000），作为作文评估指标的常见要素包括：语言成熟度、文学性、功能性/社会性、阶段性等等。

指标1：语言成熟度

通过评估作文中的语言结构使用情况，分析其"写作成熟度"

(writing maturity)是否足以表达其思想,一般以定量的方式测量指标,如平均句长、平均子句长、代词频次、名词频次、词汇多样性和复杂性、句法密度、词汇密度等。一些评估中所列举的"特征指标"涉及作文在词汇、短语、句子、段落等结构水平上的表达特征(刘森 2000:47),是依据作文中所呈现的语言表达能力来判定其语言成熟度,属于"成熟度"指标。Marvern et al.(2004)的《词汇密度和语言发展:定量与评估》一书介绍如何通过计算机统计儿童写作中的六项指标(文章长度、最小单位平均长度、单词长度、词汇多样性、稀缺词汇使用率、拼写)来对作文进行评分和评价。以成熟度为指标的测试结果和基于教师质性评估的评分结果一致性很高,说明即便是无指标的主观评分,教师也往往无意识地将语言成熟度作为判定作文水平的重要参数之一。

基于"语言成熟度"或者"特征"的作文评估反映了作者熟练使用语言复杂结构的能力,有助于揭示学生写作中对哪些具体的语言表达结构不够熟悉,对于语文能力的评测和教学有参考价值,但是它过分关注语言形式,即作文的"产品"属性,不能涵盖作文诸多方面的总体因素,对于作文的内容、意义以及它是否满足语境的需要无法衡量。完全基于语言表达成熟度的评估方式采用了统一的标准来评判多样化的作文,对于学生个体特征不加关注,其评估结果无助于揭示学生的作文个性化程度以及个体发展特征。

指标 2:文学性/艺术性

以"文学性"为指标的评判方式关注作文整体的风格、意图和效果,包括其"创造性""流畅性""多样性""独特性""周全性""活力""感染力"等,例如英国教育部的"小学生教学大纲"就将"文学性"列为评价参数之一,其分级测试中也有相对应的测试项目。"文学性"指标有助于提倡学生在写作中发挥创造性以及提高作文的文学水平,但是"文学性"指标难以具体化,评估缺乏系统性,评估方式本身存在缺憾。

指标 3:功能性/社会性

以文章所实现的功能为评判标准,例如美国的作文能力评估将学生作文的功能设定为三大类:"表现"(expressive)、"诗意"(poetic)和"交互"(transactional),好的文章能够同时实现这三种功能,而低水平作者则只能"表现"(Britton et al. 1975)。

按照功能的体现程度对作文进行评判,关注了作文的"事件"和"活动"属性,以学生在作文中所体现的语言表达能力、文学创作能力和社会交互能力为评判标准,它涵盖了"语言成熟度"和"文学性"两个标准。但是将文章的功能划分为表现、诗意与交互并不能客观反映书面语言的本质特点和系统功能,评估本身也因此显得无序,缺乏可操作性。

指标 4:阶段性

从学生作文涉及的某些领域的发展过程寻找评价指标,包括认知、情感、道德、风格等方面,根据学生在各方面所处的发展阶段来评分评级。例如 Wilkinson et al.(1980)的"语言能力测试模式"分别对"认知""情感""道德"和"风格"发展进行了阶段切分——"认知"发展过程有两个阶段,初级仅具有对例证进行具体分析的能力,高级还具有抽象概括的能力;"情感"发展自低而高分别有三个阶段:关注自我情感阶段、关注他人情感阶段以及兼顾现实与想象阶段;"道德"发展则从受制于外界束缚发展到自我管理;"风格"的发展经历关注结构、关注衔接连贯到关注"读者意识"等阶段性过程。

将作文发展中的各方面过程纳入评估范围,通过分析学生作文判定其在各范围所跨入的发展阶段,从而对其作文做出总体评价,这样的评估视角涵盖了作文发展的较多方面,而且是从"发展阶段"的视角对作者和作品同时进行评估,有利于揭示作文发展和个体发展的关系,但是如何定位各阶段具体特征,如何判断诸如"例证""朝向自我""他治"等能力却依然是难题。

指标评估一般只能顾及作文的某些方面,属于局部评估,大部分的作文评估都试图将上述几个指标结合,由此也出现了"整体评估"。但是目前的整体评估往往是上述几个要素的硬性叠加,例如刘森(2000:48)所介绍的斯科内尔编写的作文评价方案包括了 3 个项目(思想内容和词汇、结构、技能的准确度)、10 个因素,特罗丝的整体评价方案包括 8 个评价项目:表达与想象力、主题是否明确、写作目的是否实现、文章细节和辅助材料是否充实、句子与情节的紧密关系、连贯与过渡、组织结构与行为目的是否契合、表达是否具体生动、适合读者等,看似既关注了语言成熟度,也考察了作文的功能性,但是某些因素是重合的,某些要素又未能得到考察,某些指标是可以量化的,某些指标又是完全依靠主观印象,这样的评估方案试图面面俱到,但依然缺乏可操作性。

(4) 一元评估模式和多元评估模式

多元评估模式是针对单一评估模式而提出,多元可以体现在几个方面:第一,评价对象不是一篇习作,而是一组习作,如对某学生不同时期作文进行纵向对比以观察其写作能力的发展,或对多位学生的同类作文进行横向对比以发掘学生个体差异;第二,评价主体的多元化,除了教师,作文的任何读者都可以参与评价,包括学生互评、家长评价、教师测评等[1];第三,评价方式的多元化,既可以是命题测试,也可以是随堂评估,既有形成性评估,也有终结性评估。

1.2.5.2 中国小学生作文评估方案

评估方案对于写作教学和小学生写作思路有重要的指导作用,不合理的评估方式会导致写作教育理念和学校教学的具体实践脱轨,而认识这一现实并作出改变有赖于制定有效的作文评估方案。

国内有四例较为成熟的小学生写作能力评估方案,分别是:

方案1:《小学毕业生语文能力综合评价方案》(张雪珍等 1988)

方案2:《小学生作文六项评定量表》(朱作仁 1990)

方案3:《中国儿童作文分项测验量表》(祝新华 1993)

方案4:《小学生写作能力测验》(周泓、张庆林 2004)

《小学生作文六项评定量表》(朱作仁 1990)将作文的评分指标设定为六个方面:中心、质料、详略、条理、语言表达基本功、修辞;《中国儿童作文分项测验量表》(祝新华 1995)则在此基础上将语言能力构成因素分为三个层面,将语言表达、层次结构和思想内容作为总体评分项目,并对各项目关涉的统摄变量提出具体要求,以此作为作文评分的参照点(见表1.6):

---

① 本研究实证部分的参考素材就包括了家长评语、学生自评等项目,多视角的评估有利于对于作文进行更加全面的分析和判断。

26

表 1.6　《中国儿童作文分项测验量表》评估项目

项目名称	统摄变量	要　　求
语言表达	句子、词汇、文字标点、议论、卷面、修辞	用词恰当,语句流畅,标点正确,无错别字,修辞方法、表达方式合理
层次结构	条理、层次	分段恰当,条理清晰,过渡顺畅
思想内容	分析、中心、详略、材料	中心突出,材料典型、充实,分析合理、透辟

《小学毕业生语文能力综合评价方案》(张雪珍等 1988)是一套分值为 200 分的试卷,共考查了语文基础知识、听话能力、说话能力、阅读能力和写作能力五个方面,其中写作能力部分共六项占 60 分,分别为:选题(5 分:根据材料选择作文题目;拟定题目)、选材(6 分:根据题目选择材料)、组材(4 分:将给定材料排序)、修改(8 分:改正所给文章中的错误)、应用文格式(7 分:将所给材料转写成书信)和叙事(30 分:根据题目、开头、结尾补写中间内容)。从能力考查的难度而言,分为简单应用、分析概括、综合应用三层,分值分别为 17 分、13 分和 30 分。评分方式以主观评判为主,其中客观题 27 分,占 45%(见表 1.7)。

表 1.7　《小学毕业生语文能力综合评价方案》写作能力评估方式分析

考查要点	考查方式	分值(总分为 60)	
		主观评分(55%)	客观评分(45%)
选题能力	根据材料选择作文题目		5
选材能力	根据题目选择材料并说明理由	2	4
组材能力	将给定材料排序		4
修改能力	指出、改正所给文章中的错误	4	4
应用能力	将所给材料转写成书信	7	
叙事能力	根据题目、开头、结尾补写中间内容	20	10

《小学生写作能力测验》(周泓、张庆林 2004)则是以写作能力的六个

构成因素为考查目标的能力测试,指定写作能力测验细目,并编制由 10 道选择题、4 道排序题、8 道判断说明题和 6 道判断修改题组成的测试题,其中关于修改能力的 6 道题隐含于作文中。测试结果根据学生在各项测试题上的得分率计算其分布情况,最终得出其"作文能力分"。评分方式以客观评判为主,其中客观题 84 分,占 75%(见表 1.8)。

表 1.8 《小学生写作能力测验》写作能力评估方式分析

考查要点	考 查 方 式	分值(总分为 112)	
		主观评分(25%)	客观评分(75%)
审题能力	选择题		16
立意能力	选择题		12
选材能力	选择题		12
组材能力	排序题		16
言语表达能力	判断并说明理由	16	16
修改能力	判断、指出错误并说明理由	12	12

对比这四份作文评估方案,我们可以看出,虽然在评估方式、主客观性和评估项目上有所不同:方案 1 和方案 2 是两个量表,为命题作文的主观性评分提供指标量化标准。方案 3 和方案 4 利用测试的办法量化地评估小学生作文能力,后者又试图在评估的客观性、量化程度上走得更远,但是四个评估方案无法满足对小学作文个性化进行评估的要求,原因是:

首先,不论是量表,还是能力评估,都试图建立一个可参照的标准,依此来评价学生作文。然而,一旦有了"标准",就和作文"个性化"所弘扬的多样性、去标准、去模式理念产生矛盾,评估标准中所提出的要求甚至和"作文个性化"的要求背道而驰,例如周泓、张庆林(2004)的"写作能力测验编制细目表"上明确提出"说明的道理要深刻、表达的情感要积极、健康、向上",而这正是"个性缺失/弱化"的典型表现。因此不论是量表还是量化的评估模式都不可取。

第二,四份评估方案所考查的要点基本相同,如审题、立意、选材、组材、表达、修改等,这些考查点基本围绕作文的"文本"和"创造"属性展开,多数仅限于考查学生的"语言成熟度",对于作文的"事件"性和"活动"性缺乏关注,而是否能在微观、宏观语境下利用写作来完成任务、构建自我既是作文评判的重要标准,也对分析作文个性化和个体发展有很好的借鉴作用。

第三,方案3和方案4都把"修改能力"列为作文能力的考查要点,其中方案3的测试卷中"修改"占作文能力分值的13.3%(60分中的8分),方案4的测验中改错题占21.4%,说明二者都将"评价/判断能力"和"纠错能力"相提并论,把写作的"正确性"作为作文的重要目标,这也和发展作文个性化的理念背道而驰。

第四,虽然定量的评估方式是淡化写作评估主观性的途径之一,然而正如Ivanic(2004:223)所述,作文具有"文本""创造""事件"和"活动"等复杂属性,构成写作能力的因素也是复杂多维的,我们无法把所有的因素放在一个层次上理解,也无法完全通过一类指标、一种方式来评估作文。例如,正字、行文格式、标点等属于书面表达的纯技术性要求,评估的客观性最强,建立量化的评估方式相对而言是容易的,而其他"个性化"特征则很难通过标准比对来评判。因此,对于作文的个性化进行评估需要借助质性的分析和描述。

现有的作文评估方案对于小学生作文的要求或多或少地和作文个性化理念存在矛盾,因为不论是"量表"还是"能力测试",都需要制定一个量化的标准,而标准、范文、量化本身就会对"个性化"产生限定作用。同时,作文评估的目的是了解现状、发现问题并依此提出解决问题的办法,而目前有些评估结果仅是为普遍规律提供证据,类似"中学生写作能力与写作成绩之间存在显著相关关系,写作能力对写作成绩有显著预测作用"(王可2007)的研究结论对儿童发展和写作教育没有特别的指导意义和价值。

1.2.5.3 小学生作文个性化评估模式的缺失

中国小学生个性化作文教育一直以来都面临着评估和教学的矛盾。一方面,由于考试制度的存在,主观性较强的质性评估方式遭到质疑,而所谓的定量评估方式又必须依据考试标准,这本身就有悖作文个性化理念,不合理的"考试指挥棒"将学校作文教育指向一个两难的境地;另一方面,由于缺少一个合理的评价模式,无法对小学生作文个性化现状进行整体评估,作文个性化教学实际上也没有找到起点。

作文评估的目的有两类:一类是对个体作文能力的水平检测,第二类是对群体作文特征的分析和描述。本研究关注针对小学生作文个性化整体现状的评估,显然是为第二类目标服务的。对作文个性化进行评估,目的不是制作一个量表来给小学生作文打分,也不是脱离学生作文的真实文本而勾画一套测评题型来计算分析某个小学生的个性化能力是多少分,而是对小学生作文个性化的总体状况作出客观的描述,这样的质性描述必须以一个全面的、系统的、反映写作规律的理论作为依据。

通过对现有学生作文的主要评估模式的梳理,我们发现多数评估模式存在缺乏宏观性、系统性的问题,虽然说整体评估、多元评估模式的理念力图通过多个视角、多种方法去观察作文的多个方面,但是现有整体评价往往将文字表达、内容意义、行为目的、篇章结构等指标混杂在一起,其中一些因素是关联的、交叉的,将此类模式应用于真实文本的实际评估,很难对这些因素进行界定和判断。一个科学的评估模式应该是一个系统的框架,能够同时涵盖写作目的、内容和表达方式上的所有要素,又能够在目的、内容和形式之间搭建解释的渠道,同时还有助于透视作文和作者的关系。尤其是对于"作文个性化"的评估,既要关注作文本身所反映的写作素养发展进程,又要反映作文对于作者个性的体现和作文本身的"个性化"程度。

1.3 作文个性化研究的语言学途径

对中国小学生作文个性化研究背景和现状的分析揭示了此项研究的关键问题在于理论缺失和评估方式不合理。正如徐同(2005b)指出,中国作文教育缺失"个性"的根源是理论的偏差,解决的办法是将写作这个问题"从狭隘的学科论中剥离出来,放在更为广阔的社会和历史的大环境中……深层次地挖掘导致这些问题的根源"。所谓的"狭隘的学科论"指将小学生写作研究限定于狭义的心理学、教育学和写作学研究范畴，分别关注小学生写作中的局部问题，例如：写作心理和认知、写作过程和原则、写作训练和教学、篇章结构分析、修辞和写作方法等等（Bazerman 2010：12）。此类研究和小学生个性化作文研究有相通之处，但是都难以解决该领域目前所面对的所有难题。事实上，写作首先是一个语言使用的问题，解决作文问题的理论一定是一个涉关语言使用的理论。

西方语言学家对学生作文个性化发展的关注始于20世纪60年代，1966年在美国召开的"英语教学国际会议"上的"达特默斯写作教育研讨小组"（Doutmough Seminar）开始质疑传统英语写作教学的规约性教学法，指出学校作文教育所惯用的"范文教学""五段成文法"是"程式化的机械联系"，有悖学生"个性发展"，无益于帮助学生发展"个人学习能力"和"个体学习策略"。与此同时，来自英语语言学、心理学、教育学等各领域的学者通过各自的研究将"个性化"理念推入作文教育的课堂（Nystrand 2006：12 – 13）。其中代表性的研究包括《语言和学习》（Britton 1970，参见 Nystrand 2006：12）、《学生写作过程研究》（Emig 1971，参见 Nystrand 2006：11）、《按照话语通识教语言》（Moffett 1968，参见 Nystrand 2006：13）等。

早期对于作文个性化的语言学研究大多以实验为基础，研究者试图在实验中发现某些个体的认知、心理因素（即自变量）对于写作过程和结果（即应变量）的影响。然而，自20世纪70年代开始，定量的实证性研究显现出越来越多的缺憾，例如孤立的实验室研究忽略了写作受到社会、历史和经济环境的影响，"去语境化"（decontextualized）语料导致研究者无法全面阐释写作的"复杂性"（Schultz 2006：358），为此写作在20世纪末出现了"社会转向"（social turn），如 Gee（2000a）等研究者通过话语分析、定性描述等研究方法考察社会文化语境和作者的"相互构建"及其对于作者个体成长的影响等（ibid.：365）。

我们看到，在西方写作教育理念的转化过程中，语言学及其相邻学科的理论发展起到功不可没的作用。

首先，索绪尔的结构主义语言学对于"规约性"和"描述性"语言学的区分影响了写作教学的实践（Saussure 2001），也帮助作文教学实践者认识到作文教学有两种反向的模式,一种是"规约式"——关注语法规则、崇尚文学经典、朝向统一性的模仿训练模式,一种是"描述式"——关注普通写作者写作实践、提倡多样性的个性化模式。随着"描述性"语言学势力的壮大,作文教师也开始反对作文教学中的"语言独裁"(verbal authority),他们抛弃语法手册中的缀词涩语对作者的桎梏,不再把语言的对错问题作为作文教学的要点,转而关注作文的意义和表达方式。《写作研究的着眼点》论文集中有多篇论文关注到教师和学生的语言观对于作文的影响(Cooper & Odell 1978)。

第二,乔姆斯基(Chomsky 1965)的生成转换语法对于"语言能力"和"语言表现"的区分引导一大批认知心理语言学者关注写作中的普遍"语言能力",也就是与生俱来的、人人共有的"心智结构"(mental structure)。例如 Frederiksen(1986:222,见 Nelson & Grote-Garcia 2010:410)认为作文是一种"文本基块",是对作者"心理基块的表征",Flower & Hayes(1981)认为写作过程由一系列认知"子过程"(subprocess)及"子子过程"(sub-subprocess)所构成,包括记忆管理、构思计划、回忆转译等,他们所构架的"写作过程之心理模型"就是心理语言学理论在写作研究方面得以应用的代表性成果。对写作中心理因素和认知规律的研究也对学校作文教育产生很大影响,20 世纪 80 年代流行于英美国家的"发声思考法"(think-aloud procedure),其目的就是帮助师生关注写作中的认知子过程、提高认知能力;目前仍然在很多中小学得到推崇的"过程教学法"则是关注写作中的心理过程;而提倡"多读法",是因为认知语言学家认为写作表现的好坏和作者的语言接触有关,阅读大量富有创造性的文学作品有利于将好的作品置于其"长期记忆"中,助其在特定的写作"任务环境"中提高成文能力。

第三,社会语言学、社会符号学对于"交际能力"(Hymes 1971a)、"言语社区"(Labov 1972)、"语言的社会性"(Halliday 1978)、"社会语码"(Bernstein 1970a,1970b)、"对话性"(Bakhtin 1986)的论述启发写作研究者将写作定义为一种"社会活动"并关注"社会因素"对于学生作文的影响,包括写作的语境、作者和话语社团的成员所属关系、作者和读者的关系等等。例如 Nystrand(1989)认为写作不仅仅是心理语言学所说的

"作品生产"过程,还是一个作者和读者交互的过程,在学生作文中,其交互对象到底是读者群体还是教师个体,这对作文的过程和结果有重要影响,其"写作的交互理论"和"写作的社会交互模式"很好地体现了社会语言学对于作文研究的辐射作用。欧美国家 20 世纪 90 年代在写作教学中所开展的"合作性作文"(co-authorship)、"组员讨论活动"(peer-response discussion)和"集体作文"(writing conference)等活动就是为了帮助学生学会通过写作完成互动、协商、合作任务。

语言学理论之所以对作文研究有指导意义,语言学研究方法之所以能够促进写作教学的创新发展,归根结底是因为写作是一种语言活动,而语言学解答"何为语言"问题势必要关注到语言活动的一个重要类别——作文。小学生作文个性化研究,关注的是小学生写作活动的多样性、复杂性程度,它关注小学生作文是否反映了其个体经验、写作对其个性化的成长是否具有正面作用,关注的是个体和语境、个体和群体、个体和社会的关系,而这些问题也正是语言学所关注的问题。因此,"个性化"是在认同语言"社会性"的理论背景下所研究的使用者差异问题,是一个语言学问题。

国内研究在关注小学生作文的"社会性"特征方面有明显不足,可及文献中未见从写作的社会建构性视角分析儿童写作的研究,唯一揭示儿童写作和社会文化语境的相互构建关系的研究来自夏珍珍(2008)对于儿童博客的分析,她揭示了博客平台凭借其"个人性""公开性"和"即时性"等特点将话语权分配给儿童,儿童通过"被关注"状态下的写作获得个体成长。之所以缺乏此类研究,是因为对于作文社会性的质性分析需要社会的视角、系统的方法,这正是我们所要寻求的理论体系。

1.4 问题和研究路径

当代中国教育的社会文化语境下,作文个性化成为机构话语、民间话语和学术话语所共同关注的话题,三类话语在小学生作文个性化现状方面未能达成一致意见,根本原因在于缺乏作文个性化研究的理论体系、评估方式，无法对作文个性化现状作出整体评估。要解决这三个问题就必须厘清小学生作文个性化研究的要点，即小学生作文的本质属性、作文个性化的定义以及作文个性化评估模式等。

作文的本质属性可从"文本""创造""事件"和"活动"四个层面解读，小学生作文个性化研究亦应该同时关注作文的这四层属性。对国内外相关研究的综述揭示，当前研究并未对作文个性化形成可操作性定义，也没有一个能够和作文个性化理念一致、有助于作文个性化评估的分析模式，国内较为成熟的四份作文评估方案对于作文个性化状况评估并不适用。可见，现有的中国小学生作文个性化研究存在如下问题：

（1）尚未形成一个能够科学认识作文本质和写作发展规律的作文个性化理论框架；

（2）尚未对小学生"作文个性化"进行科学有效的可操作性定义；

（3）缺乏尊重写作主体、以文本为依据的作文个性化分析模式和评估方案；

（4）未能对当代小学生作文个性化现状作整体评估。

在国外的作文个性化研究发展历程中，语言学发挥了重要的理论价值。我们将作文定义为集"文本""创造""事件"和"活动"属性为一体的社会化行为，就应该把它当作具有社会意义的语言行为来研究，应该关注小学生和书面话语行为的关系、写作如何投射和促进儿童的发展和成长进程、写作如何实现作者的身份，作文个性化研究事实上是通过写作研究关注儿童的个体成长。

系统功能语言学（Systemic Functional Linguistics，简称为 SFL）将语言活动看作一种复杂的社会实践活动，其理论框架适用于解读特定语言活动中的语境、使用者和语言形式之间的关系，可帮助分析者从语言学的角度关注话语、文本、说话人之间的关系。利用 SFL 理论框架去解读作文这一语言实践活动中的小学生话语行为的深层原因，是分析界定作文个性化、描述作文个性化特征和评估个性化总体状况的独特视角，以 SFL 为理论框架分析作文素养的构成和发展规律，构架基于 SFL 的作文个性化分析模式，可解决我们通过对教育现实的剖析和理论研究回顾所提出的共同问题，尤其是理论框架和评估方式问题。

第二部分

理 论 构 架

第二章

语言使用者个体差异研究

从语言学的角度来看,作文个性化问题归根结底是文本与书写者的关系问题,是语言的个体差异问题,因此如何从语言学角度研究使用者个体差异成为本研究需要解决的理论问题。从可及文献来看,当前的语言使用者个体差异研究相对地集中于文论的作者分析、社会语言学的差异分析和社会认知语言学的使用者分析等领域,三类研究因理论视角、方法途径以及应用领域不同,具有各自的关注点和代表性观点,也存在诸多不足之处,以系统功能语言学(SFL)为理论框架研究使用者个体差异具有理论优势和实践可行性。

2.1 文论中的作者个性研究

在人类所有书面语活动中,虽然文学创作所占份额并不大,但是在文学作品的赏读和评论中,人们最关注、感兴趣的却往往是个人语言特色和个体风格。文学批评是研究语言个体差异的重要路径之一,Halliday(1964:25)在 SFL 构建初期就指出"研究个体语言差异的最好例证是文学作品"。作文属于书面话语,和文学作品在语类上有较大的相似性,回顾文论中涉关作家个性、作者功能的观点和研究方法,探究语言学理论和作家个性、风格研究的关系,对构架小学生作文个性化分析模式势必有所启发。

2.1.1 作家个性和作品风格

文学批评的"作家论"关注创作主体的经验、身份、性格、创作意图等因素与作品的艺术得失的关系。中国古代文论有探讨话语风格和作家个性关系的传统,其中曹丕的《典论·论文》和刘勰的《文心雕龙·体性》为"作家论"的经典论说,对研究作家个性和作品风格的关系问题有重要理论价值(参见沈谦 1986;韩泉欣 2000)。

《典论·论文》认为文体包蕴有"本"与"末"两层涵意:"夫文本同而末异",即文章的"本"(指文学创作的基本法则之意)相同但是其"末"(即风格)却不同,如"奏议宜雅,书论宜理,铭诔尚实,诗赋欲丽",其原因在于"本"的实现建立在作家"体气"的基础之上,文章的创作过程与作者的个性密切相关:"文以气为主,气之清浊有体",人的个性、品德、才情、修养之不同,形成"清"与"浊"之不同个性气质,通过语言这一象征性符号体现了他的个性气质。在曹丕看来,建安七子艺术风格之差异,正是根植于他们禀气之裂变。《典论·论文》认为文学创作需顺应个性特点,强调作家创作个性和作品风格的一致性,反映了以作家个性气质为最大参照系来审视文学作品风格特征的理论构想。

《文心雕龙·体性》认为创作之中对作品风格产生影响的是"性"(作者的个性特点)和"体"(文体的要求)。一方面,刘勰认为文学风格之千姿百态源于创作个性的千差万别,个人按照自己的个性学养来写作,必然影响作品的风格,是作品千殊万异的原因:"笔区云谲,文苑波诡者矣";作品是作者个性的表征,作者个性在作品中得到映照:"各师成心,其异如面";人的才能性情不同,其文章的风格也变化多端:"才性异区,文体繁诡"。另一方面,不同的体裁具有不同的规范,也呈现不同的风格,如:儒家经典的"典雅";玄学研究的"远奥"等等。《体性》还提出了文学创作中作家个性和文体要求存在潜在矛盾,而写作的最高境界是外在文辞风格和内在性情气质的相符："辞为肌肤,志实骨髓""表里必符"。同时,刘勰对作者个性的构成进行了分类,对"性"与"体"的关系作了归纳和分类,即"性"由"才""气""学""习"生,各自导致"体"之差异(见表1.4),例如"习(染)"指个人因生活历程、环境影响而产生的特质,包括"时代风气之影响、社会习俗之移人、地理环境之化育、师友交游之感染"(沈谦1986:55),决定作品体式的雅正或俚俗。

《体性》关于创作的分析研究揭示了话语生产中的主要规律,即影响话语风格的因素有两方面——话语生产者个体特点所呈现的变化性(性)和话语类别所呈现的规范性(体),二者共同对话语生产过程(势)发生影响。研究话语生产(创作)必须同时关注这两个方面。相对于曹丕的《论文》,刘勰的《体性》不仅承认作者个性对作品的影响,又强调文体的规范要求。他认为每一种文体都有自己的规范性要求,不管作家的才华如何横溢,都要汇入各自要求的轨道里来;《体性》还指出习文者应该根据自己的性情模仿、练习一种文体提高自己的写作水平并形成自己的文风:"摹体以定习,因性以练才"。刘勰对于文学创作中"体""性""势"关系的解读对写作教育和作文个性化研究均有启发。

2.1.2 作者功能与话语结构

与"作家个性"研究背道而驰,二十世纪中后叶的西方后结构主义思潮宣扬"反作家论",其要旨是强调文本的固有意义,反对从作家的角度解读文学作品。以 Barthes(1977)、Foucault(1984)等为代表的后结构主义文艺批评家不仅对传统的作家论、作者个性论横加指责,甚至提出"作者消亡论"以彻底颠覆文本中作者的主体功能。

Barthes(1977:141)认为讨论作品的作者毫无意义,一方面,他认为"谁在说"这个问题存在无数的答案:"是故事的主人公?是巴尔扎克这个社会个体?还是巴尔扎克这个作家?……是一种普世的智慧?还是一种浪漫主义的心理?";另一方面,"谁在说"又是一个无法破解之谜,因为书写的过程即为解构的过程，书写创造的是不确定的、复合的、模糊的、中性的、混杂的、间接的、消除作者主体的、否定作者身份的空间，既然"写作本身就是对作者声音、话语起源的消解"，那么区分"谁在说"便毫无意义了。在 Barthes 看来，书写虽然以集认知主体、书写主体、行动和历史主体为一体的"人"开始，但终将以主体被消解为一个"现代抄写者"（modern scripter）而结束，在"独立自主的读者"（sovereign reader）的视野中，文本的意义来源于语言的结构及其通过文本而增生的意义，这一切与创作者个体并不相关，解读文本的前提是"否定作者身份"（Barthes 1984：61）。

Foucault（1984）则在知识发展的大语境下考查知识和话语的历史，指出人是现代知识型形（knowledge patterning）的解构，而作者形象是话语以复杂运作的方式构建的"现代形象"，是一个"话语实践者"，因此，所谓的自由、原创的作者已经不复存在，考究"谁是作者"也不再重要。Foucault 认为在话语中值得关注的是"话语秩序"（order of discourse），即通过细致分析作者与文本之间维持的"奇特关系"而挖掘在特定阶段的社会中某些特定话语所存在、流通和运作的特征。在话语秩序中，"作者功能""作者价值"为话语所规约，它不是创作者的随意行为，不能随意赋予某一社会个体，而是"按照一系列精确而复杂的程序"实现的。总之，作者功能之所以有差别，原因是话语类别、时间空间以及文化类型的差异，文本所实现的作者功能和任何具体的社会个体无关，任何人在现代话语结构中均无法选择其主观站位、实现自我。简而言之，作者是无能的，关注作者个性是无意义的。

Barthes 将作者声音和读者解读为一对此消彼长的语义矛盾，而 Foucault 提出"作者是什么"旨在揭示语言使用者（即便是文本的作者）在话语秩序中的"非创造性"角色，二者的共性是反叛文学批评中关注作者身份、作家个性的传统，两位文论大师离经叛道的"作者无个性论"直接导致 20 世纪后期的文学批评和语言学研究朝向寻求话语结构的共性发展。对于一些追求个人风格的写作，评论家不约而同地采用了贬大于扬的评论姿态，例如 Strunk & White（1979：69）认为某些年轻作家"斗志昂扬"地另辟蹊径，去寻求与众不同的写作方法、修辞手段，实际上是哗众取宠、画蛇添足，还不如踏踏实实地按照语言的规律、大众认可的方式简单平实地创作。

2.1.3　作者个性的语言学研究趋向

事实上，二十世纪中后期的文论研究出现"反作家论"的变化是和语言学发展的走向密切相关的。结构主义语言学自二十世纪中叶起便确立了其在语言研究中的本体地位，成为西方语言研究主流。结构主义语言学的鼻祖索绪尔（Saussure 2001）强调语言学研究中存在"语言"（langue）和"言语"（parole）之二元对立，"语言"是一系列潜在的、恒定的结构特征，是主要研究对象；而"言语"受个体和社会因素影响，具有不确定性，属于偶发的、非规律性现象，因此被排斥在研究范围之外。结构主义语言学关注语言的同质性、语言活动中的系统性、结构性规律，对于语言异质性、个体差异的忽略导致后结构主义文论研究不再强调作者风格、作家个体差异（陆丹云 2011a：14）。然而，随着语言学研究对社会现实的关注，人们开始质疑"作家消亡论"。在当代多元文化的语境下，否认作家的个性作用，忽略个体差异对于文本内容和形式的影响，将作品看做某一机制、某一社会结构的必然产物，既有悖文学创作的本质，也与当代文学创作的现实相矛盾。尤其是在写作具有多种发表渠道的当代社会，面对众多网络写手"语不惊人誓不休"的话语风格，唯结构论、反个性论、反作家论更显得无所适从、缺乏理据。

中国的文学评判一直以来有研究作家的传统，根据当代中国文学网上的文学批评内容所做的粗略判断，80%以上的文学批评都集中笔力介绍创作主体的个人经历。然而，批评界也意识到"还从未形成过关于开展作家论的基本方法框架的理论概括（杨劼 2008）"，对"文"或对"人"的解读缺乏理性的依据，如有些反叛性、挑战性酷评将"枪口"对准当今在文学界享有定论或在社会上具有广泛影响的作家，以作品评判作家人格，此类妄议往往是对作家的误读（参见黄书泉 2001），还有些评论将作家的审美个性和道德修养放在同一层面，或将作者经历和作品故事混为一谈。这种状况,对"作家论"建立稳固的学科地位显然不利。刘勰对于"性"的分类开创了系统地进行作家个性和作品风格研究的先河(见表1.4),如何继承这种有规可循的分析方法、科学客观地研究作家的个体差异和文本语义的关系,应该是当代文学评论需要解决的问题之一,而借助系统的语言学理论研究使用者个体差异问题无疑将为作者个性研究带来启发。

2.2 社会语言学视角下的使用者差异研究

虽然当代语言学是以关注语言的共性为起点的,但是在随后的半个多世纪的语言学研究中,语言的"个性"问题始终难以游离出语言学家的视野,忽略个体差异的研究方法遭到 Sapir、Hymes 等著名社会语言学家的反对。

Sapir(1949a:543)指出每个语言使用者在言谈交往中都有自己的"个体风格"(individual styles),而且这种风格并非"随意的、无序可循的",因此有别于社团"语言"(langue)的"个人声音"是语言研究不可忽略的问题,因为这种特点体现于语言的各个层面,从发音、声音的动态特色到词汇和风格等诸方面。Hymes(1979:36)则更加明确地指出:"个性"是研究社会语言变异所必须要关注的问题,研究语言个体性是揭示整体语言特征的视角之一,因为对于通用形式的归纳依赖于对个体语言的分析,研究个体语言特征"有助于实现语言研究的全面化";同时,研究个体差异有助于缓解某些社会问题,例如误解、偏见等,这是语言学研究对社会的潜在贡献。

虽然 Sapir、Hymes 等限于当时的研究条件无法明确个体差异形成的具体方式和内在规律,但是上述观点却指引社会语言学家开展关注使用者差异的各类研究,这其中包括"语言变异"(language variation)、"方言学"(dialectology)、"语码"(code)和"编码趋向"(coding orientation)、"语言个性"(linguistic individuality)等。

2.2.1 语言变异和社会方言

结构主义语言学视野下的"语言"(langue),是理想状态下人所使用的、不因时空而异的同质(homogeneous)体系,而社会语言变异研究关注的是"使用中的语言"(language in use)的"异质性"(heterogeneity),其研究视角亦从语言形式、结构扩展到引起结构、形式变化的"外部因素"。因"外部因素"而导致的"语言变异"可分为两类:一类是因"用途"差异而产生的语体变化,即"语域"(register);一类是因时间、地域、社会等和语言使用者相关的因素而导致的语言变化,即"语言变体"(varieties according to user)或"方言"(dialect),如"地域方言"(regional dialect)、"历史方言"(historical dialect)、"社会方言"(sociolect)、"性别方言"(genderlect)、"个人方言"(idiolect)等。

社会方言研究关注因使用者的社会地位、职业、身份、性别、年龄等非地域性、历史性差异引起的语言变化(Hudson 2000:22),社会方言之所以具有"异质性"并区别于其他方言,是因为其本身的形式具有可以辨识的特点并在某一社会群体的语言使用中呈"同质性",一旦"该语言类型的同质性能够通过共时的描述分析得出,其语言成分和组织方式能够满足任何形式的交际语境下的语义表达需要",就可认作是语言的社会变体(Ferguson 1971:30)。20世纪中期美国社会语言学家对"城市语言变体"的系列考察就是典型的社会方言研究。例如,Fischer(1958)研究学龄儿童在前后鼻音语言变项上的选择和其性别、社会阶层、个性、情绪等因素具有的相关性;Labov(1966)考察纽约市言语社区的中产阶级和工人阶级在发音上的显著区别;Trudgill(1974)研究了16个语音变量和社会阶层、话语正式程度之间的关系;底特律研究小组(Shuy et al. 1968)研究了社会阶层和多重否定结构、发音方式等语言变项的关系;Lakoff(1975)、Sachs(1975)、Brend(1975)等描述了女性语言在词汇、句式、语调、嗓音等方面的特征以揭示语言的性别差异。

社会方言研究以社会等级、性别等社会因素和选定的语言形式作为变量,研究二者的相关性,从而揭示语言的社会属性,相对于关注语言同质特性的结构主义语言学传统来说,社会方言方法在使用者差异研究方面迈出了重要一步,但是我们发现此类研究在实践操作中难以解决如下问题:

(1)如何确定社会变量的问题

社会方言研究将"阶级""阶层""社团归属"等社会身份定义为社会方言的主变量具有方法论上的缺憾,阶级或阶层本身就是一个无法明确界定的范畴,所谓"归属"也是动态的甚至是主观的。Wardhaugh(2000:147)指出所谓的社会方言研究是否具有"效度"取决于该言语社团是否真实存在,而该社团是否存在又取决于成员是否确有对该社团的归属感,如果默认的社团成员并不自觉归属于该社团,则所谓的社会方言也只是一个"假象"(artifact)。一个典型的例子是 Fischer(1958)的研究将"普通男孩"(typical boy)和"优秀男孩"(model boy)作为社会变量,研究其对应的语言差异,而所谓"优秀"和"普通"都只是学校教师的个人评判,儿童的语言使用情况本身就是教师评判的重要参数之一,因此社会性评判标准显然不宜作为语言差异的社会变量。

社会变量的不确定性导致社会语言学在随后的研究中开始关注"网络关系""密切度""权力"等较为复杂的社会因素,例如 Milroy(1987)研究社团"关系网凝聚力"(network strength)对保护土语的作用,她发现:社团的社会关系网络愈紧密,该社团对外部语言规范的反抗能力就愈强,自身语言特色就愈加鲜明。但是,当代社会人们的迁移率普遍提高,社会网络处于不断变化之中,导致人具有多重的、网络状的社会身份和无法框定的社会归属,界定人的阶级归属、阶层身份或社会关系归属,无法依据一个统一恒定的标准。同时,个体对语言的态度、对环境的敏感度、认知和顺应趋势等因素都造成个体身份处于不断发展和改变之中,在说话的过程中,任何人的语言都充满了他者的思想、声音并在瞬间成为历史,无法和他的身份对接。可见,"社会变量"只是一个理想化的抽象概念,任何一个社会人都具有独特的身份,在实际语言研究中需要细化和具体对待。

（2）局部形式、整体意义和使用者的关系问题

社会方言研究所研究的"语言应变量"往往局限于语言形式，不论是Labov（1966，1972）的纽约城市社会方言调查，还是Lackoff（1975）的女性语言研究，都将研究的重点放在语言的具体表达形式上，论者普遍将某些"语言项目"（linguistic items）或者是"话语形式"（human speech patterns）作为语言变体的"指征"（indicator）或"标志"（marker）。仅就语言形式而言，社会方言调查所涉及的语言项目也很有限，大多是语音特点，偶有词汇形式、频度，对句子结构的研究更不多见。Hudson（2000：157）指出，"社会语言学家将某些语言成分作为语言变量，但并未对何为语言变量作出合理的定义"，从语言的表达系统（包括语音、书写、词汇、句法等）完整考察方言特点的研究几乎无人涉及。

形式和意义对于语言来说缺一不可，对于某些看似无法用社会变量解释的形式变化，传统的方言研究者视其为"风格的变化""一个意义的两种表达"等（Labov 1978），而没有探究形式变化的深层原因。其注重形式而忽略内容的研究方法、主观地将语言形式的变化归因于社会地位唯一因素的推断，势必造成大量"与语言使用个体相关的语言信息的流失"（Hudson 2000：181），这显然有悖对语言使用进行客观描述的初衷。

（3）个体差异和社团差异问题

社会方言研究顾名思义关注的是某一社会团体的语言共性，这同时也预设了它对于个体语言使用者的言语个性特点研究关注不够，对说话人和社团的关系推导显得过于僵化。例如，Labov（1972）将所谓的"语言变项"（linguistic variables）分成三类：由少数成员创新但却无法扩散到言语社团的"粗俗项"（stereotype）；由少数成员创新并扩散到亚群体全体成员的"指示项"（indicator）；由某亚群体的指示项扩散到言语社团中其他亚群体并成为标准形式的"标志项"（marker）。社会方言研究关注的是第三种语言变项，即言语社团的语言特征共性，因为他们往往认为唯有标志项才具有普遍的社会意义，指示项几乎不能反映出社会对语言的影响，而粗俗项不具有任何社会意义和研究价值（Wardhaugh 2000：

146)。这一论点在社会方言研究的代表性论著中时常呈现。例如：**46** Labov(1989：52)认为"语言不属于个人，而属于社团。如果要对语言进行描述，就必须考虑到语言结构的规律性和文雅性，因此言语社区所使用的语言才是描述的对象"；对于那些个体语法使用差异的实例，Labov(2010)则认为这些差异"来自偶发现象……根本不是在真实的社区背景下在语言产出和理解方面的差异。"

可见，社会方言研究虽然承认使用者差异，但是它受本质主义思想主导，认为社会阶层、性别和民族等社会身份是区分语言使用的本质变量，强调社会身份决定人所使用的语言形式，言语社区内部成员的语言评价和语言使用具有一致性。然而，这有悖于语言使用的真实情况。在语言的实际使用过程中，人和社会的关系是纷繁复杂的，个体说话者具有多重社会归属是常见现象。因此，"社会方言"关注的实际上是介于"langue"和"parole"之间的既具有集体性认同、又区分于其他社团特征的语言特征，并不是纯粹意义上的、真实语境下的语言使用者个体差异。

2.2.2 语码和语义编码趋向

"方言理论"假定某些外在的社会因素变化会导致某些语言形式的变化，却无法解释这种"同现"关系的内在机制，因此遭到一些社会语言学家的质疑。例如，Hasan 于 1973 年在"语码、语域和社会方言"一文中指出，先前的方言研究存在问题——对语言使用者和语言使用之间深层关系鲜有探究，不去追问"为什么某一个人会说某一种社会方言""为什么方言之间的差别体现在研究者所发现的那些方面"等更深层的问题，Hasan 认为语言的变异和说话人归属之间的关系并非"偶然的巧合"，社会语言学研究需要去解释二者之间是否存在"因果关系""逻辑依存关系"(Hasan 2011：38 – 39)。

同期的社会语言学家、教育学家认为个体语言交际方式差异和个体社会位置差异的内在联系应通过语义的差异加以解读(Bernstein 1970b，1981，2003a – d；Hasan 1989，2009；Williams 2001，etc.)：社会交往中有多种模式,个体语言使用者特有的生活经历及其所参与的语言交际活动的特有方式决定了他的社会交际模式,导致他对某些社会因素更为敏感,因而在社会交往中会倾向于进行某类语义选择,最终影响其对形式的选择。Bernstein 将这种社会交际中的特定模式称为"语码"(codes as models of communication):语码是一种在潜移默化中习得的"规约性原则",它决定语言使用者在交际中如何选择与整合语境、语义和形式,决定说话人在不同的"社会化的语境"中如何选择语言表达方式(Bernstein 1971,1981)。

语码理论从语言使用者的社会经历发掘其语言个体差异、从语码趋向和语义选择的角度解读了语言形式的差异:个体的语言发展受其所在的社会结构和社会关系影响,在语言交往中因其特定的经历逐渐形成独特的"语码趋向"。例如,工人家庭的语码趋向和其"社团化"(communalized)的交往方式密切相关,在这种公共性的交往模式中,存在多种参与者默认的、无需明示的语义,"叙事"(narrative)成为主要的语义表达需要;中产阶级家庭的交往方式则兼具"社团化""个体化"(individuated)特点,其语码模式适用于正式场合,阐述、说明和表达个人态度感受是他们主要的语义表达需要。以指示词为例,伦敦东区土话中外向指示词的使用频率远远高于伦敦郊区方言,其原因就可以从语码趋向来解读。东区土语的使用者更加社团化,使用外向指示词(例如here,there,this,that)产生语境歧义的可能性较小,而郊区方言使用者其生活环境的个体差异较大,其交往模式的"语义相容性"(semantic compatibility)小,反而不可能频繁地使用外向指示词(Hasan 2011:45)。

在社会学层面上,语码理论厘清了社会结构、社会关系、语义编码趋向的关系。不同的社会关系生成了不同的语码,如具有社团化趋向的"有限语码[①]"(restricted code)和具有个体化趋向的"复杂语码"

[①] 国内引介"语码理论"的文献一般将"restricted code"译为"限制语码",将"elaborated code"译为"精致语码",此译法本身就包含了对前者的否定评价和对后者的肯定评价。作者认为这种译法违背了语码理论创始人的本意,因为 Bernstein(2003a:135)明确指出"clearly one code is not better than another; each possesses its own aesthetic, its own possibilities",也就是说,Bernstein 认为两种语码不论是在表达形式、语义潜能还是美学价值上均无优劣之分,他选用"restricted"一词是因为这种语码仅限于使用"公共话语"一种模式,而"elaborated"则表示这种语码兼容"公共话语""正式话语"两种模式。因此,作者在本文中将"restricted code"译为"有限语码",将"elaborated code"译为"复杂语码"。

(elaborated code)，不同的语码又体现了不同的社会结构（Bernstein 1967：351 - 353）。

48

　　"语码理论"所建立的研究框架恰好解决了社会方言研究存在的问题，包括：对于个体的社会归属缺乏合理的划分标准、无法解释说话人身份和语言变异的关系、对于个体特性的不完全关注等问题。但是，由于语码理论关注的话题是社会结构、社会关系对于语言使用者的影响，因此该理论被更多地应用于社会教育学，研究教育话语中教育资源的分配和教育制度改革等问题（Bernstein & Brannen 1996；Bernstein 2003a - d；Maton 2000，2010；etc.），利用语码理论来研究语言使用者差异问题的仅有 Hasan、Martin 等功能语言学者，例如 Hasan（1989）研究了来自不同家庭的母子对话，她的研究在"自主度"这个社会因素和母亲提问方式等语言形式之间建立联系，是对于"个体"和"话语差异"相关性研究的初步尝试，Martin（2006，2008a，2008b，2009，2010；etc.）在其"个体化"研究中应用了语码理论，我们将在后续章节进一步论证语码理论对于系统功能语言学个体使用者差异研究的辐射作用和对作文个性化研究的借鉴意义。

2.2.3　个人方言和语言个性

　　群体社会属性固然与语言变化有关联，但毕竟不是激发变化的直接原因；当代社会任何一个语言使用者均交叉归属于多个语言社团，例如家庭、单位、朋友圈等，在一次谈话、一个场景下也可能多次改变自己的角色面貌、调整身份。有鉴于此，注重个人言语特质和谈话中的动态变化，从说话人身上寻求语言变化的起因，成为基于社会实践的语言研究的必然趋势，"个人方言"和"语言个性"研究成为社会语言学的又一重要论题。

　　"个人方言"（idiolect）的提出源于语音学家对于说话者口音的关注，最早用来指一个说话人在某一阶段与他人交际的语音特征（Bloch 1948）。当前的社会语言学对"个人方言"的定义已超越语音层面，指个体语言使用者由于其"习养"和"品格"等与他人有差异,或由于自身在不同阶段产生变化,而形成的独特的语言特点和行为(Dittmar 1996:111; Wardhaugh 2000:147),是语言使用者的个体"语言系统"(Crystal 2008:235)。但是个人方言是否存在,是否有必要研究个人方言,这在社会语言学界并没有统一的看法。例如,Jakobson(1971:82)反对研究个人语言特点,说"个人方言永远是一种虚构的概念",因此关注个体差异的学者首先要证明个人方言的存在。

Barlow(2010)通过基于语料库的实证研究证实了个人方言的存在。他以5位白宫新闻发言人的新闻发布为素材建立了包含15个样本、300万词的语料库。数据库软件样本间差异对比和发言人间差异对比结果证明:(1)样本间差异远不如发言人之间差异明显;(2)在语言结构的使用方面,不论是"符码"(token)还是"型码"(type),来自同一发言人的样本之间具有用法上的连续性、稳定性;不同发言人之间存在显著差异;(3)具有个性特征的语言表达不仅仅体现在习语、短语等"边缘化用法"(peripheral usage)上,也体现在对核心语言结构的选用偏好上。该研究有力地反驳了 Barthes(1977:21)、Jakobson(1971:82)、Labov(1989, 2010)等对个人方言的存在可能和研究必要的否定性断言,说明个人方言不仅存在,而且可验证。

除定量的研究方法以外,社会语言学家还通过话语分析揭示个体独特的话语风格和话语中的身份标记。Johnstone(1991)对于美国电话调查录音所进行的话语分析揭示了语言活动中难以抹灭的"个性":尽管电话调查强调语言"公正原则"(positivistic ideology)、"规范性"(standardized referential)、"匿名性"(non-idiosyncracy),是一种极度压制个性、避免显现说话人个体差异的语类,尽管所有调查员都参加了"去性格""去价值观""机械式"问答培训,尽管调查员们极尽可能地避免透露个人信息、力图"照本宣科"地提问,所有的调查员在"自我介绍""应答"和"自发评论"三个环节均发出了独特的"自我声音"。各调查员在指称用法、句子间逻辑关系、衔接方式等方面使用了显著不同的表达方式,而且个体之间的差异远远大于调查员本人在不同访谈间的差异。这种对极端"去个性化"话语案例的研究证明,个人风格不仅存在,而且不可避免。"在话语中去除个性标记,理论上可行,在实践中却不可行"(ibid.: 574),Johnston 进一步提出,语言学的研究框架中应该包含"个体语言"这个变量,只有听见了"个人的声音",社会才有公正的前提,这和 Bernstein 的"语码"理论无疑有异曲同工之妙。

在充分论证了个人方言存在的基础上,社会语言学家还进一步研究了个体的"语言个性"(linguistic individuality)得以体现的方式和过程(Louwerse 2004;Johnstone 1996,1997,2000,2009;Barlow 2010;etc.),"语言个性"研究较之早先的"社会方言""语码"研究,在方法、语料、研究范围和关注点方面都有了发展和进步。这主要体现在:

(1)研究方法更为丰富。

质性研究是发现问题、解决问题的主要渠道,但是定量研究对于验证观点能起到很好的辅助作用,尤其是语料库技术的介入使得论证语言个性的存在更有说服力。话语分析依然是最主流的研究方法,但是除了语料分析外,研究者还通过文献回顾、个体历史探寻、引述他者声音等方法进行论证和推理,探寻更多元的语言个性研究方法。例如 Johnstone(2009)"立场、风格和语言个性"研究中既包含了对研究对象的话语形式和意义的分析,也通过对古希腊修辞理论的回顾、对研究对象的人生经历重访以及搜集听众对研究对象话语的反应来佐证其观点。

(2)涉及语料更加多元化。

早期文论研究往往针对一个作家或一部作品,社会语言学调查会局限于特定文类,近期的语言个性研究则走向语料、素材的多样化、多语类化。例如 Louwerse(2004)"个人方言与社会方言中的语义变异——来自文学作品的语料库证据"的研究涉及了两个文学流派——现代主义和现实主义、两个时代——1850—1910 和 1910—1940、两个性别的四位作者——Eliot, Dickens, Woolf, Joyce 共十六部文学作品,Johnstone(2009)研究了同一说话人(美国著名黑人女政治家 Barbara Jordan)在不同时期的、不同场合的公开演讲、电视访谈、即席私人会谈等跨语类、跨语域素材。

(3)研究超越了语言形式的层面。

对于"语言个性"的研究涉及了话语的多个层面,包括遣词造句、话语策略、身份策略、个体风格，例如，Johnstone（2009）的语言个性研究分析了黑人女政治家 Barbara Jordan 如何通过对于词汇和语法结构的选择层面（选择密集信息结构、指示词、确定性情态词等）体现其个人"知识的权威性"，如何在不同的语类、语境下将个人经历和历史事件进行对比或结合，以明确其个人"道德的权威性"，而表达一种"权威性"的立场就是她在语义层面的"语言个性"。

（4）关注个体在语言使用上的策略性选择和其身份构建之间的关系。

越来越多的社会语言学者关注个体语言活动中的身份构建问题，不论是会话交谈还是书面写作，个体语言形式的差异往往和其身份策略相关。例如 Johnstone（1997）的研究发现说话人使用语言不仅仅是为了宣布对某个社会群体的"依附"或"叛离"（identification/rejection），说话人还需要表达其个性，"自我形象"的需要是语言变异的重要原因。说话人刻意通过选择说话方式（包括声音、故事的讲述方式、礼貌程度等）实现对某人、某一身份的依附或反抗。Bamberg（2004）通过对儿童口头叙事的个案分析，梳理儿童成长过程中如何发出自我身份的声音，并建立儿童自我意识和儿童话语间的联系。Lam & Eva（2000）对于网络写作的研究也揭示了青少年通过写作逐步构建自我独特身份的过程。

总之，与早期的"社会方言"和"语码"研究相比，20 世纪末和 21 世纪初的"个体方言"和"语言个性"真正将关注点放在了个体语言使用者及其语言风格上，而且研究者们关注语言的形式、意义等多个层面，并试图解读语言个性和社会身份构建之间的深层关系。其不足之处是，在解答这些问题的过程中，社会语言学家对于语料的分析还不够严谨，对于语言现象中的词汇语言结构的特点、语义特点和语类特点未作区分。例如 Johnstone（1996，2009）将作为语言表达形式的"指示词"和作为语义要素的"情态"同样视为词汇语法结构，将"信息密集""大量使用名词"同样视作语义特点等。将形式和意义混为一谈是缺乏"层次化"思想的语言学研究的硬伤，因此现有的"语言个性""个体方言"的研究思路还有待改进。

2.3 社会认知语言学视角下的使用者个体差异研究

　　形式主义的语言观将语言定义为理想化语言能力,功能主义的语言观把语言看作话语的意义潜势,二者均承认"说话"是一种人的个体行为,反映人的个体特性,因为没有两个人会具有完全相同的经验、价值判断和意识,因此研究话语就必须面对个体认知和话语语义的关系,包括认知对话语生产的作用、"语义选择"过程中个体的认知方式和渠道等。

　　对于语言使用中的个体认知问题,来自不同国家、不同流派的语言学者均早有关注。例如,俄罗斯语言学家 Ю.Н.Караулов(参见王文忠2001:73)在《俄语及其语言个性》一书中强调了认知研究对语言个性研究的重要性:"知识的集合是沉睡的公主,唤醒她需要王子的热吻——人的认知"。Ю.Н.Караулов(ibid.)将语言个性定义为人在生成和理解话语时所具备的能力的总和,这种能力由词语语义、认知和语用三个层次组成,其中认知层次反映个体对外界的知识状况,由概念、思想、主张等组成,反映说话人的"世界图景"。每一话语的背后都隐藏着语言个性,"人"的语言个性决定话语的语言结构繁简程度、对现实反映的准确程度和深浅程度以及话语的目的和意义,语言个性的核心是认知世界的个体特点。在 Ю.Н.Караулов 看来,研究语言个性不可拘泥于对词汇、语法、语义和语用的分析,个体认知特点是语言个性研究所不可忽略的因素。Bakhtin 的语类研究亦强调人的意识和其所在的思想意识环境对话语生产的共同作用:"每一个类别都具有特定的选择原则,特定的对现实进行预言和构思的形式,特定的言谈范围和深度……人的意识中可能存在一系列对现实进行预言和构想的内部文类,其所包含的文类的多寡由其思想意识环境所决定……对现实进行观察和思考的过程和将观察思考的内容通过某文类体现的过程是不可分割的……因此,有关语类的现实和该语类所准允的现实是有机结合的"(Bakhtin & Medvedev 1985:131)。

"知识图景""意识"等是认知语言学研究所关注的问题。20世纪80年代,认知语言学以其对语言共性的可概括性、语言和心智的不可分割性为理论基础,以原型效应(prototype effect)、意象图式(image schema)、概念隐喻(conceptual metaphor)、概念整合(conceptual integration)、心理空间(mental space)、理想化认知模式(Idealized Cognitive Model,简称为 ICM)、体验性(embodiment)等原创理论的应用确立了其研究范式和独立的学科地位。认知语言学的一个基本假定是:"语言知识来源于语言的使用"(李福印 2008:9),这是对生成语言学及形式主义语法的哲学反叛,也是和其他功能语言学派理论融合的契合点。

社会语言学研究关注语言的社会性、认知语言学关注语言使用中的意义加工,认知语言学家普遍认为认知的视角对关注语言社会性的话语分析研究有建设性意义(如 Lakoff 1992,Stockwell 1999,张辉、江龙 2008,王寅 2005 等)。功能语言学、话语分析、语用学等领域的学者(如 Johnstone 1996/2000; van Dijk 2003a,2003b,2005,2008,2010; O'Halloran 2003; Wodak 2006;陈新仁 2001;辛斌 2007)亦试图借鉴认知的理论和方法探讨社会语境下的语言问题,由此社会认知语言学诞生。社会认知语言学的研究方法和理论是否适用于语言个体差异研究?本节将分析利用社会认知语言学的融合途径分析个体使用者差异的理论基础,评述社会认知视角下的代表性个体差异研究模式,以探讨社会认知语言学视角对于语言使用者个体差异研究的意义。

2.3.1 使用者个体差异的社会认知分析

话语分析传统上借助功能主义语言学、社会语言学的理论和方法,由于认知语言学方法的介入,语言研究一度出现"一切皆认知"和"一切皆话语"的两种极端倾向,由此出现了关注语言活动的"认知性"的"认知领先"的话语研究模式和强调语言活动"社会性"的"话语领先"的话语研究模式,二者对于研究语言使用者个体差异各有利弊,而采用全方位的社会认知融合视角将有助于将社会语言学和认知语言学的理论和方法最优化地应用于个体差异研究(Bamberg 2004)。

　　"认知领先"模式将人视作"认知中的人",即人的行为不是受制于外界的刺激和力量,而是源于内心的认知,通过接受信息、加工和输出而建立各种关系。鉴于人的意识是所有意义的接受者、诠释者和输出者,外界(社会、实践等)只是这些认知行为的附属部分,语言交际成为"利用文化提供的符号手段对人脑中的信息的编码""说话的大脑间所进行的信息交换""说话人间认知模式的协商和更新"(Bamberg 2004:218)。"认知领先"的话语研究采用科学实验的方法研究理想化状态下的认知过程,包括人脑和意识的机制、能力等,测量真实的交际事件中个体对典型认知过程的应用状况和符合程度,极端的"认知领先"法甚至通过实验测量交际过程中个体认知的"偏离"(deviation)程度。

　　"话语领先"模式将话语作为实践社团中的一种具有实践意义的、具有社会性和文化性的互动行为,该类研究往往借用社会建构主义理论和人类学、民族志研究方法,细致地分析话语与语境的关系及其产生的意义和影响,尤其关注话语如何构建自我、发出自我身份的"声言",例如:话语中哪些细微的、修辞性的表达涉及说话人的态度、评价和判断,尤其关注话语互动中是否存在矛盾、对立和歧义以及说话人如何消解这些麻烦以构建身份。此类研究一般属于定性研究的范畴。

　　由于话语与认知呈相互影响、相互生成的关系,即认知对话语行为、实践产生影响,而认知亦为话语的产物,因此,"认知性"和"社会性"并非不可调和,反而具有内在的相关性。强调话语的发展以及语境的影响并不否认说话人的知识、经验以及性格在话语行为中的作用,反而有助于分析说话人的"交际能力"如何对话语的发展进程起到监控和调整甚至补救的作用。为此,更多的研究者提出应从"全方位"的视角关注语言使用者个体差异问题,即同时关注语言的"社会性"和"认知性"的融合视角,将语言使用者的个体心理认知置于社会文化语境下,通过社会语言学和认知语言学的学科融合更好地分析语言个体在动态的语言交际中的心理认知、语境识解、意义选择和形式表达之间的关系,以搭建分析"使用者差异"和"使用差异"之间的桥梁,这就是使用者个体差异的社会认知分析模式(Social Cognitive Model,简称为SCM)。

由于认知语言学理论中有"社会文化成分"(张辉、江龙 2008:15)，话语分析研究关注政治话语、机构话语等社会文化因素对语言使用者的影响，有众多语言学家尝试利用社会认知分析模式分析话语语义和使用者个体差异(如 Fairclough 1995；Lakoff 1992；van Dijk 1997，2003a，2003b，2005，2008，2010；Johnstone 1996，1997，2001，2009；Wodak 2006；etc.)。

van Dijk(2010)指出，一切语义的加工和生产均与认知有关，一切话语都源自使用者所派发的意义，认知的方法不仅能够加深对话语生产和话语加工过程的理解，而且有助于分析说话人的语境认知特点。因此他认为话语分析应该是"认知性话语分析"(Cognitive Discourse Analysis)，即利用认知的概念，例如心理模式、知识等，研究话语的特点，例如话语结构、衔接连贯、话题分配、预设、隐喻等。在认识性话语分析的视角下，van Dijk(2003a，2003b，2005，2010，etc.)以认知理念解析语义问题，从话语认知的语境模式以及话语、知识的界面等方面研究语义的选择和产生，指出在话语生产中对语义产生影响的是"知识机制"(K-device)和语言使用者的"知识策略"(K-strategy)，该项研究对解读话语中个体使用者的差异问题有较大推动。

Johnstone(1996，1997，2001，2009，etc.)的语言个性、个体语言风格研究涉及英语、阿拉伯语等语种，劝说、民意调查、日常闲谈等语类，美籍非裔妇女、城市妇女、城市普通民众等人群。通过对话语和人的关系研究，她发现不论是语用学的"语言应用准则"(conventions)研究，还是社会语言学根据性别、社会阶层等人群类别所进行的研究，或者是批评话语分析依赖的意识形态分类研究，均无法揭示特定场景下个体说话者的语义选择机制。Johnstone 认定个体说话人均有"个体特征"(idiosyncracy)，其拥有的话语资源也是特定的，因此研究个体语义特征应该摒弃先前的寻找社会原因的"社会内向法"(social inward means)，转而采用探寻个体原因的"个体外向法"(individual outward means)，也就是研究个体说话人的认知策略对话语生产过程及语义的影响。

Wodak(2006)的话语分析和社会学田野调查揭示，凡是涉及个体语言使用者的研究，例如话语态度、偏见、身份、研究、叙事风格等，必然要

56

面对感知、信念、意见、记忆、决定、知识、思维模式、观念转变等认知问题，因此她将社会认知研究方法推崇为探求话语和社会关系的最佳途径，认为在话语生产和加工中，唯有通过人脑的认知才能将话语、语言和社会联系起来。Wodak(2006：182 - 185)认为目前的话语分析需要一个跨学科的、有阐释力的、一体的社会认知模式，该模式应融合 Foucault (1984)的"话语结构"(discursive formations)、Bourdieu & Wacquant (2001)的"生存心态"(habitus)、Halliday（1994b，etc.）的"语域" (register)、Bernstein(1971)的"语码"(code)等观点，应解读各个层面的语篇筹划、加工问题，包括：知识和经验的框架、脚本和图示；话语、语类和文本的生产和解构；说/听话人的年龄、性别、社会阶层等社会变项。Wodak 在自身的话语分析实践中试图建立一个完善系统的社会认知分析模式，对新闻、自杀病人的心理诊疗、性别歧视话语、种族偏见话语、排外话语、反犹太话语等实例的分析体现了她对话语主体的个人经历、个体认知因素和话语语义差异相关性的关注。

在上述关注使用者差异的社会认知分析研究中，产生了一些代表性的社会认知分析模式，包括"知识机制和知识策略""心理语境模式""理想化认知模式""风格认知模式"和"型式识别机制"等，这几类模式对使用者个体差异分析均有贡献和启发，但相关研究也各自存在问题。

2.3.2　知识机制和知识策略

知识、话语与权力的关系是社会认知分析的一个核心议题，也是社会学研究至今尚未梳理清晰的一个问题。一般认为，拥有知识即意味着对"社会资源"(social resource)、"话语资源"(discursive resource)、"符号资本"(symbolic capital)的占有，是权力的象征，近期的批评话语分析研究经常探讨：公共话语中，权力机构和组织如何管理、表达知识；在社会话语中，哪些机构组织优先占有知识；哪些机构组织对知识的定义和合法性做出规约；哪些机构组织参与知识的分配、限定等等。

知识与话语的关系既可从以上宏观的、社会的视角加以研究，也可从微观的、个体的视角加以分析,即分析话语参与者所拥有的、与个体心理结构和心理活动相关的"社会认知体系"(social-cognitive system)如何参与话语(van Dijk 2005)。社会认知体系来自社团经验,由个体在社会语境中习得,包括知识和态度、意识形态、规范、价值等子系统,这些子系统相互作用共同促成话语或其他社会活动的实施,个体和社团在话语与社会活动中使用并修改各自的社会认知体系。在这个微观层面上,知识和话语的界面是心理语境模式(Mental Context Model),在该模式中知识是话语意义得以生产的关键性认知因素,即"知识机制"(K-device),而个体又具有运用知识的语言策略,即"知识策略"(K-strategy)。

如要了解知识机制的运作机制,首先需要对知识进行定义和分类。van Dijk(2003b: 95)反对将知识按照传统哲学或认识论的思路定义为公认的真理,他接受相对主义认识论的观点,认为世界上不存在绝对的、普世的知识,所谓知识是在某一个历史阶段被某一个社会团体所认可的相对概念,"昨天的共识今天就成了个别人的观点,他人的所谓知识在我们看来也许就是一种迷信",因此,知识可定义为"某一认识团体(epistemic community)所认可的共识",它具有认知性、社会性和文化性三大属性。从认知性来说,话语的生产和加工过程都预设大量知识,不论是话语的意义还是形式,其产生、加工和理解都与知识相关;从社会性来说,知识与个人观点不同,知识是人们在群体、社团、组织、机构的活动中获取、分享和使用的,知识的社会性是话语的意义(例如预设、言外之意等)得以被理解的关键;从文化性而言,知识是决定文化归属的关键因素,所谓"知识团体"的划分标准是话语、思想、行为、知识认同等,这与社会团体和机构界定标准不同。

知识并不是统而化之的"世界知识",而是可以根据不同的因素、标准进行区分,不同类的知识在话语之中具有其特定的心理表征、记忆储存方式和用法表达。不论是心理学、认识论还是哲学,都未曾对"知识"进行系统的类别划分,van Dijk(2003a,2003b)认为研究知识和话语的关系首先必须理清知识的类别,话语中的知识具有多样性,常见的知识分类方式(如"陈述性知识"和"程序性知识""个人知识"和"共享知识""普遍知识"和"特定知识"等)均不能完全满足深入分析说话人"知识策略"（K-strategy)的要求,例如"共享知识"是一个比较笼统的类别,如要分析话语语义生产过程中的认知策略,就应该根据共享范围将"共享知识"细分为仅限于说话人之间共享的"人际知识"（interpersonal knowledge)、由某机构/组织共享的"机构知识"（institutional/organizational knowledge)、由某专业领域成员所共享的"团体知识"（group knowledge)、由某文化社团所共享的"文化知识"（cultural knowledge)、"民族共识"（national knowledge)、"人类的通识"（universal knowledge)等等。

van Dijk 认为对知识分类的目的是研究话语加工过程中说话人如何编码知识以实现选定的语义,因此必须细化知识类别,而具体分析中应该综合考量如下因素:

(1) 知识的适用范围(个人的、人际的、群体的、组织机构的、国家的、文化的……);

(2) 知识的特定性或普遍程度;

(3) 知识的抽象性或具体程度;

(4) 知识的真实性或虚拟程度;

(5) 知识关乎的对象(人、事、物等);

(6) 知识的确定性、可信程度;等等。

在第(1)项"适用范围"中,可将知识划分为个人知识和社会知识。话语分析应该尤其注意对这两类知识的区分:个人知识属于个体社会认知系统的一部分,通过个体认知起作用,个人知识本不是话语的预设部分,它存在于"短暂记忆"（episodic memory),一旦得以断言,便成为人际知识、团体知识的一部分,也成为话语的预设语义。社会知识是公共话语所共同预设的知识,是同一认知群体所达成共识、无需言明却能够通过相关的语言信息激活的部分。通过知识类别的转化表达意义是说话人的"知识策略"。

以往的话语分析通常将知识看作话语参与者的属性,属于语境因素,它和话语情境、参与者身份、话语目的等因素共同构成语境,决定话语的语义生产。van Dijk 反对这种"二元"论,他认为在话语的语义生产过程中,语境因素和话语加工并非直接产生关系,也就是说不存在一个从语境到文本的直接转换,否则,话语生产就成了任何人在相同语境下都会生成相同话语的"语境决定论"。在文本和语境的界面上,存在一个认知的界面,即"语境模式":它是一个主观的心理模式,是个体对情境因素的主观理解,是话语参与者对社会因素的主观定义和识解,它能够揭示为何在相同的语境制约下存在个体的不同表现。

van Dijk 指出,知识是心理语境中一个关键性因素,说话人根据语境做出知识相关性判断并采用相应的"知识策略",如预设、隐涵、推断、提问、提示、忽略等,以不断地激活、使用、交换和更新参与者的个人知识和社会知识,实现话语内部以及话语与外部语境的衔接和连贯。因此,在话语的生产过程中,对知识的认知以及相应的话语策略起到重要作用,这就是"知识机制"。

van Dijk(2003a,2003b)通过对《纽约时报》关于议会禁用大麻药品案的编者按和英国前首相布莱尔在下议院的一次演讲的案例说明其"知识机制""知识策略"分析法的应用。其要点是:虽然案例篇幅有限,语篇涉及的知识却内容庞杂、种类多样,既有社会知识,也有个人知识,既有普遍知识,也有专门知识;话语所激活的知识大多是隐含的、预设的、言外的,说话人通过对各类知识的话语操纵,表达、指示、强调和隐藏其知识或其他的社会认知,构建心理语境模式,实现语义。

"知识机制"分析模式寻求话语的认知性和社会性的融合,关注到之前被话语分析所忽略的说话人对语境的个体认知以及在话语生产中所采取的话语策略,对话语分析的发展有积极的推动作用。但是现有的"知识机制"分析模式还存在以下问题:

(1)对知识的定义:

van Dijk 所谈及的知识是经验类知识,例如科学知识、常识、对某事件的了解等,并不包括意识形态、价值观等层面的知识。他认为话语制造者和话语接受者对此类话语的共享程度影响话语策略和话语理解加工,这样的理解是比较机械的。在话语生产和加工的过程中,话语参与者共享的知识当然还包括人际知识,例如共同的价值观、对于话语目的理解上的共识等,将这些层面排除去进行批评性话语分析显然是不全面

60

的。因此他所谈及的知识仅是话语认知中的一个部分,即他所说的"社会认知"(social cognition)的局部成分,而如果要全面了解话语与认知的关系,就必须全面考量社会认知的各个成分。

(2)对知识的分类:

van Dijk 的研究中对知识的分类比较混乱,他时而借用总体知识和特定知识来揭示语义的预设,时而又通过社会知识和个体知识的分类来分析知识的产生,然而我们所需要的是理论性的分析:个体知识和社会知识在话语生产中各自的作用,总体知识和特定知识在话语展开中各自出现的趋向,何种知识和何类语义相关等等,即与知识相关的话语策略。同时,我们还看到他刻意区分语言知识和非语言知识,例如他将文本结构知识、隐喻语义知识等作为"特定知识"单列出来,但是从系统研究的角度看,在个体知识的大框架中为何这样区分知识,区分的目的和意义何在,他并没有从理论上回答这些问题。

(3)对语义的关注:

van Dijk 的"知识机制""知识策略"分析所关注的语义涉及多项传统语义学的研究范畴,例如话题、语义的预设和命题间的衔接和关联、指称关系、言外之意、词义的内涵和外延、命题、断言、预设等。然而从话语分析的角度看,他所涉及的只是"语义片断",是话语整体语义的一部分,其案例分析无法将话语所涉及的所有信息综合考量。如果要全面分析话语的语义,就必须分析人际层面的语义。例如,van Dijk 分析了个体知识和社会知识的关系:所谓个体知识一旦得以断言,便可能成为人际共享的知识;而人际知识在更大的群体得以断言,便逐渐抽象化、概括化成社会知识。这种个体与群体的关系不仅体现在概念意义的层面,在人际意义方面,个体的态度、思想、价值观也同样可以通过文本进入群体、社会的语义范畴。

(4)研究方法:

由于对知识的定义过于狭隘,对知识的分类缺乏一致性,"知识机制"分析法在实践上也难以复制。例如,在对编者按的分析中,van Dijk 着力标注每一步语义推进的过程所涉及、所激活的隐含知识以及所断言的显性知识的类型,事实上这样的标注是无法穷尽的,其分析过程琐碎且无系统性,并不能揭示话语与知识的关系。在对布莱尔演讲的分析中,van Dijk 对演讲中所提及"显性知识"的不同表达方式做了分类,但是这些分类时而以表达方式为共性,如"the fact that",时而以语义为共性,如例证、承诺、威胁等,显见其分析缺乏统一的标准,因此所得出的结论也缺乏说服力。同时,van Dijk 虽然试图从认知的角度分析话语,事实上并不能解释布莱尔作为话语生产者为何选用不同的策略来引入"知识",而我们一旦用"信息"(information)来替代"知识"(knowledge)这个看似和认知相关性很强的术语,就会发现他只是使用了一套不同的术语来讨论表达和语义的关系,其"认知"是对"信息的编码和解码",和心理学上的"认知"(cognition)并没有多少关联。

以上不足之处说明"知识机制"分析法在理论上还缺乏系统性,尤其表现在对于语义系统和词汇语法结构的分类上。我们看到,在知识与话语的关系方面,其关注点主要在于哪些知识是共享的、预设的、无需言明的,哪些是说话人生产的、听话人需要理解加工的,这些和系统功能语言学对于新旧信息、语篇的节律、宏观结构和微观结构等的分析初衷一致,预设的信息从形式上看属于未加提及的信息,从语义上看是凸显度最低的信息。在对知识的表达方式的分类中,他用了"显/隐性知识表达",他认为隐性知识对话语的推进起到控制作用,是认知型话语策略。我们看到,他所说的"隐性"表达其实就是系统功能语法中的投射性小句,其所谓表达策略指人际意义中的"情态"(modality),或者说是 Martin 所说的评价中的"介入"(engagement)。虽然 van Dijk 试图关注话语中个体参与者的语言策略,试图为话语分析添加"认知"元素,但是他所研讨的所谓"知识策略"并未超越系统功能语言学的语义范畴,而他的分析过程却将语境、语义和表达混杂在一起,不能清晰地展示语言使用者出现个体差异的根本原因和发生过程。

2.3.3 心理语境模式

以往的批评话语分析往往将语义作为对现实语境的直接反映,而

van Dijk（2008：825 - 826)认为话语的语义和现实语境并不是直接相关的,他将话语的生产归纳为以下三个步骤:

（1）说话人观察话语生成的情境,构建其心理语境模式;

（2）说话人调用心理语境模式所存储的知识信息构建语义模式;

（3）说话人根据两个模式选择话语策略(如知识策略),遣词造句、实现语义。

在这个过程中,话语、知识和语境呈永恒的动态关系,心理语境模式是语境和话语的界面,它控制话语生成的"语用模型"（pragmatic model),确保话语在即时情境中的得体性。在话语生成的大框架中,心理语境模式是话语参与者在互动中,在话语生产和话语语义加工过程中,对相关社会情境所产生的"心理表征"(van Dijk 2005：75)。

从内部结构看,心理语境模式是一套话语参与者能够快速应用的相对稳定的图示结构或框架(van Dijk 2003b：119),其涉及的语境因素包括时空定位、参与者、实时活动、社会认知(包括目的、知识、意见等)。心理语境模式既具有个体性,也具有社会性,既体现了话语参与者的个人知识、信仰、观点等特点,也涉及总体知识、共享知识。每一个模型都是唯一的、独特的,对应一次话语活动。

有关心理语境模式的设想对研究语言使用者差异具有启发意义:

（1）界面性:心理语境模式是话语的社会层面和认知层面的界面,是话语推进中说/听话人再语境化的平台。

（2）动态性和即时性:心理语境模式在社会变化和话语展开过程中处于不断的更新变化中,它表征、反映即时状态下的语境,不存在一个静态的、固化的心理语境。

（3）常规性:心理语境模式伴随人类各种活动,是日常经验的一部分。

（4）制约性:心理语境模式对话语的形式和意义都有制约作用。

（5）复杂性:在话语展开的任何阶段,心理语境模式所涵盖的数种语境因素状态不一,有的得到表征,有的得以激活,有的属于预设因素,有的处于隐涵状态。

（6）主观性:人脑对语境的认知、语境对话语生成的作用都具有主观性，它受到参与者对语境因素的敏感程度、关注程度影响，也受到说话人自身话语目的的制约。

（7）相关性：真实语境的复杂程度往往大于心理语境模式，心理语境模式仅涉及对话语产生影响的语境因素。

心理语境模式作为解读语境和话语语义关系的社会认知分析模式，对于解释话语的个体差异，具有较强说服力和阐释力。然而目前应用并不广泛，仅 van Dijk 本人尝试应用于批评性话语分析。例如，他在分析英国前首相布莱尔的议会演讲中指出，该演讲中布莱尔的心理语境模式及其对听话人心理语境模式的操控决定其知识策略，话语通过预设、隐涵、推理等策略激活听话人心理语境模式中的隐含知识，通过对心理语境模式的不断更新、再语境化达到话语推进的作用（van Dijk 2003b）。心理语境模式的理论视角对语言使用者个体差异研究有启发意义，即不同的说话人对同一语境的理解不同，因而选择不同的语义和话语策略。由于对知识机制和知识策略的研究存在诸多缺憾，该模式还不能说是一个成熟的理论框架，有待于进一步改进和优化。

2.3.4 理想化认知模式

Lakoff（1987）认为人类组织思想、构建范畴、实施推理并识解语义具有一个认知模式，认知模式得以运作是建立在将认知环境理想化的基础上的，所谓的"原型""框架"都是一种理想化的认知结果，为此他提出"理想化认知模式"（Idealized Cognitive Model）。每一个理想化认知模式都是具有一定的范畴结构和运作特点的完型，是一个受到原型影响并具有自身范畴结构的心理空间。构建理想化认知模式的认知方式包括命题结构、意象图式结构、隐喻映射和转喻映射。

Lakoff 意识到，在充满变化的现实世界中，连"星期""周末"这些概念的语义都因地域和历史变化而不同，更不用说"单身汉""母亲"这样具有复杂社会意义的概念了，因此真实语境中的认知与理想化的模式之间可能存在"偏差"（gradience）。但是，理想模式并非脱离客观世界和社会现实的心灵主义的认知模式,因为该模式并不是通过单一的"原型→意义"映射认知语义,其原型可为社会现实中存在的多种原型,例如母亲的语义来自包括单亲母亲、养母、代产母亲等多个现实类型,但是各个类型的语义代表性各不相同,因此关于母亲的理想化认知模式实际上是一个"群集模式"(cluster model)。同时,理想化认知理论承认认知体验的文化差异性,认可不同文化类型中成长的人具有不同的世界体验、命题结构和意象图式结构,特定认知域的认知模式最终受制于文化模式。

理想化认知模式理论对语义认知的解释比认知语言学先前的理论更加系统,既考虑到了个体认知的特点和主观能动性,也关注到社会文化语境对认知的调控,该理论具有可操作性,被用于语言分析的各个方面。例如,Lakoff(1995)在"隐喻、道德和政治"一文中分析了"道德计算模型"(Moral Accounting)之"欠债可耻"文化模型在政治话语中的映射;在"道德政治——民主党比保守党多了解了什么""道德政治——民主党、保守党如何思考"等文章中分析了隐喻式的文化模型(例如严父家庭模型和慈爱双亲模型)在美国总统竞选辩论中的应用及其对各党派的政治影响(Lakoff 1996,2002);Clienki(2005)开展了较大规模的基于语料库的话语研究,其结论是社会文化模型对语义的渗透更多地体现在非隐喻式的语言中,家庭文化模型已成为美国语言资源的一部分;Stockwell(1999:520-523)利用理想化认知模式理论重新梳理了Lakoff(1992)所分析的语料,该研究将有关海湾战争的新闻报道和童话故事进行类比,揭示了战争报道普遍借用了一个"童话原型",文本中关于战争的语义加工无处不借用"童话结构"及其隐喻、转喻映射,从而将战争合法地解读为一个童话,该研究进一步指出文化模式的隐喻式借用是意识形态话语的普遍特征。

在话语分析方面,理想化认知模式理论被普遍用于对文本中文化模型的隐喻映射研究,至今未有研究者利用该模式分析语言使用者的个体差异。但是我们看到,理想化认知理论将社会文化语境的复杂性和个体认知体验的差异性放在一个模式中考量,对解读语言使用者个体差异和认知"偏差"有积极意义。

2.3.5 风格认知模式

"风格认知模式"(Stylistic Cognitive Model)从思维风格的角度研究文本的风格问题。

Fowler(1977)最早提出作品创作中的"思维风格"概念,指一个人(作者或人物)认识世界和理解世界的特定方式对作品产生影响。Leech & Short(2001：187 - 208)提出文体和思维风格有密不可分的关系。他们认为文体风格研究既要关注读者所感知的虚拟世界是怎样的,又要分析这个世界是如何被感知、被领悟的。在世界被感悟的过程中,思维风格差异导致两个方面的差别:首先是被指称的世界是什么样的,第二是人脑的思维对世界如何进行映射,这两个方面最终关系到语言的选择和文本的创造。上述两种"思维风格"论虽然被公认为认知文体学的先驱,但是和认知语言学的基本理论及其研究方法并无直接联系。Fowler(1977)所关注的思维风格是作者或人物的世界观、意识形态、态度等在小说中的独特语言表现,这和Halliday(1973)对小说《继承者》的主人公视角分析如出一辙,其分析实践关注的仍然是主人公的语言表达所揭示的心理特征,是话语所揭示的经验意义,和认知语言学所关注的语言和心智的关系并非一个问题。Leech & Short(2001)研究的是作者如何通过选择不同的语言表达方式构建不同的语义,从而影响读者对语义的识解,至于作者为何具有这样的语义表达需要,文中并未进行相应的认知分析。

真正开始从认知科学和认知语言学角度研究小说风格的是Bockting(1994),她认为思维风格属于"概念化于头脑中的语言建构和表达",与人的生物性、社会性、时空性皆相关。在她提出的"风格认知模式"中,思维风格不属于说话者的前景化信息,而是背景化的"意识形态"。文体学家可用"风格认知模式"来分析文体风格,例如 Semino & Swindlehurst(1996)提出思维风格和认知隐喻的关联性。Leech(2007)利用概念整合理论分析了狄更斯的作品《远大前程》,他认为概念整合理论极好地把握了语言加工过程中语义是如何创造性地得以构建的,解释了读者如何将小说的三重视角进行语义加工,理解了一个集怜悯、幽默和讥讽于一体的作者风格。

对于非书面话语的风格和认知的关系问题,陈新仁(2001)提出从语境认知的角度研究说话人的风格选择。说话人在不同的语境下,由于交际目的、对象、场合等因素的变化而选择说话风格,其对风格的选择基于其对听话人的认知语境的判断,对双方关系以及认知环境的重叠情况、共享知识的内容和程度等的判断,而共享需要通过说话人的语言信息传递达到"双方互明"(mutually manifest),因此对于共享信息的判断又决定说话人如何组织话语信息,尤其是信息的背景化、前台化选择等。

"风格认知模式"解释了说话人如何根据语境判断信息关联的强弱,动态地选择话语风格,该模式不设定一种规范化的语言模式,不预设话语风格的高低好坏之分,它通过对比规范模式和话语实际来发现"偏离"。虽然"风格认知模式"的出发点是研究个人思维方式和文本的关系,但是最终还是将重点放在了语境关系上,该理论关注的"风格"更接近系统功能语言学理论中的语域特点,即语境选择语义,语义选择表达,语言特点是因语境而选择的结果,对语言主体所特有的语言风格及其思维认知特点之间的关系研究还有待拓展。

2.3.6 文化模型指导下的型式识别机制

"文化模型"(Cultural Model)指某些社会团体所共享的对世界的典型看法,它可能是关乎某种典型事件的图示、情节和描述,它如同储存在人脑中的录像资料,案例般或法典般为事件的典型性和常态提供例证。"型式识别机制"(Pattern Recognizing Device)指人脑所具有的分析、识别相关因素并将其组合为相关型式的功能。Gee(2000)用"型式识别机制"解释在真实的话语活动中、特定的情境下,说话人如何根据自身对语境的识解和个体经验形成该情景下的"图像和型式",即"情景语义"(situated meanings)。生成情景语义一方面借助于"型式识别机制"识别话语和真实世界关系的"自下而上"的行为,一方面也受制于说话人的文化模型对语义的"自上而下"的指导作用(Gee 2000:80)。

"自下而上",指的是人们在使用语言时,往往能够识别和组合语境因素,将其整合成一个型式,而这个型式对于某一社会文化社团的人来说具有可辨别性。型式识别的过程分四个步骤:储存相关经验图示、在相关经验中归纳型式、利用已有型式以常规的方式理解新的经验、将新经验和已有经验组合并动态地重构型式。

"自上而下",是因为话语参与者属于某社团,该社团成员共享特定的"阐释理论""文化框架"等文化模型,例如对成功的阐释模型、幸福家庭的典型图示等,这些理论或框架为语境型式提供了解释,是其意义的来源。模型因社会文化群体不同而不同,也随着时间、社会和经验的变化而变化,在话语语义生成中起到至关重要的作用。

解读话语情境、文化模型和型式认知的三者关系以及各自在话语交际中所起的作用对于理解情景语义至关重要。一方面,话语的语义具有灵活性,它既不是从字典上照搬所得,也不是从人脑中的符号翻译成意义的,它和话语的社会文化语境密切相关,人的言行举止、思想价值都要在某种程度上受到社会实践、社会环境的制约,才能够通过共享的文化模型赋予语境型式以意义。另一方面,人脑在情境语义形成过程中具有重要作用,话语语义得以生成要归功于人脑的"认知性"——人脑从语境中抽取相关语义型式,又将该型式融入语境中,甚至将其逐渐转化为社会文化的一部分,人脑是型式的"识别者"(recognizer)和"建构者"(builder)。

"文化模型指导下的型式识别机制"理论在多项话语研究中有所反映。例如,Gee(2000)通过分析"light""shoe"和"bedroom"等词义如何在语境中变化,说明文化模型如何影响人们的思维、认知和行为,以及人如何通过该机制识别语境因素并在文化模型的作用下为每个词分派不同的语义;van Dijk(1977)认为在话语生产过程中,人们对该交际事件的识别过程是以经验和世界知识为基础的,他将此称为"假定的世界常态"(assumed normality of the world),即文化模型;Brown & Yule(2000:62)指出人类天生具有发现规律的心理趋向,在交际活动人们往往将现实语境和过去经验中的常规型式进行对比,人们所认可的常规型式既有一致性也存在个体性；Fairclough（1989：24；1995：75）同样指出，在生成和解释语篇的过程中，人们调用头脑中积累的知识，这些知识属于社团成员的"共享资源"（member's resources），包括：语言知识、人生活的自然和社会世界的表征、价值、信念、假设等等，这些资源或可呈现一定的形式结构，如框架、脚本、图示等；Sarroub（2004）以其对青少年的语文学习过程中相关话语的分析研究证实文化模型对青少年话语的影响。

总之，文化模型指导下的"型式识别机制"试图解释宏观的社会文化语境和微观的个体文化型式之间的关系，有助于解读语言使用者在语境识别和语义选择方面为何存在差异。

2.4　问题和研究路径

语言研究领域诸多理论的产生往往和如何解读语言使用者的个体差异有关，文论研究中的"作家论""作者功能""作者风格"，社会语言学提出的"社会方言""语码趋向""个人方言""语言个性"，社会认知语言学所构建的各类分析模式等，实际上都在探讨语言使用者个体差异问题。由于理论背景、研究方法和学科关注各不相同，其研究路径、分析角度和结论各有千秋，对于语言使用者个体差异的研究也有各自的贡献和启发，但是均还存在不完善之处。

文论界非常关注作家的个性风格和文本的关系，中国古典文论强调"性"和"体"的相关性，而后结构主义文学评论则试图消解作者个性对于文本意义的影响，认知视角下的作者思维风格研究用"人脑""概念""语境关联"等认知理论来解读话语风格与个体的关系。然而，文学评论中研究"作家个性"的基本方法是将作者个人生活经验的片断和作品、话语的风格特点相联系，这样的分析充斥着评述者的主观性，缺乏理论上的系统性。社会认知视角下的"社会认知模式"聚焦于语域变异对于文本风格的影响，缺乏对作家个体差异的真实关注。如何系统、合理、全面地分析作品生产源头的作家个性和文本本身所生产的语义之间的关系,这依然是文论研究所未能解答的问题之一。

"社会方言"理论虽然认可了使用者差异对于语言使用的影响,并试图挖掘语言变异和语言使用者社会身份之间的关系,但是该理论将语言形式的变化直接归因于使用者所属类别的特点,建立了一个二元的差异模式——社会归属差异决定语言表达差异。它的研究传统是假定社团语言的同质性,这在人口流动性较低、内部社会纽带密集的社团有效,但是在人口组成复杂、流动性强、多种文化复合的当代社会,个人的社会属性是多维定义的,这种以"归属"论"差异"的研究方法就难以立足了,因此它所假定的使用者差异并非纯粹的个体差异。同时,"社会方言"研究往往将关注点放在了"措辞"层面,仅仅关注形式层面上的局部语言差异,例如个别发音、词汇和结构等形式的变化,而忽略了语言形式系统的整体特征,对于个体语言使用者在意义选择上的差异不加考量,这种局限于局部形式特征的差异解读有挂一漏万之嫌。对于语言的变异研究不可忽略语言使用者的个体差异和语义选择,"社会方言"研究预设语言共性并选取相应语言变量的研究途径,不能反映个体语言的多样性,也未能解释使用者的个体特征对其在语义选择方面的影响,无法解释说话人个体特征、人的社会生活、社会结构和语言形式及其意义之间的相关性。

"社会语码"研究关注语言使用者的社会结构、社会关系、语义编码趋向对其个体语言特征的影响,对于语言使用者缘何具有不同的语言表达、语义选择作出了社会学的解读,能够弥补"社会方言"将形式和意义混为一谈、对个体社会归属的划分缺乏标准的缺憾,也可以将差异研究真正落实到"个体之间"而不是"社团之间",因此语码理论为语言使用者个体差异研究指明了"社会性"方向。在实践中,由于"语码"理论更多地被应用于解读社会问题和教育问题,其在语言学领域的潜力还有待发掘。

"个体方言"和"语言个性"研究真正将关注点放在了个体语言使用者及其语言特征上,Johnstone 等社会语言学家不仅证实了"个体方言"的存在,而且从多个维度解读"语言个性"现象,包括语音、词汇、句式、语码变换、修辞策略、语用策略等,证实语言个体特点的研究是全面了解语言与社会的关系、解读语言变异原因的重要方法。但是,目前的"语言个性"研究对于语料的分析还不够严谨,对于语言现象中哪些属于词汇语言结构的特点,哪些属于语义的特点,哪些属于语境因素,哪些属于语类特点,研究者并未刻意区分。如何将这些变量都放在统一的研究框架中,理清这些因素和个体语言差异间的关系,这正是目前语言个体差异研究所必须解决的问题。

认知语言学的发展为个体差异研究提供了全新的平台,认知的视角使个体语言使用者独特的认知心理过程浮出"语言现象"的水面,然而"唯认知"的个体差异研究方式也有它的缺陷:极端的"认知领先"法以个体认知为核心,势必牺牲话语的复杂意义,例如它关注唯一"说话人"而忽略话语活动往往是由多个活跃的说话人共同参与;关注显性意义而忽略某些隐性语义;关注话语涉及的直接语境,忽略其他话语的语境影响;默认一种固有的道德姿态而无视那些不确定的、变化的因素;对话语时空、顺序的研究也完全限于文本本身。

"唯认知"视角之所以无法解读人类语言活动、使用者个体差异的本质,是因为人类社会中不存在人性的自足,每一个生命体在逐渐进化中所形成的功能远远地超出了单个的生物体而涉及到了其他同类的生物体,因而"认知"亦具有社会性。对"认知"的社会性解读吸取了社会学、语言学和许多相关学科的研究成果,打破自然科学和社会科学的学科壁垒,社会认知语言学由此产生。社会认知语言学认为个体语言使用既受到社会文化因素的影响,也受到个体认知特征的影响。在话语语义产出的过程中,说写者对语境的识解、语义的选择不是一个随机的活动,话语分析在关注文本意义的同时,无法忽略个体在话语生成中的能动性。研究者往往认为,人类的社会文化实践需要参照各种各样的模式,随着经验的积累,这些模式也处于不断的更新修补中,并形成新的参照模式,话语作为一种社会活动,其参与者的能动过程也涉及甚至受制于某种模式,这些模式的形成、作用和更新是话语语义产生的个体来源。通过对代表性社会认知分析模式的回顾,我们发现,不论是 Stockwell 的批评性认知语言学还是 Wodak 的认知性话语分析,不论是 van Dijk 的心理语境模式、Lakoff 的理想化认知模式还是 Gee 的型式识别机制,都试图解答一个问题——个体使用者所感知、所识别的相关语境缘何存在差异,不论是基于认知语言学的话语分析,还是基于话语分析视角的批评性认知语言学,他们所构建的分析框架、所描绘的认知模式均关注在社会文化语境下个体语义差异的社会性、认知性原因,较好地通过分析个体与社会、认知与语境的关系解读了个体话语语义差异,也为研究个体与群体、社会,及语言现象与语言本质的诸层关系提供了新的渠道。

从社会性、个体性的双重视角研究语言使用者的个体特征,构建语义发生过程中的个体模式,对于研究话语的个体差异具有较高的理论价值。然而,目前的社会认知话语分析大多停留在将语言学的基本假定或研究方法应用于具体案例分析的探索阶段,某些具有一定理论性的研究也存在系统性、整体性等方面的不足,无法对话语生成的各个阶段中话语主体的作用进行系统的描述。例如 van Dijk 的心理语境模式和知识机制理论关注到话语生产中说写者的主观能动性,关注到心理语境对于话语语义的影响,但是,他所探讨的话语语义仅包括话语的局部语义,其分析过程对知识的定义、分类和对语义的解析均显得比较杂乱无序,也因此缺乏可复制性。

上述文献综述揭示,现有的语言使用者个体差异研究中最突出的问题是:

(1)局限于对个别形式的差别鉴定而忽略了语言差异的核心问题——语义选择的差异,对于意义类别和产生机制尚未形成成熟的认识。

(2)未能总体把握语言形式、意义、个体使用者差异和社会的关系,无法解释作为社会成员的语言使用者如何选择意义,意义如何体现为形式。

(3)未能将语言的个体性和社会性相结合,无法探讨语言使用者个体和社会的关系。

意义是说话人根据情境的选择,是根据其特有的资源、以其特有的方式、采用某些言辞策略而产生的。因此,语言学未能完成对使用者个体差异的深入研究,最重要的原因是缺乏一个宏观的语言视角来审视形式、语义和使用者之间的关系,缺乏一个全面观照语言各层次特征的、系统的、全面的、适用的语言学分析模式,该模式应能够以意义为核心、观照语言整体意义并理清意义的宏观类别,能够理顺语言形式、意义、语境和个体的关系,从社会性、个体性的互补视角关注个体使用者和社团群体的关系。

缺乏宏观的语言视角势必影响到对微观问题的分析判断。构架一个系统的语言体系以研究语言的异质性问题,这正是系统功能语言学的初衷,也是研究语言个体差异的可行途径。系统功能语言学关注语言的各个层面的语义,该理论对于语言的层次化、元功能和示例化的多维视角既反映了语言的本质特性,又使其成为一门极其适用于话语分析的理论工具。因此,将系统功能语言学的理论框架应用于语言使用者个体差异研究,构架基于系统功能语言学的个体差异研究模式是解决上述问题的途径之一。

第三章

系统功能语言学视阈下的
个体差异研究模式

系统功能语言学具有其独特的语言观,在理论与实践的"辩证性"对话中,它还不断地完善修补自身以增强其"适用性"。通过回顾系统功能语言学的主要语言观形成和发展过程,分析该理论视角下的语言使用者个体差异研究传统,可揭示:在"个体化"维度拓展系统功能语言学体系有助于丰富和完善其理论体系、增强它在语言使用者个体特性研究方面的理论阐释力。为了寻找更系统的个体差异研究方法、探寻小学生作文个性化的系统功能语言学理论框架,我们将在系统功能语言学理论体系中探究"个体化"研究的可行途径、语言使用者产生个体差异的主要变项,并据此构架系统功能语言学视阈下使用者个体差异的"个体化研究模式"。

3.1 系统功能语言学基本语言观的形成 ————

系统功能语言学(Systemic Functional Linguistics,简称为 SFL)的基本理论设想包括语境、系统、元功能、层次化、实例化和盖然率等,这些概念自 Halliday(1961)提出"语法的范畴"起开始萌芽,至今已逾半个世纪,在 Halliday(参见 Webster 2007a‐j)、Hasan(参见 Wester 2005;Hasan 2011)、Martin(参见 Wang Zhen-hua 2012a‐c)、Matthiessen(参见 Halliday & Matthiessen 2008a‐b)等系统功能语言学家的大量研究中逐步发展完善,成为当今世界有较大影响的语言学流派并被广泛应用于话语分析、社会学、民族志、人类学、教育政治等各个领域的研究中。SFL 的基本语言观成形于形式主义语言学的兴盛期,它吸收并传承了欧洲结构主义语言学的主要思想,包括表达-内容层次论、语境思想、多系统理论、功能主义思想等,其"进化"过程可以概括为如下几次"裂变":

(1)从结构理论到系统理论(structure→system):

形式主义语言学关注语言的"横组合关系"(syntagmatic relation),SFL 则坚持语言是一个"层次化的系统网络"(stratified systemic network),它既是诸多序列关系的横组合,也是诸多选择的"纵聚合关系"(paradigmatic relation)。纵聚合实际上是语言层次化特性在词汇-语法层面的体现,反映了意义和形式的关系,因此纵聚合关系、系统网络才是研究语言系统的关键,也是 SFL 脱胎于结构主义语言学又区别超越其他流派的理论优势所在。

(2)从多系统到层次化(polysystem→stratification):

Firth(1957a,b)等功能主义语言学家观察到语言的多层次性,例如表达、内容属于不同层次,语境和语言属于不同层次,词和句属于不同层面等,Firth 用"多系统"理论(polysystemic)来解释这些现象,Halliday 认为可以用"层次化"(stratification)这个概念来归纳语言的多层次性。首先,语言是一个多重代码系统,语言通过词汇语法体系表达意义,而意义的选择又反映了社会语境的需要,词汇语法结构、语义、语境三个层面呈逐次体现的关系;其次,语言系统和语言个案之间的关系也是层次化的,系统是对类型的概括,类型是对个案的概括,从系统到个案亦呈现层次化关系;同时,语法结构呈"层阶"(hierarchical rank)关系,自上而下依次为语篇、小句复合体、小句、词组/短语、词、语素,下层结构为上层结构的基本构件,下层语法结构以"组合"(syntagm)形式构成上层结构。

第一种层次关系将语言的具体表达和社会文化语境结合起来，后来发展成"实现化理论"（realization①）；第二种层次关系将语言的具体实例和语言系统的整体潜势联系起来，后来发展为"实例化理论"（instantiation）；第三种层次关系为功能语言学分析词汇语法结构时遵循的组构层级关系，后来称作"语言层级系统"（hierarchical scale）。

（3）从功能到元功能（function→metafunction）：

在 Halliday 之前，对语言功能的分类繁杂，如 Bühler、Trubetskoy（见 Matthiessen 2007）等将语言的功能分为表达、命令和指称三大类；Jakobson（1960）针对语言情境的语境、信息、说话人、听话人、接触方式和语码六要素，归纳出六大类语言功能——指称、诗学、表情、意动、寒暄和元语言功能；等等。Halliday 通过分析语境、语义和语言表达层面的聚合性，发觉语言具有三大元功能，每一段话语、每一个完整小句都同时具备这三重功能，表达对应的三层意义，通过相应的语法词汇体系实现：

① "组篇功能"（textual function）：指说话人通过对序列的动态推进实现信息流动、语篇衔接和语篇相关性；

② "概念功能"（ideational function）：指语言表征经验和逻辑关系，对应的经验意义指语言所表征的经验类型，逻辑意义指概念间的语义关系；

③ "人际功能"（interpersonal function）：指语言激发实现说话人和听话人的互动，建立二者人际关系以及语篇的社会性。

（4）从语境到语域（context→register）：

对语境的关注是布拉格学派的显著特点，Halliday（1978）在 Firth 的语境图示理论的基础上推出其语域理论，即语境因素包括三个方面：语式、语场和语旨，分别对应语义上的组篇、概念和人际意义。语域理论对传统语境的重新解读启发众多语言学者在不同领域开展与语言使用相关的研究，例如 Hasan（1978）根据语域理论对话语情境的结构进行分类，提出"语类结构潜势理论"（generic structure potential）；Martin（1992）结

---

① "Realization"在国内先后被译作"层次化体现关系"（胡壮麟等 2005：63）和"实现化"（马丁和王振华 2008：73），本书不区分这两种译法，但是为强调 realization、instantiation 和 individuation 的互补性，选择"实现化"为默认译法。

合英语语言的特点对语域的各个层面进行了更深入的研究并建立了语旨域的语境层次结构:"**意识形态↘语类↘语域**"①,其中意识形态代表社会符号资源的分配,语类代表复现的、有步骤的社会符号活动;更多的 SFL 学者致力于研究特定语类的结构或特定情境下机构话语的语类特征。

(5) 从对立体到连续统(dichotomy→continuum):

Saussure(2001)强调要分辨"语言"(langue)和"言语"(parole),Chomsky(1965)区分"语言能力"(competence)和"语言表现"(performance),两位语言学家均关注这两组对立体中的前项,认为语言的规律、人脑中的语言机制才是语言学研究的重点,而具体的语言表达、表现都不足以成为语言学研究的课题。Firth(1957a, b)反对上述对立的看法,认为语言的实例、具体的表达是对语言规律的"说明阶"(exponence)。Halliday(1992)接受 Firth 的观点,但是认为"说明阶"的概念有些模棱两可,因为既可以指语言表达是对语义选择的"实现化"(realization),也可以指具体的语言使用是对语言规律的"实例化"(instantiation)。在语言系统中,"实现化"表达的是语境和语音/书写的关系,是在"层次化"维度上实现的;"实例化"表达具体的语篇、谈话和语言系统的关系,这种关系不是两个概念的对立关系,而是从具体到抽象的连续关系,因此 SFL 用"连续统"(continuum)的方式呈现这种系统和实例之间的"实例化"关系——语言的语义系统/"语义潜势"(semantic potential)可示例为多种类型的语义行为/"语义的次潜势"(sub-potential),而各种类型又分别示例为多个实例(Halliday 1995b)。

(6) 从语法规则到盖然率(rules→probability):

SFL 之前的语法研究往往以规约为目的,即通过制订语法规则限定语言使用、裁定语言的正误、好坏,SFL 反其道而行之,它以描述语言规律为目的,系统功能语法(Halliday & Matthiessen 2008a)是基于语料库的、以实例说话的语言系统描述,它用"盖然率"(即实际语言使用中某种形义关系出现的概率)代替规则,用非标记性/标记性用法代替所谓的正/误之分,提供了一个开放的、动态的、层次化的、体现选择关系和语义

---

① 在系统功能语言学的符号代码系统中,"↘"表示"通过……实现",例如"语气↘语气结构/语气词",表示"语气通过语气结构或者语气词实现"。

潜势的语言系统。

(7) 从语言发展到符号进化(development→semiogenesis):

传统语言学对于语言发展的关注点一般在新词、新结构上,而 SFL 认为语言的"进化"通过个体、话语和系统的符号进化共同促进语言意义潜势的发展。

上述"裂变"形成了系统功能语言学的基本语言观,即:语言的系统网络、语言使用的层次化体现关系、语言的三大元功能、语域的三元素、语言系统和语言实例的实例化关系、语法的盖然性和语言发展的三维度。其中,语言功能和意义的三重性是 SFL 区别于其他语言学理论的"关键所在"(Halliday & Matthiessen 2008a:31)。同时,上述语言观也体现了系统功能语言学的一个核心理念,即语言是一个以语义为核心的复杂、庞大、具有多重"向量"(vector)的、开放的系统"构造"(architecture)(见图 3.1),该系统是所有语言实例、所有社会人使用语言的语义资源,

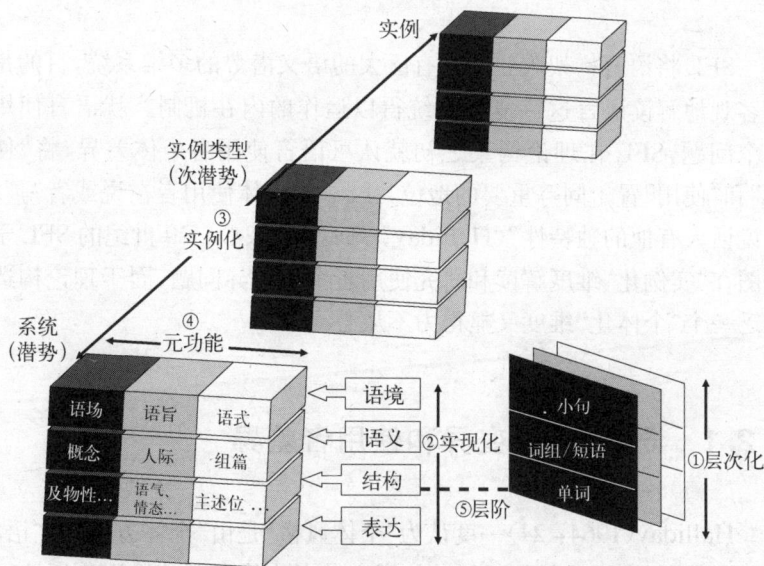

图 3.1　SFL 视阈下的语言系统构造①

---

①　编译自 Halliday & Mattthiessen 2004:封面。

是语义潜势系统(Halliday 2003)。因此,基于上述理论的语言研究势必以概念、人际和组篇意义为中心,向下通过话语和文本去寻找实现语义选择的具体表达,向上去挖掘意义选择的语境因素及其社会文化背景。

对上述"裂变"的回顾同时揭示,SFL 基本语言观的形成不是一个一蹴而就的过程,其理论体系的发展有赖于其对自身的反省、修补和丰富,它对语言系统构造的描述、对语言现象的研究也在 SFL 理论体系的进化之中变得更加合理、准确与精密。

3.2 "实例化"维度的系统功能语言学个体差异研究

SFL 将语言构架为一个具有巨大的语义潜势的多维系统,目的是全面客观地解读语言这一复杂系统得以运作的内在机制。就语言使用者这个问题,SFL 在理论构架之初就认可语言使用者个体差异,将"使用者"和"使用"置于同等重要的地位,强调"是个体使用者在说或者写""每个说话人有他的独特性"(Halliday 1964:23 - 24)。20 世纪的 SFL 学者试图在"实例化"维度解读和研究使用者个体差异问题,囿于理论构造中缺乏一个"个体化"维度又显得力不从心。

3.2.1 语境、语域变异和使用者差异

Halliday(1964:24)一度认为"个体风格"是由"个体方言"和"语域"所共同定义的,因此早期系统功能语言学者将使用者差异视为语境因素之一,将个体差异研究置于语域理论的视野中,将个体视作语旨层面的"语域变异"(registerial variation)。在实例化维度,个体语言行为等同于语旨实例。

3.2.1.1 语境因素和参与者特性

将语言使用者、参与者视作语境因素是伦敦学派的研究传统之一。Firth(1957b：182)认为语言和使用者的关系密切，因为"语言能创造、维持和改变人和人性，语言也是创造、维持和改变社会机制和社会价值的重要工具"，说话人受到语境因素的影响，所以他对语言的使用"反映了社会情境"。基于上述对于说话人、语境和语言关系的理解，Firth(1957b：182)认为与语言的应用、言语事件相关的情境可抽象为一个图式，该图式由三类概念构成：(1) 参与者；(2) 相关事物；(3) 语言活动的后果。Firth(1957b)指出了参与者的相关特性，如"人"(persons)及其"品格风貌"(personalities)影响其语言行为。

Hymes(1972a，b)对于语境因素进行了细化，他将与话语事件相关的情境特点归纳为十一类，包括"参与者"(addresser and addressee)、"信息内容"(message content)、"时空定位"(setting)、"心理定位"(scene)、"交流渠道"(channel)、"语码"(code)、"信息形式"(message form)、"事件"(event)、"基调"(key)、"目的"(purpose)和"规范"(norms)。其中"参与者"指说话人及听话人/听众的社会角色和相关关系。Hymes认为语境因素制约语言表达方式，分析影响语言表现的语境因素非常有价值，关注说话人及听话人/听众的社会角色和相关关系有助于预测因而产生的语言形式。

Hasan(1973)认为在任何复杂的语境下，影响语言使用的因素是相对恒定的，可抽象为五大类，即话语的"主题"(subject-matter)、"语境类型"(situation-type)、"参与者角色"(participant-role)、"模式"(mode)和"媒介"(medium)。这五类因素影响了话语的语义构成。Hasan(1973：61)认为虽然社团通过性别、年龄、亲属关系等分配给每个人多重社会角色，但是说/听话人在特定的语境中所需要扮演的往往只是一类角色，而这个特定角色是语境所分配的，影响该语境下的言语交互行为。

上述语境理论均将"参与者"作为语境构成的要素之一，但还不足以作为解读个体差异的分析框架。原因是：

第一、"参与者"往往代表一类社会团体，在分析中往往被抽象为一类社会属性、社会角色,因此和"社会方言"研究一样,参与者并不具有个体特性,而是代表了群体特点,语境理论未将"个体"和"群体"区分开来。

第二、对于语境因素的分类不够系统。Firth 的"语境图示"类别过于笼统,Hymes 的"语境特征"所列举的要素过于庞杂,而 Hasan 所归纳的五类因素具有相关性,有相互交叉之嫌,例如"语境类型"往往影响其他四类因素,彼此似乎并不在同一层面上。

"语境要素"的观点对于解读语境和语言使用者的关系虽有一定的理论价值,但在话语分析的实践中并不能针对性地解读语言使用者个体差异问题。

3.2.1.2 语域变异和使用者差异的层次化体现

"语域"(register)是系统功能语言学来解读语言使用者差异的理论之一。语域指语言的功能变体,产生功能变体的原因是使用情境各不相同,因此语境的构架决定话语的类型,是产生语言变体的源泉(Halliday 1964,1978,1997;Halliday & Matthiessen 2008a,2008b,etc.)。"语域理论"吸取前期"语境要素"理论的教训,它没有对语境中的具体因素进行罗列,而是综合考量影响语言变化的一切因素,将复杂具体的语境因素抽象为三大类别,导致功能变体的三个变量:"语式"(Mode)、"语场"(Field)和"语旨"(Tenor[①])。语场指所发生的事以及语言事件的本质,语旨指参与者属性及其关系,语式指语言活动的媒介、方式或语言在该事件中的作用。语场、语旨、语式这三重语境因素动态地定义了语境的"生态矩阵"(Halliday & Matthiessen 2008b:321),它涵盖了 Firth、Hymes、Hasan 等列举的语境因素。

语域理论较之"语境要素"论的进步在于它将社会语境的构成要素和人类语言语义的类别联系对应起来,特定的语域即为特定的语义构型。如图 3.1 所示,语式、语场、语旨这三类语境因素的变化和语言的三

---

① 在 Halliday(1964)最初对于语境因素进行归纳时,没有使用"Tenor"(语旨),而是用的"话语风格"(Style of Discourse),其他两个因素依然是"Field"(语场)和"Mode"(语式)。十年后,Halliday(1974:95)用"Tenor"代替"style",指包括"正式程度"(formality)、"关系持久性"(performance)、"情感责任"(emotional charge)在内的语境因素。

大元功能对应,在话语中反映为语篇意义、概念意义和人际意义,从而影响具体的话语类型和言语产出。在这语境的"矩阵"体系中话语类型得到规约,话语意义以及相应的词汇语法表达都可相应地解读为对语域变体的实现。同时,语域理论将 Firth、Hymes 的语境理论从二层关系(语境→语言表达)发展至层次化实现的关系(语境↘语义↘词汇语法结构↘表达)。因此,在语境的"生态矩阵"体系中,语境因素和语音、词汇、语法并不是对应关系,"语境变体和语言功能变化的关系是可以预见的,而语境和语言产出之间并没有直接的对应关系"(Halliday & Matthiessen 2008b: 321)。在语言实例的分析中,语境的作用层次化地得到体现,即语境三元素作用于语义的三个层面,而语义作用于词汇语法结构,最终通过文字或声音等表达方式实现。

根据"层次化"的语域变异理论,使用者差异在语境上体现为语旨变异,在语义层面上体现为人际意义的选择,在词汇语法结构上体现为语气结构和情态,即使用者差异通过"语旨↘人际意义↘语气和情态↘表达方式"的方式层次化体现(见表 3.1)。

表 3.1　语域变异视角下的使用者差异解读

层次化体现关系		特定的情景类型	案例(Hasan 1989)
	语域变体	语旨(使用者差异＝参与者的社会特质): 性别、年龄、角色、身份、社会阶层、相互关系……	从事高/低自主度行业的母亲
	语义	人际意义: 语气、情态、评价	对话性、交互性以及说话人的自我定位不同
	词汇语法结构	语气结构、情态词 投射结构、属性词……	预设性问题、相关性问题/回答的频度不同

在"语域变异"理论指导下研究使用者差异,势必将个体语言能力看作集体语言潜势的实例,其构成、机制和运作方式与语言系统的总体规律一致,因此无需再去研究个体的"交际能力"或者"说话人知识",无需从心理解析的视角分析语言的工作机制。至于使用者差异,不论是个人方言,还是语码变异,虽然是说话人的个体因素,但可归因于语境中的语

旨域,透过在语言的层次框架和实例化维度加以审视。语旨和说话人的话语社团归属、成员身份(你是谁)、说话目的密切相关,也就是说"你是谁""来自哪里""你属于哪个社团"决定你怎么说(Halliday 1964:25),划分话语社团归属的标准可能是说话人的地域所属、时代所属,但更加值得关注的是其社会属性,例如性别、阶层、职业、受教育程度等等。上述因素影响人际意义的选择和体现。因此,不论是语码差异还是方言,都被解读为语域差异的结果——说话人所属的社会阶层、机构特点及其担当的社会角色,导致语义层面的"编码趋向"的差异并最终表现为词汇语法层面或语音层面的差异(Hasan 1989)。

语域理论相对于社会方言理论的进步在于,研究者不仅可以通过复现的表达形式挖掘使用者差异,还可以通过复现的语义选择去理解使用者差异,这就比仅考量语言表达形式的方言研究更进了一步。例如,Labov 等曾认为语言变异中的语义参数是无法"精确测定"的,因此必须采用"可信的"语言形式作为语言变项(Weiner & Labov 1983:31)。对此,Hasan(1989:270)提出反对意见,她认为语义变化是研究语言交际和语言变异中不可忽略的因素,尤其是对被社会普遍忽略的底层人群,了解其话语的含义和社会因素的关系就更为重要,这是"通往赋予他们话语权力的重要一步"。Hasan 通过自己在母婴对话中的差异分析证实:在层次化的语言视角下,"利用语域理论精确把握语义变化"是可能的。在 Hasan 的研究中,方言研究所关注的社会阶层变量被语域理论中的语旨(说话人的话语自主度)取代,语言使用者差异首先来自语旨因素——从事"高自主度行业"(High Autonomous Profession)和"低自主行业"(Low Autonomous Profession)的母亲,语旨差异体现在对话性、交互性以及说话人的自我定位等"一簇人际语义特点"的选择差异,而这些语义差异在母婴交谈中通过预设性问题、相关性问题/回答的频度等多种语法手段体现(见表3.1)。

SFL 理论框架下的语域变体理论认为所有的形式变化都承载了社会意义的不同,所有的意义选择又来源于语境因素的变化,这对于进一步解读使用者的社会意义非常重要,表明对于语言使用者的研究需要一个 SFL 这样的"动态开放系统"(Hasan 1989:271),该系统跳出了语言自主论和语言先天论的藩篱,将语义作为社会和语言形式的界面,将人作为语义的载体,是对语言的个体性和社会性的有机结合。

3.2.2 对"个体=语旨实例"的质疑

在 SFL 分析框架下的语域变体研究将语言使用者差异归属于语旨变异的范畴,即参与者的社会角色差异在语义层面上影响话语的人际意义,在语法词汇层面上可以通过语气、情态以及评价性资源得以实现。在 20 世纪的 SFL 理论体系中,每一个使用者个体话语是话语资源的"实例",每一个说写者的个性化因素是特定语境的"人际资源"(见表 3.1)。然而,在话语研究的实践中,系统功能语言学者(Hasan 1973,Brown & Yale 2000,Fairclough 2001,Martin & White 2008;etc.)对在语域变异视角下、在"实例化"维度解读个体差异提出以下质疑:在语言系统构造中,每一位个体使用者的语言特点仅仅是相对于总体语义资源的一个个"实例"吗? 不同使用者的个体差异最终是否体现为不同的语境构型和语类? "使用者差异"(user difference)和"使用差异"(use difference)的产生原因和分析方法相同吗?

例如,Hasan(1973:9)在对家庭场景的话语研究中发现语言使用者对于语境感知和理解的"个体化"影响话语语义选择:"语言不可能包含人们对语境所感知到的所有内容",因为话语的参与者具有不同的话语参与经验,对于语境有独特的解读方式,他们重构自己所感知到的社会语境,语言使用者和真实语境之间是一种"选择性关系",而话语所展示的行为并非对真实语境的客观反映,而仅仅是"参照说话人所感知的语境"。

Fairclough(2001)指出话语通过三种方式介入社会活动:

(1)话语(行为)成为社会活动、社会交互的一部分;

(2)话语和其他符号手段完成对社会活动的表征作用,每一个参与者对自身的定位不同而采取不同的表征方式;

(3)话语参与身份的构建。

在这三种参与方式中,作为话语行为重要成分的话语主体功不可没——他是第一种方式中的话语发出者(说话活动的行为者)、第二种方式中的社会活动促成者(表征选择者)、第三种方式中的社会身份构建者(亦为被构建者)。因此,语言使用者是话语生成的重要源泉,虽然话语主体在话语生成的过程中需要考虑语境、情境、话语秩序等问题,但他们是有主体性、个体特质的(如言谈习惯、自我定位和身份构建),他们的作用不仅仅是将抽象的语类实例化。

Martin 近期的话语研究特别关注语言使用者的个体特性在语篇中的体现及其对语篇意义的影响。他通过对媒体话语中评价手段的研究(Martin & White 2008)得出两个关于使用者差异的重要发现:

(1)使用者个体特性和特定语境属于两个不同的概念,使用者≠实例;

(2)在现有的语言系统构架中,实例化和层次化各有其关注点,但是无法解读个体特性问题。

以评价性语义为例,评价系统的实例化过程依次为:评价系统↘基调↘站位↘实例↘读者反应(Martin & White 2008)。其中:评价系统(appraisal system)指语言系统在实现评价性语义上的总体潜势,即评价性语义资源的集合,包括激活正面、负面观点,对意义的强弱度、凸显度进行语势、聚焦的分级,协商主体间的立场等;基调指情景变体(语域);站位是根据文本类型对文本中评价性选项的二次选择;实例是文本中评价性选项的实例化;读者反应(reader reaction)是读者与文本互动的结果。

在分析悉尼媒体话语的评价性语义特征时,Martin & White(2008:203-208)发现了一个独特的现象,即某些媒体人在完全不同的语境下使用几乎相同的评价性站位。例如《悉尼先驱早报》的新闻回顾和"悉尼每日广播电台"的口述新闻分属完全不同的语境,其语域构型和话语功能具有明显的差异,但是媒体人 Mike Carleton 同时服务于两家媒体,既撰写新闻回顾,也播放广播新闻,他在两个场景选择了完全相同的评价站位——"大放厥词"(loud volume)。"大放厥词"成为 Mike Carleton 这一独特的话语个体通过对个人评价资源的整合和表达所获取的易于辨识的"个人风格",一种嵌入话语的"评价性签名"(appraisal signature)。

这种个人评价风格和作者的评价站位属于两个不同的概念,某一种站位的构架在某语类中可能反复出现,例如怀疑型(skeptical)、谅解型(excusing)和谴责型(damning)站位在评论员基调中会反复出现,而签名式的个人风格是个人在不同语境中反复使用的话语类型。站位是语类划界的评价性标记,而签名是个体区别于他者的个性化特点,签名并非评价性语义的子类,评价性签名在不同的语境中反复出现,体现的是个人风格,是使用者的评价类型,而不是使用类型(语域类型)。评价性签名和评价站位属于两个不同的范畴,在评价系统层次实现的连续统上:评价系统↘基调↘站位↘评价实例↘读者反应,无处安放"个性化评价签名"这一使用者变异项(见图3.2)。由此可见,"评价实例"和"个性化评价性签名"属于语言变异的两个维度,将"个体差异"归属于"语域变异"的实例是不合适的。

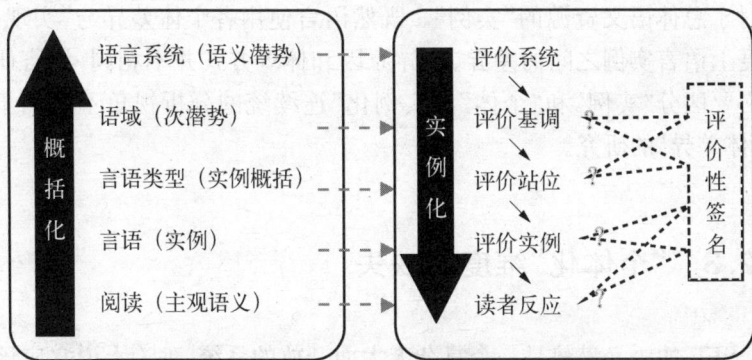

图3.2 评价性资源实例化和评价性签名①

Carleton 个性化评价性签名无处不在,表明语言使用者在话语活动中会留下其个体的语义选择印记。"语义签名"并不仅仅局限于媒体话语中,也不局限于评价语义选择上。就文类而言,好的文学作品往往体现作者独特的语言特点,文学评论家常常发现某些作者有独特的语义组合方式,他们通过文字在作品中"默默地留下了自己的签名"(Louwerse

---

① 编译自 Martin 2008a:35; Martin & White 2008:164。

2004：207）。就意义选择而言,同样做报告,有的报告人言简意赅、一语
中的,有的报告人长篇大论、三纲四目,这是组篇选择的个性特点;同样
是总结一件事情,有的总结者注重细节,活灵活现地再现事件的每一个
动作、图景,有的总结者注重归纳、梳理事件中各环节之间的关系,这是
经验意义选择的个性特点。

在语言的实例化连续统上无处安放个性化语义签名(见图3.2),这
又证明语境和语域变体并不是语义变异的唯一原因,个人可以通过在不
同的语境中保持较为恒定的语义风格,在多处文本中显现其与众不同的
语言特色和语义整合特点,从而构建"个人方言",语言使用者个体差异
和语域变异没有必然的相关性。

上述研究揭示,使用者个体差异的描述、归因及其在语言系统构架
中的位置问题是语言研究必须关注的事实——个体差异并非语境变化
的必然产物,无法用特定的语域构型和语类来解释,个体语义选择不是
相对于总体语义资源的"实例"。既然语言使用者个体差异与"实现化"
维度上语言实例之间的差异、差异原因和体现方式并不相同,语言研究
有必要区分"实例"和"个体","实例化"连续统的分析视角不适用于对
"个体差异"的研究。

3.2.3 "个体化"维度的缺失

SFL 的语义潜势是一个复杂庞大而开放的系统,理论上说它应该是
对所有语言实例、所有社会语义资源的概括。目前的 SFL 体系用语旨变
异来解释使用者差异,以"语域变异"的视角、在"实例化"维度描述和阐
释语言资源和个体使用的关系,但是未能提供分析以下问题的系统理论
和框架：

（1）语义发生的三个维度

SFL 认为语义发生在系统(phylogenesis)、文本(logogenesis)和个
体(ontogenesis)三个维度上(Halliday 1997，Matthiessen 2007)。

从语义发生的三个维度来看：个体语义发生和文本语义发生、系统语义进化并不在一个维度和端点。语言的符号进化过程中，系统进化、个体发展和文本展开三个层面同时起作用，在各自演化的进程中，旧的语义体系不断通过建立新领域、包容新话语而重新语境化，其语义类别不断产生、传递、扩展、重组，其语义潜势不断扩展优化，并对个体语言发展、文本展开方式产生影响，系统语义进化融合了个体和文本语义发生两个维度。同时，在语言使用过程中，"特定的社会机制在特定的历史阶段所具有的客观结构"和"特定的个体话语习性"产生碰撞（Kamberelis 1999：406），语域构型和语言使用者的个体语库同时起作用，文本差异的原因在于语域变异，而个体差异的原因是个体语库，因此二者并不在一个维度上发生，两个维度的语义彼此发生交叉，却也同时对系统语义资源产生影响。

在现有的语言系统中（见图3.3），系统发生和文本发生的关系在"实例化"连续统上得以体现，语境和文本发生的关系在"层次化"维度得以

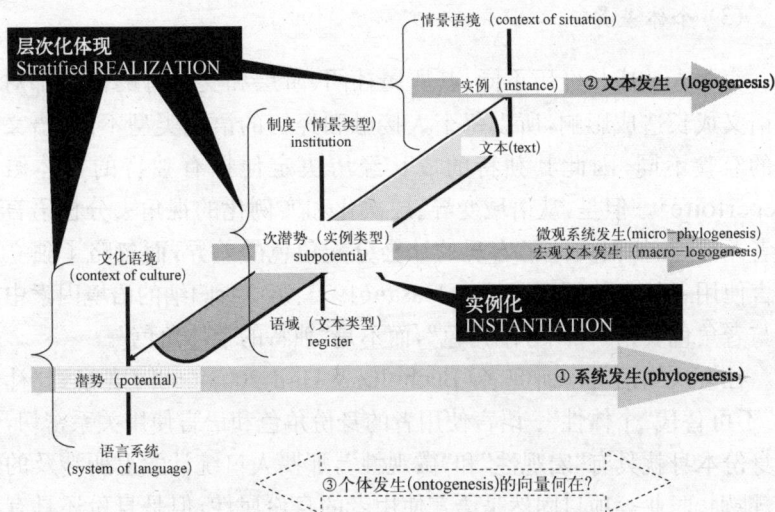

图 3.3 语言系统和语义发生的三个维度①

① 编译自 Matthiessen 2007。

体现，但是该系统却并未提供解读系统和个体语义发生的关系、个体和语境的个体语义发生的系统理论。可见，除"层次化"和"实例化"之外，SFL 的理论体系中还应包含一个解读个体发生的视角，一个反映个体语义发生的向量以解读三个维度语义发生的并协关系。

（2）个体语言发展

从个体语言发展和个体语义发生来看，功能语言学认为婴儿自出生起便具有社会性和符号性，是在与各种社会群体交往中"浮现"的社会符号人。因为儿童的语言发展是"个性化的方式了解集体语义潜势"的过程（Halliday 1964），从儿童到成人的个体成长历程中，人不断地接触新的语境、习得新的语义并增长其个人语义资源，是一个循序渐进的过程，人的整个生命历程也是他个人语义潜势的发展历程，所以同一个人在不同阶段所掌握的语义资源都是不同的。这种个体内部在时间维度上的差异是 SFL 系统所必需关照的问题。

（3）个体差异

每个人的成长经历不同，其所属社团、阶层和受教育的情况都对他的语义成长造成影响，所以每个人接触和经历的语境类型不同、语义选择的经验不同，因此其独特的成长经历决定他拥有独特的个体语库（repertoire）。但是，从语域变异、层次化和实例化的视角去分析语言使用者差异，往往仅关注了宏观的社会分配角色的差异，而忽略了独立的语言使用者的个体因素。例如 Hasan（1973：61）所归纳的语境因素中的参与者角色实指"社团分配角色"，而不是"独特的个体角色"。

社会认知语言学研究者（Bucholtz & Hall 2005：585）观察到"社会性"不可替代"个体性"：语言使用者的身份角色和语言使用关系密切，但是身份本身就具有"宏观性"和"微观性"，那些人口统计学上所涉及的年龄、性别、职业等项目固然是语言使用者的身份属性，但是身份还具有更加微妙的个体性、交互性和即时性，那些在话语中"浮现的文化站位""独特的参与者角色"是分析身份所不可忽略的因素。

方言和编码趋向均属于个体因素，从实例化角度分析语言编码差异的途径是以社会语域构型的类别差异为参照点,分析人类的文化类型和话语类型的相关性,该途径有助于反映语言的群体社会属性,但和说话人个体差异没有直接的关系。事实上,如果仅仅从"语域变异"的角度分析个人方言和编码趋向,是和 SFL 理论对于"个体语义发生"的理解和阐释背道而驰的,因为 SFL 认为人的整个生命历程也是他个人语义潜势的发展历程。每个人的成长经历不同,其所属社团、阶层和受教育的情况会对他的语义成长造成影响,所以每个人所拥有的个体资源都是独特的。关注个体语言资源的独特性对于分析语言使用者差异是必要的,也是儿童语言个性化和个体成长发展相关性研究的理论源泉。

（4）个体和社会的语义关系

个体语言使用情况是了解社会的重要途径,早在 20 世纪 40 年代 Sapir(1949c：576)就论及这个问题:"若要完全理解文化,就必须对个人在社会中的行为方式进行细致入微的研究……"因此研究语言既要有社会的宏观视角,也要有个体的微观视角,如何从语言的角度关注个体语义和社会文化的关系,这也是 SFL 理论需要探讨的问题。

SFL 发展至今,其层次化体现的概念已日臻成熟,语言系统和实例间的实例化关系也日渐明朗,但是作为一个描绘语言客观共性的系统,它还未能将语言的使用者和语言使用的所有特性完全展示。个人方言、个人语义选择趋向、个体使用者差异和语言系统的关系既非"实例化"关系,也不是"层次化"关系。而 SFL 自身的理论体系中,并没有一个专门用来分析个体使用者差异的理论,其所构架的语言系统图示中(见图3.1、图3.3),也没有一个维度特别用于描述、评价和解读个体差异和语言使用的关系。因此,SFL 需要拓展第三维度的研究以理清个体语义发生的脉络、语言系统中的个体与系统的关系,反映个体语言使用者和社会文化系统资源关系并最终解读语言使用者个体差异。这个第三维度就是 Martin(2006,2008a,2009a,2010)等提出的"个体化"维度(individuation)。Martin(2009a)强调了在 SFL 现有的理论体系中增补"个体化"维度的必要性、紧迫性,因为 SFL 对于语言和语言使用者的关系"几乎还是一无所知",从"个体化"的角度研究个体变化、个体间差异、语言个性是系统功能语言学一个新的视角,在业已发展成熟的"实例化""层次化"维度上开展"个体化"研究是 SFL 发展的大势所趋。

3.3　系统功能语言学的个体化研究途径

"个体化"是 SFL 视阈下的语言系统构造中和层次化、实例化同等重要的第三个向量,反映语言系统和个体使用者的关系,"社会文化资源"(cultural reservoir)和"个体语库"(individual repertoire)之间的分配和归属关系(Martin 2006:458;2009)。该维度关照言语个体在层次化结构各层面上所拥有的语言资源及使用状况,是分析使用者个体差异的重要维度。

从 Martin(2006)首次提及"个体化"概念,到他的团队(Bednarek & Martin 2010)将"个体化"理论应用于言语实例的研究之中,公开发表的涉关个体化理论研究和应用实践的成果仅有 Martin(2006,2008a,2008b,2009b,2010)、马丁和王振华(2009)、陆丹云(2011a,2013)、朱永生(2012)等,其中最具有代表性的是 Martin 团队对青少年司法会审的研究(Martin 2009a)、多模态话语、社区话语的研究(Martin 2008a,2008b,2010)等。上述研究从 SFL 的层次化、实例化和个体化三个维度审视作为社会活动的话语,揭示了关注个体差异、语言使用者个体特性的研究能够弥补早期话语分析的缺憾,也有助于推动社会朝向积极的进程发展。例如 Martin(2008a,2008b,2009a,2010 等)在对法庭话语的调查中,更多地关注到青少年话语的个体特征和其身份实现的关系,对青少年司法会审语言在身份建构、加害人与受害人和解、加害人重返社会等方面所起的作用进行深入研究,这一系列的研究对于改革澳大利亚的司法程序有很好的参考价值。

从研究方法来看,现有的个体化研究将话语个性问题、Halliday 所强调的语言发展问题、Bernstein(2000,2003a - d)、Maton(2000,2010)等社会语言学家所探讨的知识-话语-教育问题联系起来,将语言使用者的个体因素纳入话语研究的范畴,以拓展话语语义的研究视角。上述研究的启发是:增添了"个体化"维度的话语研究之所以可解决以往使用者差异研究中的三个问题(见2.4节),是因为在 SFL 的理论体系下构架个体差异的研究模式有两条可行途径:

(1) 语言学和社会学的学科对话
(2) 实现化、实例化和个体化三个维度的理论互补

3.3.1 语言学和社会学的学科对话

社会学研究的一个核心问题是人和社会的关系,而语言是建立这个关系的关键(Firth 1957b:182)。社会学家认为每一个社会人都具有自己独特的文化(Sapir 1949c),"个体化"关注的是语言系统如何体现个体、个体差异、个体和社会文化的关系,因此,"个体化"研究关注语言和社会的关系,其理论构建首先就是语言学和社会学的学科对话,社会语码理论、社会资源分配论等社会学理论成为 SFL 个体化研究的重要理论来源。

3.3.1.1 社会语码理论与 SFL 的理论共融性

Bernstein(1973,见 Hasan 2011:24)的语码理论认为每一个语言使用者都有其自身的"语码趋向"(codal orientation)和"语义编码趋向"(semantic coding orientation)。编码趋向和角色选定有关,决定语码选择的朝向。Bernstein 从社会"角色系统"(role system)的角度解读"角色"和"编码"的关系:人类的社会关系深层存在一个抽象的"角色系统",每一个社会成员都是这个角色体系的一部分,也了解该体系的存在。

由于社会关系的不同,社会成员所属的角色体系也存在差别,角色体系总体包括两大类:"社团化体系"和"个体化体系"(见表3.2),前者的特点在于社会成员的角色由社会或社团分派,成员不具有个体特点,其典型语码是"有限语码";后者的特点是社会成员通过个体的方式选择其独特的角色,其典型语码是"复杂语码"。两种体系在"控制模式""兴趣

焦点"和"意义本质"三个方面呈现两极化趋势。"控制模式"指角色体系对于社会成员的角色变化是否具有较强的控制力、是否强调角色之间的社会分界;"兴趣焦点"指角色认定时关注实践性活动还是抽象性原理;"意义本质"指该语码类别的社会活动意义是否受到语境的制约、是否具有情境的一致性等:

表 3.2　语码趋向和社会角色体系

角色体系(role system)		社团化 (communalized)	个体化 (individuated)
变 量	控制模式(mode of control)	界限分明	界限模糊
	兴趣焦点(focus of interest)	具体实践	抽象理论
	意义本质(nature of meaning)	语境依存 情境一致性低	语境独立 情境一致性高
理想化语码		有限语码	复杂语码

　　Halliday(1980,1988,1993,1994a;etc.)、Hasan(1973,1989)等系统功能语言学学者在研究使用者差异中常常引用语码理论的"角色体系""编码趋向"观点,这是因为他们认为语码理论和 SFL 在多个层面上具有融合性,并对"个体化"研究有很好的参考价值。二者的融合性至少体现在四个方面(参见表 3.3):

表 3.3　社会语码理论和 SFL 的理论融合点

理论融合点	社会语码理论	系统功能语言学
差异类型不限于形式和结构	语义变异	语言是意义潜势
语言层次对应关系	行为模式决定语义趋向, 语义趋向决定形式表达	层次化体现关系、实现化
多种语义类型	话题、态度、叙事、评述需 求等	语言的三重意义
反对二分法	语码趋向、语义编码趋向	盖然率、连续统

（1）语码理论和 SFL 将意义视为语言核心的语言观是一致的，语码理论所关注的"差异"不限于形式和结构的差异，Bernstein 区分语码的依据是意义层面上的差别，例如有限语码倾向于对涉关社团内部生活话题的叙事，而复杂语码在语义上则更倾向于表达态度观点。因此，语码理论实际上是一种"语义变异"理论，它将语言和非语言（社会结构、社会关系）有机地结合起来。Hasan（1973，1989）对于家庭日常交谈、母婴对话等的功能语言学研究正是从编码趋向的角度分析语言使用者的个体语义选择差异，她认为编码趋向揭示说话人对于某一类语义更加敏感，而这种敏感性的分布差异和说话人所具有的某种独特的"经验和态度"密切相关（Hasan 1973：48）。因此，Hasan（2011：23）认为"编码趋向"的观点有助于解答一个问题：在一个语言使用的实例中，语言使用者对于语义成分进行选择的动因何在？而这正是 SFL 关注使用者个体差异的要点。

（2）语码理论具有"层次性"，它关注到社会成分（social elements）和语义成分（semantic components）的逻辑对应关系，语码说在社会、语义和语言形式之间搭建了语义的桥梁，它说明来自不同群体的人因其特有的行为模式而具有了话语语义的选择倾向，从而导致其语言形式上的相对稳定和一致的特点，这和 SFL 层次化理论将语境、语义和形式解读为对应的体现关系是一致的。Halliday（1980，1988，1994a）对于儿童语言教育的研究就是部分地结合了上述观点。

（3）语码理论对于影响语言使用者编码趋向的因素和 SFL 对于语境和语义的分类方式有相通之处。语码理论关注的社会因素和语义类型涵盖了多个方面，例如说话人涉及的话题范围、叙事、评述需求等社会因素，经验、态度等语义选择（参见 Hasan 1989；Hasan 2008；Williams 2001 等研究），这些和 SFL 的语言功能三分法一致——话题属于语域中的语场因素，体现为经验意义，评述旨在表达态度，属于语域中的语旨因素，体现为人际意义。

（4）语码理论和 SFL 均反对语言分析的"二分法"。语码理论选用"趋向"（orientation）来解读说话人的语义选择，认为在社会关系纷繁复杂的言语活动中，说话人所在的角色体系也是多元的，一个人具有不同的社会关系和接触各类语码的经验,每个人的经验不同,对其影响大的态度也不同,对于说话人来说,"有限语码"和"复杂语码"不是非此即彼的二元对立关系,他的说话就可能是在以这两个典型类别为极点的连续统上的语义选择,或者说选择其倾向性,这和SFL反对二元对立,将语言系统解读为多个向量上的连续体相一致。

3.3.1.2 社会语码理论对"个体化"研究的理论辐射

语码理论在社会结构、社会关系和语言形式之间搭建了语义的桥梁,它说明不同群体的人因其特有的行为模式而具有了话语语义的选择倾向,从而导致其语言形式上的相对稳定和一致的特点。同时,由于一个人具有不同的社会关系和接触各类语码的经验,每个人的生活经历和语言经验不同,各类交际模式对每个人的影响程度不同,每个人具体的言谈书写活动就存在多种语码之间的语义选择可能,而语义选择的趋向才是语言使用者之间存在差异的直接原因。社会语码理论和SFL具有学科上的可融性,同时,其对于"角色体系"和"编码趋向"的关系辨析对SFL系统中的个体化研究有启发,这又体现在:

(1)话语活动中的参与者角色不完全由语境决定:语境赋予说话人的"体制性角色"是社团化体系的特征,但是个体化角色体系中,说话人的角色界限是模糊的,其所在的社会结构、社会关系、特定的生活经历和语言经验对其个体语库的形成有决定作用。

(2)意义的编码受到两类角色体系的影响:社团化体系强调语境的作用,个体化体系凸显独特个体的作用,对于话语意义的理解应该同时尊重这两类语码系统的意义本质。因此,话语的意义和语境并不是完全的对应关系,在社团化体系中,语境是话语意义的决定性因素,而在个体化体系中,意义的选择同时受到语境和个体因素影响,决定使用者的语义差异。

(3)话语的参与者可能在不同的情境下体现意义的一致性,也就是说,个体化角色体系中,说话人可以在不同的情境中体现同样的意义编码趋向和言语方式,即在完全不同的话语活动中体现独特的、具有个体一致性的"个性签名"。

总之,语码理论在语言使用者和语言的关系这个问题上和 SFL 有很强的一致性,对意义选择的理解比单纯的语域理论更加宏观和抽象,因此,"角色体系""编码趋向"成为 SFL 学者分析使用者差异的参数之一,也对 SFL 研究语言使用者个体因素和探寻"个体化"研究途径有启发:SFL 可借鉴语码理论,从个体所在的社会结构、社会关系以及个体的社会成分、生活经历和语言经验等方面剖析非社团化、非语旨性的使用者差异,解读语言使用者的个体语言资源、具体语义选择和表达方式缘何存在差异。可见,语码理论对于在"个体化"视角上研究使用者个体差异问题具有理论辐射作用(见图 3.4),社会语码理论和 SFL 的学科对话是构架"个体化"研究模式的理论来源之一。

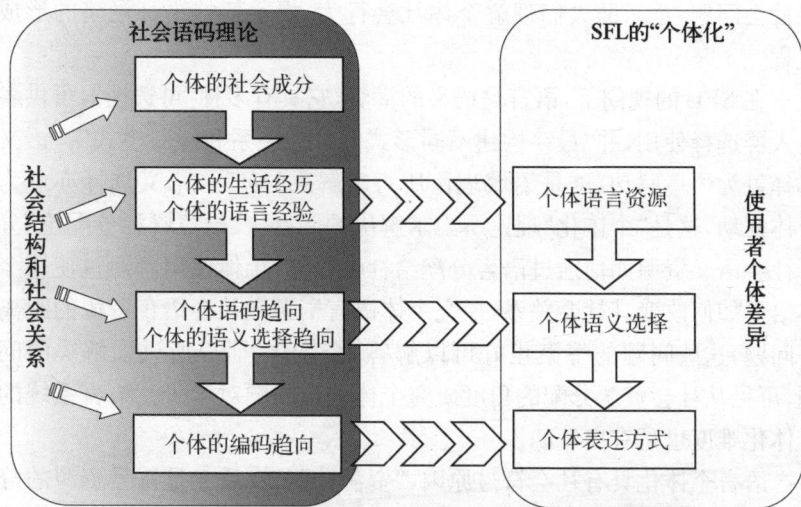

图 3.4　社会语码理论对 SFL"个体化"研究的理论辐射

3.3.1.3　社会资源分配论对"个体化"研究的启发

"社会资源分配论"是教育社会学的重要理论之一,指个体和社会在资源占有和策略使用等方面存在显著差别。Bernstein(2000)将其应用到语言教育领域,形成"语言资源分配论"。他用"个体语库"指代个人的语言资源,包括个人在各类语境中得以使用的"类比性潜势"(analogic potential)和语言策略,用"集体语库"指代社团拥有的语言策略及其潜势(ibid.: 160),他强调二者之间存在差异和渐变关系。

"语言资源分配论"的观点是:个体语言使用者所拥有的语言资源只是语言总体资源的一部分——"次潜势"(sub-potential),它和社会文化总体资源之间有差别。资源在使用者中分配不均等、个体资源和社会资源的不对等,这些现实导致个体语言使用者对社会符号资源的占有和使用存在差异(例如不同的语言个体在特定语境中有能力调用的语言选项不同),并在相同的语境下具有不同的语义趋向和编码趋向。由于个体使用者的"语库"各不相同,但同一社团成员的"个体语库"又围绕着"集体语库"这个核心,研究集体与个体、个体之间的语库关系有助于解读很多社会问题,也帮助人们理解个体社会行为,揭示新的语言策略的形成过程。

在 SFL 的视阈下,语言是语义的潜势,它具有多种"可选性",可供各类人群选择使用,并"最终构建不同形式的社会关系和经验模式"。语义选择可为语境驱动,这是语域理论所力求解决的问题,语义选择亦可为个体驱动,这是"个体化"理论所力求解决的问题。"语言资源分配论"分析社会语义资源如何通过语言分配给社会个体,个体使用者通过使用个体语库如何改变其社会关系,探究个体语言资源和社会语言资源的距离等问题,这些问题的答案正好可以解答"个体化"研究所试图解决的问题,可见从社会资源分配的角度研究个体差异问题对于研究语言系统的个体化维度也是有启发的。

语言个体化具有社会符号原因,"资源分配"实质上是符号资源的分配,因此 SFL 理论框架下的个体化研究需要一个社会符号分配的视角,从资源差异的角度分析个体说写者如何利用自身被分配的语言资源表达意义,如何通过与他人共享态度和概念以建立人际纽带,从而形成具有不同层级的各种归属关系,例如家庭关系、同事关系、工作关系、休闲关系等"局部"(local)关系并最终逐步映射其社会阶层、性别、代属、种族、能力等方面的"总体"身份(master identities),融入其所在的社会文化语境。因此,在"个体化"连续统上,"语言资源分配论"的"集体语库"和"个体语库"处于这个向量的两端,其中"集体语库"对应语言系统资源,而"个体语库"对应个体使用者得以分配并占有的语言资源,而在这两端之内还有"编码趋向""人群类别"等选择,这就是社会资源分配论和SFL 理论的对话结果(参见图 3.5)。

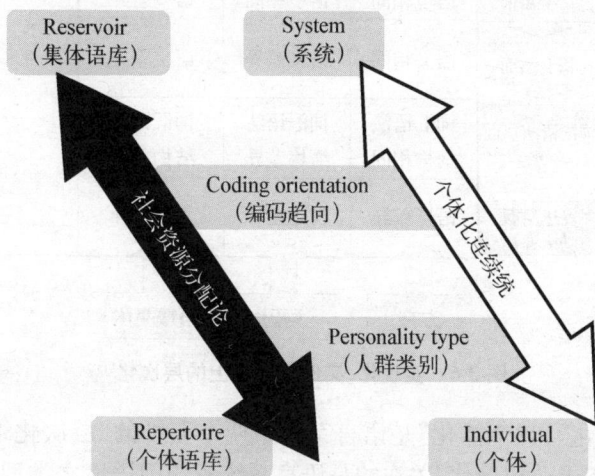

图 3.5　社会资源分配论和 SFL"个体化"理论的对话[①]

3.3.2　实现化、实例化和个体化的理论互补

　　SFL 是一种由多种层次关系和互补关系构成的理论(马丁和王振华 2008:73)。在"个体化"之前,SFL 的层次关系有两种:实现化和实例化,这反映了语域差异和语言潜势系统的关系(如图 3.6),但是将方言、语码语言差异和语域变体放在一个维度上看待,就无法区分个体社会文化因素和语境因素。因此,语言"个体化"是对 SFL 现有的层次互补关系的新的解读,在一个语言系统构造中厘清个体化、实例化、实现化和层次化的关系是形成系统功能语言学的个体差异理论的必经过程。

---

① 编译自 Martin 2006:294。

① 编译自 Martin 2006:294。

　　① 编译自 Martin 2006:294。

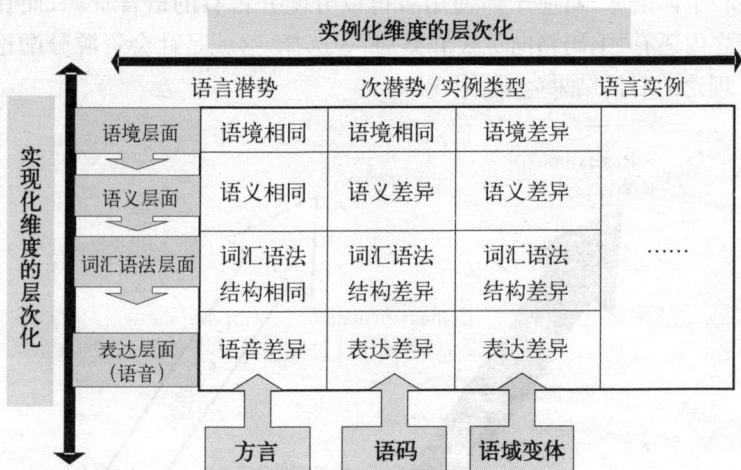

图 3.6　实现化、实例化维度上的层次化①

　　"实例化"和"个体化"是语言系统中两个互补的"层次化维度"。二者的不同在于,"实例化"关注的是语言系统资源因语境之类型差异而通过具体的文本实现,例如对于"语类"和"语域"的研究就是对资源、类型、实例关系的探索;而"个体化"关注的是语言系统资源因个体使用者之类型差异而通过具体的文本实现,例如对于"语码""方言"的研究就着眼于个体差异和语言系统的关系(Martin 2006),图 3.6 中的第一栏"方言"、第二栏"语码"关注"语境相同"情况下的语音/语义差异,事实上属于"个体化"所要探索的内容。在语言系统构造中,"个体化"和"实例化"是对语言研究的两个不同的视角,在语义研究和话语分析的实践中同样值得关注。

　　"个体化"和"实例化"均以层次化的方式体现:和语域差异一样,个人方言和编码趋向的差异也通过层次化方式体现(Matthiessen 2007),个体语言实例反映了个人社会文化因素类别的差异,同样体现于语言层次化结构的各个层面。在语境、语义、词汇语言结构和口头/书面表达层面,都存在个体化的渐变系统(见图 3.7)。

――――――――――

　　①　编译自 Matthiessen 2007:539。

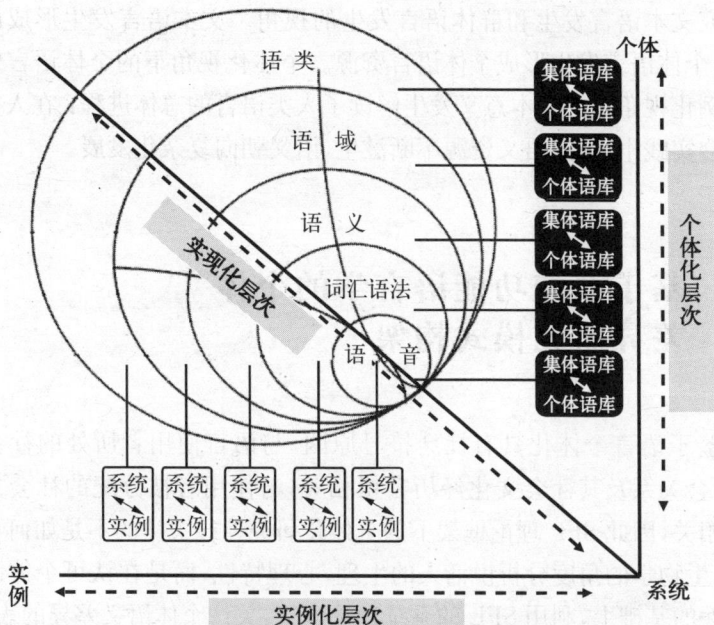

图 3.7　语言系统构造的三个维度：个体化、实例化和实现化①

　　"个体化"视角下的语言系统构造体现了三个维度上的层次化：个体化、实例化和实现化，三个维度的层次关系是研究语言系统和运作模式的理论资源。三类层次关系的研究任务不同，各有重点，因此要全面研究语言系统中的意义潜势，就必须实现三种层次关系之间的互补。例如，在 3.2.3 节中，我们指出缺乏"个体化"的 SFL 理论对于"语义发生的三个维度"的符号进化过程缺乏解释力，而实现了个体化、实例化、实现化三个视角互补的 SFL 理论才能全面解读语言的符号进化过程：

　　个体发生指个体自出生后直至个体语言行为进入整个语言体系的语言发展情况，是个体语库的发展史，体现在个体化维度的各个层次，反映了个体语库与集体语库的关系，SFL 的"个体化"理论是研究个体语言发生的视角。文本发生指语篇系统的意义发生，在文本展开的过程中，新的实例又不断产生，话语实例的类型库中不断增添新的实例。实例化

　　①　编译自 Martin 2009a。

是研究文本语言发生和群体语言发生的视角。文本语言发生形成语言实例,个体语言发生形成个体语言资源。个体化视角下的个体语言发生和实例化视角下的文本意义发生解读了人类语言的总体进程:在人类新的社会实践中,新的语义资源不断滋生,语义朝向复杂化发展。

3.4 基于系统功能语言学的个体差异研究模式构架

鉴于语言个体化具有社会符号原因,与语言使用者所处的社会结构、社会关系及其社会文化经历密切相关,与使用者被分配的社会文化资源相关,因此 SFL 理论框架下的个体化研究途径关注的不是如何从脑科学、生物学的角度分析说话人的生理、心理特性,而是在认可个体语库差异性的基础上,利用 SFL 的系统理论框架,关注个体语义差异的表现、原因及其对语言使用者参与社会文化活动所造成的影响。

本节将通过 SFL 理论和社会语码理论、社会资源分配论的学科对话以及 SFL 理论体系中实现化、实例化和个体化的理论互补,重新解读个体话语语义的生成过程、探讨导致使用者个体差异的总体变项并构架 SFL 视阈下使用者差异的"个体化研究模式"。

3.4.1 个体化视角下的话语语义生成模式

根据系统功能语言学的层次化理论(Halliday 1994b;Halliday & Matthiessen 2008a;Webster 2007a-j),语义的实现是一种层阶化的抽象关系,即为避免冗余,将下一层面反复出现的构架抽象为上一层面的一个范畴。语义的层次化实现依次包括以下四个过程:

(1)语域构型;

（2）语义选择；

（3）词汇语法结构选择；

（4）形式选择。

Martin（2009a：18；Martin & White 2008：164）认为语篇的话语语义解读最后是通过听读者产生的，即话语的表现形式具有次潜势，听读者可从他特有的社会的、主体的角度获取各自的语义，也就是说不同的人从同样的表达形式中获取不同的语义。因此话语语义实现过程还应该增加一个步骤：

（5）听读者反应。

在"个体化"视角下，个体的社会性、主体性视角不仅体现在"听读者反应"一个步骤，话语语义研究需要考量个体差异对语义生成所有步骤的影响，因此话语语义的生成模式需要重构。

3.4.1.1 个体语境识解

话语语义生成过程中与语境相关的复杂过程是个体语义差异的起点，第二章对于社会认知语言学的个体差异研究回顾揭示：个体对于语境的识别过程是产生使用者差异的一个重要环节，社会认知语言学家所构架的"心理语境模式""理想化认知模式""风格认知模式""型式识别机制"等均建立在一个假定之上——真实的话语情境和说话人的心理语境之间并非完全对等的关系。例如 Gee（2000）指出语境因素纷繁复杂，人脑生产意义的过程是对这些因素的"识别"（recognizing）和"组合"（assembling），"情境语义"是说话人的"型式识别机制"根据个人经验和知识，通过对即时情境的认知和选择而形成的一个"型式"（pattern）；Lakoff（1987）的"理想化认知模式"将个体认知中的命题结构和意象图式结构作为语义映射的来源；van Dijk（2005，2010）也提出话语情境和语义选择之间存在一个"心理语境模式"层面，随着话语的推进，该模型不断重组更新。

Halliday & Matthiessen（2008b）在《通过意义识解经验》一书中，从

系统功能语言学的视角对个体在语篇生成过程中的语境加工机制作出了认知解读：语境并非直接作用于意义，语言和语境也并非固化的、一元的对等关系，因为说话人还是需要通过给定的语境投射出一个语义图像，如果语境的制约作用大，则语义潜势中被激活的语义类型就相对少；如果语境的制约作用小，则激活意义范围较广。因此，系统功能语言学在强调语境制约作用的同时，认可在语义识解过程中存在一个语境"投射"（projection）的认知过程，只是尚未对该过程进行深入的研究和系统的描述。

可见，社会认知研究和系统功能语言学存在一个共识——认定从真实语境到话语语域之间存在一个语境因素的加工问题，认为话语中语境、语义的关系形成于个体语言使用者所参与的动态的、多维的、有所筛选的认知过程。至于如何加工语境因素，Halliday & Matthiessen（2008b）认为是语境"投射"为"基块"（base）、"激活"语义并形成"语义域"（domain），Gee（2000）认为包括"识别"和"行动"两部分，而 Bernstein（2003d）则用"辨识"（recognition）和"实现"（realization）来解读："辨识"和"实现"是人类使用语言的两大规则，"辨识"规则准允说话人辨识特定语境的相似性并朝向该语境所期待的规范性，"实现"规则准允说话人采用该语境所特定的行为以实现话语意义。

我们将话语语义生产过程中与语境相关的复杂过程称为"语境识解"，不论是系统功能语言学的"语境投射"说、社会认知语言学的"心理语境"观，还是社会学的"辨识→实现"说，均默认了"语境识解"包括两个步骤：

（1）语境识别：语言使用者从情境中归纳出情境类型；

（2）语域构型：语言使用者根据其所识别的语境因素构架与话语语义选择相关的语域因素，即根据使用者所识别的语场、语旨和语式构架话语的语域。

"语境识别"是"语境识解"的重要环节之一，"个体语境识别"是个体产生差异的原因之一，也是"个体化"研究的切入点之一。

3.4.1.2 话语语义生成过程

在"个体化"的视角下，语义的生成过程中包括两位个体参与者："说写者"和"听读者"。不同的说写者对于相同语境的识别过程和结果有差异,因此个体话语语义的生成过程以语境识别为起点,语境识别的个体差异引发语域构型差异,并层次化地体现为语义选择差异、词汇语言结构选择差异和表达差异。其中"语境识别"和"语域构型"属于"语境识解"过程,而"语义选择""词汇语法结构选择"和"语音/书写等表达方式选择"则属于"语域体现"过程。

说写者识解语境、体现语域,而听读者解读话语、重构语境。因此话语语义的生成应该划分为四个主要过程:

过程1:以说写者为话语活动主体的语境识解(语境识别、语域构型);

过程2:以说写者为话语活动主体的语域体现(语义选择、词汇语法结构选择和表达选择);

过程3:以听读者为话语活动主体的话语解读;

过程4:以听读者为话语活动主体的语境重构。

语言活动是符号化的社会活动,因此话语语义生成过程的第一、第四过程(语境识解、语境重构)是话语和其他社会活动的共性,而第二、第三过程(语域体现、话语解读)是语言区别于其他社会活动的符号特性。认知语言学往往关注听读者如何加工语义、理解话语(即过程3);系统功能语言学的实例化视角较关注从语域到表达形式的逐次体现过程(即过程2);而Martin & White(2008)所提出的"读者反应"则是以听读者为主体的话语活动,包括过程3和过程4。

3.4.1.3　话语语义生成过程中的使用者差异

话语语义生成的四个过程中均存在使用者个体差异,不论是说写者还是听读者的个体语库差异对于话语语义的生成都造成影响,因此个体化视角下的话语语义研究将同时关注上述四个过程,为此我们可构架个体化视角下的话语语义生成模式(见图3.8)。

根据"个体化"视角下的话语语义生成模式,宏观的语言使用者个体差异研究将包含四部分内容,即:

(1) 说写者在语境识解中的个体差异;

(2) 说写者在语域体现中的个体差异;

(3) 听读者在话语解读中的个体差异;

(4) 听读者在语境重构中的个体差异。

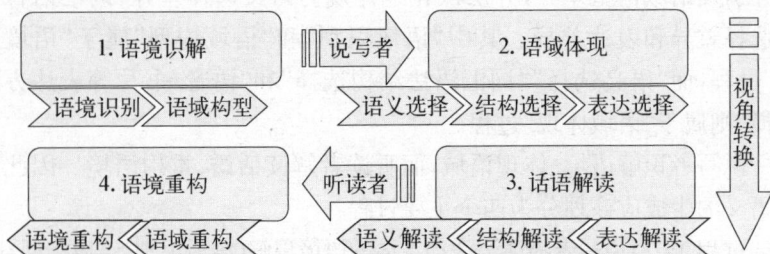

图 3.8 "个体化"视角下的话语语义生成模式

听读者是话语语义生成的重要参与者,所谓"说者无心,听者有意"强调的正是听读者通过"话语解读"和"语境重构"而提取的语义以及在特定语境下产生的相关反应。以作文为例,过程 1 和过程 2 体现了作者的个体差异,而过程 3 和过程 4 则体现了读者的个体差异。之所以会出现"争议作文",就是因为读者的个体差异导致同一篇作文引发完全相反的解读,读者的评判标准、价值观、个体经验、阅读积累甚至即时的心情体力状况均对"读者反应"产生影响。

本研究关注的是作者的个体差异和作文个性化的关系问题,因此研究的重点在过程 1 和过程 2。

3.4.2 使用者差异的"个体化研究模式"

使用者差异的根本原因在于个体语库,个体语库产生差异的原因很多,例如性格、智力等先天因素差异,经验、知识等后天因素差异。每一个话语个体都是综合多种因素的复杂"混合体"(Kress 1989),语言学研究目前难以对影响话语语义的所有因素一一罗列。依据 SFL 关注"系统"的理论特点,在精密度阶上从抽象到具体、从概括到细节的优先范式,我们在 SFL 的"个体化"维度上研究使用者个体差异也将首先对差异的作用机制进行分析和概括,归纳抽取产生差异的宏观变项,作为话语语义解读的理论参照。

关于个体差异的产生机制,社会学和语言学的研究均揭示了两类因素是导致差异的原因:客观的个体语库差异和主观的个体趋同选择,两类变项的互动是个体差异的产生机制。例如,Firth(1957:184-186)将人在社会交往中的功能归纳为两个方面:人一方面在扮演社会所分配的角色时应该记住并说出合适的"台词",另一方面也通过社会活动参与、维持并创造文化和意义,每一次说话既是"说与别人",也是"说出自己"。前者体现了社会对个人语言的分配关系,属于客观差异,后者则是社会"见证了个人力量的影响",属于主观选择。Bernstein(1999)的"社会资源分配论"认为个体语库与集体语库是资源分配连续统的两端(见图3.5),语言资源的分配导致个体语库的差异,个体语库和集体语库的不对等导致个体"辨识"和"体现"过程中编码趋向的差异,这种不对等就是个体语库差异,是产生语言使用者个体差异的客观因素。同时,个体的主观选择决定其对于社会文化资源的认同和归顺倾向,导致个体语义发生与他者产生差异,个体对集体语库的进化产生影响,这是产生语言使用者个体差异的主观因素。Martin(2009a,2009b,2010)的社区话语研究证明上述观点:之所以存在个体话语语义的差异,是因为在语言、社会和个人关系中存在两个方面的变化——符号资源如何实现对个人的"分配"(allocation)和个人如何利用符号资源与他人"联盟"(affiliation)、融入社会。同样,van Dijk(2003a,2003b,2005)的"心理语境模型"得以运行也有两方面原因:"知识机制"为话语语义生成和加工的普遍机制、规律和方法,而"知识策略"是个体主动利用话语策略,操纵知识和语义生成的独有方式。

个体差异是社会资源分配和个体趋同选择的互动结果,将上述对于使用者差异产生机制的认同应用于SFL的"个体化"研究,我们认为研究语言使用者个体语义差异应考察两类总体变项:

(1)个体语言能力:指因社会资源分配差异产生的个体能力差异,体现为话语语义生成中说写者的语境识解能力和语域体现能力,听读者的话语解读能力和语境重构能力,和 Firth(1957)的"合适台词"、Bernstein(1999)的"辨识""体现"、Martin(2010)的符号"分配"以及 van

Dijk(2005)的"机制"相关;

(2) 联盟取向:指因文化取向、意识形态和价值观差异产生的对集体语义趋向的融合、顺应程度,对应 Firth(1957)的"个人力量"、Bernstein(1999)和 Martin(2010)的"联盟"以及 van Dijk(2005)的"个人策略"。

这两类变项各自又是一系列个体因素的动态组合,共同作用于话语语义生成的各个过程,元功能的三个方面,形成语言使用者个体差异,由此我们构架了 SFL 视阈下使用者差异的"个体化研究模式"(见图 3.9)。

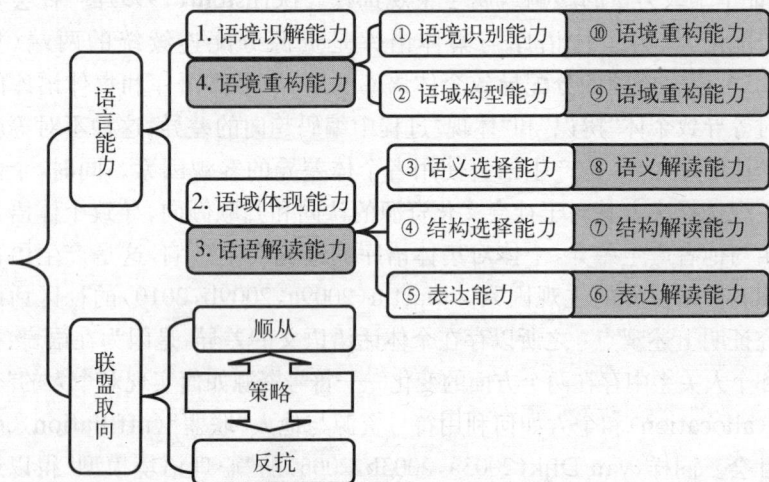

图 3.9 SFL 视阈下使用者差异的"个体化研究模式"①

3.4.2.1 语言能力

传统的语言能力观受生成转换语法、结构主义和行为主义语言理论的影响,认为语言能力由相互独立的语言知识和语言技能组成。例如,Chomsky(1965)将人和语言的关系分为"语言能力"与"语言表现"两个层次,"能力"指(转换生成语法中)一个人语言语法的内化知识,是在语言层次之下,深存于大脑中的一种状态,"能力"虽不涉及实际交际语言

---

① 图中背景为阴影的七项指"听读者"差异的能力变项。

活动,却保证人能够理解并说出句子,包括从来没有听过的句子;而"表现"则是指人对语言的实际使用。根据上述理论,所谓语言能力是指"说话人或听话人关于语言的知识",尤其是语法知识;而语言表现则是"在具体情景下语言的实际使用"。结构主义语言观进一步将语言知识分解成相对独立的结构体系,如语音结构、句法结构和语义结构等;而语言表现则分为听、说、读、写等方面的技能,认为语言使用是各种知识和技能的总和。

社会语言学、语用学、应用语言学者则认为语言能力主要是一种交际能力。Hymes(1971a)从社会语言学的角度剖析语言的应用,他认为"交际能力",分为"知识能力"和"运用能力","知识"能力不局限于了解抽象的语法知识,还包含文体知识规则以及社会互动原则等等;"运用"能力包括非认知的因素,如情感因素、自我认同等等。Canale & Swain (1980)提出交际能力由三个方面构成:语法能力、社会语言能力和策略能力,其中社会语言能力包括社会文化能力和话语能力(Canale 1983)。Bachman(1990)扩展了关于能力的论述,提出了"交际语言能力"。交际语言能力包括知识或能力,以及情景交际时得体地运用能力的本事。他的交际语言能力模式有三个组成部分:语言能力、策略能力和心理—生理的作用过程。这个模式比前人的更为复杂,每一项能力又由若干微观的能力组成,但主要是两大类:组构能力(organizational competence)和语用能力(pragmatic competence)。

3.4.2.2 个体语言能力差异

语言学研究的发展使得对于语言能力的定义和理解呈丰富化、多元化、交互化趋向,"交际能力"研究融合了语法知识、社会文化知识、语言功能知识、语言策略知识、综合运用能力等一系列概念,将"交际能力"分解为知识和运用能力,其知识的内涵远比 Chomsky 的"语言能力"复杂丰富,其运用能力扩展了 Chomsky 对于语言能力的界定,将个体非认知性因素、情景因素、得体性等纳入了能力范围。但是,以"交际能力"为参数来研究语言使用者个体差异却存在很多问题,例如难以区分真实语境中的能力和知识,无法在"知道"和"能够"之间划界,等等。

108

在"个体化"视角下对于语义生成过程的层次化解构为"能力"研究提供了新的途径,即语言的使用是一个逐层"体现"的过程,在每一个层面的"选择"和"实现"决定最终的语言形式;语言能力是个体语库的一部分,在逐次体现的各个界面上,人调动其能力完成话语活动,促成话语语义生成。

在话语语义生成过程中(见图 3.8、图 3.9),个体语言能力分别体现为:

(1) 语境识解能力;
(2) 语域体现能力;
(3) 话语解读能力;
(4) 语境重构能力。

其中(1)、(2)为话语的发出者,即说写者的能力;而(3)、(4)为话语的接受者,即听读者的能力。以下我们将以说写者为例进一步研究个体能力差异,对于听读者的研究暂不涉猎。

3.4.2.3 说写者个体语言能力差异

说写者的个体语言能力差异体现在五个方面:① 语境识别、② 语域构型、③ 语义选择、④ 结构选择和⑤ 表达。根据 Bernstein(2000:104)对于语言使用的分析,说写者在语言的使用过程中应具有"辨识"和"实现"的能力。"辨识"意味着能够识解语境,包括对语场的识解、语旨的识解、语式的识解;"实现"意味着能够体现语域,包括语域构型能力、语义选择能力、语法结构选择能力、书面/语音表达能力。如果缺乏辨识能力,则说话人缺乏语境意识,无法识别语境中与话语使用相关的因素;如果仅获取辨识能力,说话人依然无法发出语境预设的行为,只有具备实现能力其话语才能表达相应的语义。在"个体化"模式中,"① 语境识别"和"② 语域构型"调用了辨识能力,"③ 语义选择""④ 结构选择"和"⑤ 表达"则取决于实现能力。

上述五种语言能力的个体差异体现在语域的三个方面。以语境识别能力为例。van Dijk(2003a,2003b,2005,2010)认为语境认知的过程是一个再语境化的过程——社会语境通过个人的社会认知模型形成新的"心理语境模式",该模式所构架的语域类型是说写者进行语义选择的依据。因此,语义是由说话人的社会认知模型和他所在的社会情境语境共同作用的结果。语境模型的观点和系统功能语言学对于意义识解过程的描述不谋而合:Halliday & Matthiessen(2008b)提出每一个具体的语篇有它的"域模型"(domain model),域模型是总体模型的一部分,该模型决定具体语境中哪一部分语义被激活,因此每一个语境都决定其"语义指向"(semantic profile),语义指向也是语义潜势的一部分。所以语域模型、语义指向和总体模型、语义潜势呈实例化关系。每一个语篇的语境模型的建立都是在语言系统和语言实例的实例化连续统上选择一个点,以确定其"概括度"(generality)的程度。

"域模型"和"心理语境模式"理论均强调说写者通过对语境的判断选择语义,又根据语义的需要选择语言表达方式,语义实现是一个层次化逐次体现的过程(见图3.8)。van Dijk强调在真实社会语境和语义选择之间中存在一个认知的界面,决定说写者的语义选择;Halliday强调模型的建立是语境在实例化维度上对"概括度"的选择。

在"个体化"的视角下,具体语境中的语境识别和语域构型不仅仅是概括度的问题,还和语言使用者的个体因素有关。Halliday & Matthiessen(2008b)指出语言体系中的"个体发展"(ontogenetic)问题,也就是说个体对于经验的识解、语义空间的使用是不同的,因此个体语境识别能力是语境识解过程中的重要变量,也就是说这个语境最终被投射成何种"语义图像"(semantic image),哪些语境因素被激活,受到个体差异的影响。因此,使用者差异首先体现在语境识别的个体化过程,即说写者如何依托自身被分配的个体语言资源认知、识别语境中与经验、人际、组篇三类语义分别相对应的语场、语旨、语式三类因素并进行构型。可见,语境和话语不是客观的决定关系,而是一种受制于个体语言资源分配状况(个体语库)的关联关系,该关联的建立由语言使用者的个体语境识别能力决定。同样,在从语域构型到语义选择的过程中,根据语义需要选择词汇语法结构的过程中,利用书面语或口语表达语义的过程中,均存在个体语库所准允的语言能力不同,因此个体语言能力差异在话语语义产生的每一个环节、语言元功能的每一种类别都存在并对话语产生影响,个体差异也是层次化体现的(见图3.10)。

110

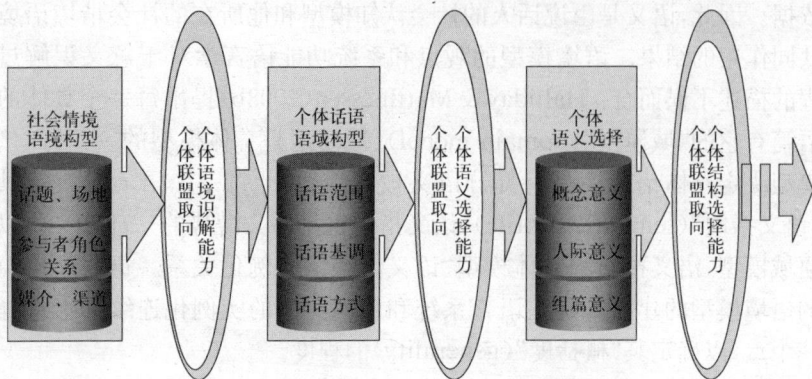

图 3.10　说写者个体差异的层次化体现

3.4.2.4　个体联盟取向

　　使用语言既是一个程式化的过程，又是一个主动化的过程。一方面，语义的选择受制于个体所在的社会文化机构、受到所进行的话语活动的类别影响，受到其所在文化社团的文化模型规约，也受到个体语言能力的制约。另一方面，语义选择和说写者的个体倾向相关，每一个社会人都受到众多模型影响，虽然说文化模型将微观的话语交际置于宏观的文化机制之中，但是我们无法忽略社会中存在模型的差异甚至冲突，例如典型性和边缘性差异、主流文化模型和次文化模型的差异、中西方文化差异，这种差异可能出现在同一时期同一领域（例如受"人人平等"教育模型影响的教师和受"因材施教"教育模型影响的教师对于所谓"差生"的话语方式截然不同），也可能随时间、地域的变化而反复（例如中国人对"地主"的社会判断在过去的一个世纪中经历了数次整体历史变迁）等。总之，每一个社会人都受到众多模型影响，又存在个体的差别，包括文化构成、社团归属甚至是个性、气质等天性差异，在话语活动中其文化站位必有个性化差异，对话语的文化属性或许是顺从地接纳，或许是主动地反叛，或许是策略性地选择特定态度，这些都是个体在"联盟取向"上有意识或无意识的选择（见图 3.11）。

　　"联盟取向"对于个体的社会文化活动产生影响。Bernstein（1967：351－353）通过对于学校教育效果的社会语言学观察，发现了社会管理

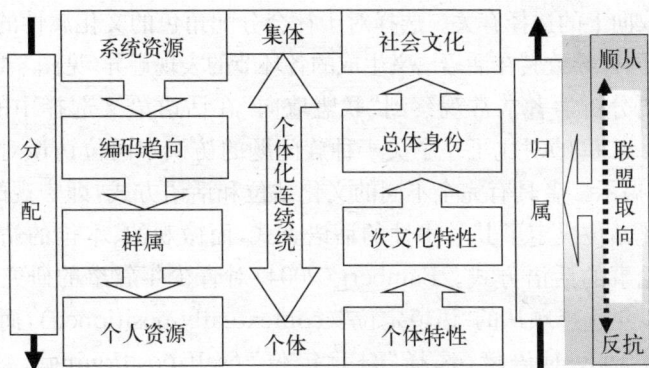

图 3.11 资源分配和联盟取向

有"机械性"(mechanic)和"有机性"(organic)两种整合机制。在机械性社会整合机制中,人的社会成员身份取决于社会分配角色,例如父亲、教师、店主等,机械的结盟关系导致群体、社团、机构的信仰、态度、行为方式成为言语活动的主导方式,所有的话语都有了预先分配的类别并循规蹈矩地进行;在有机性机制中,人的身份认同则更多取决于个性、独特性,个体差异和社会分配角色得到同样重视,在接受群体信仰和态度的基础上,参与者的某些个性特点和语境的具体特征也在话语活动中得到体现。同样,"机械"和"有机"是社会整合机制的两极,在一个有机性主导的社会中,个体具有能动性,往往主动地选择联盟取向,他可以顺从其社会分配角色和身份,也可能反抗或采用某些身份策略。

　　Martin(2008)在论述"读者反应"选择时指出,读者对语篇的理解具有主观性,他对语篇所预设的文化模式具有站位上的选择性,例如顺从、反抗或其他策略性选择,因此,同样一个语篇因读者的联盟取向差异会呈现不同语义。事实上,联盟取向上的选择贯穿于话语语义生成的始终(见图 3.10),对于说写者而言,从语境的识解到采用具体的表达,每一个过程都存在联盟取向的个体差异,不论是无意识的话语行为,还是有意识的策略行为,均体现其对于社团文化、社会文化在"顺从←→反抗"连续统上的"联盟"程度。

　　因此,"联盟取向"是使用者个体差异的第二变项,话语语义之所以存在个体差异,除了个体因资源分配而存在语言能力差异外,还和话语主体在联盟取向上的选择有关。选择对于社会分配角色的文化属性的顺从还是反抗,同样导致其在话语语义生成的各环节的表现迥异(见图3.11)。

话语分析学者常常观察到"联盟取向"在话语语义选择中的作用。例如,Gee(2000)对比了一个关于种族问题的访谈中两位访谈对象的话语语义,揭示二者具有完全不同的文化站位和话语方式,即宏观的、开阔性的文化站位决定了其学术性的话语方式,而微观的、本位的站位决定其就事论事的话语方式。Bamberg(2004)对青少年叙事的研究也证明有的青少年选择顺从的"语境定位"(contextually-positioned),而有的青少年则主动反对语境,选择"自我定位"(self-positioning)。田贵森(2012:24-27)将"使用者的功能意识"作为语言变异的一个维度,该维度存在两大类变异:"无意识选择语言变异"和"有意识选择语言变异"(ibid.:24)。"无意识选择"往往有助于实现语言的"社会标记功能",即通过选择变异形式标记说话人的年龄、性别、民族等社会信息,有意识的选择可实现变异的"交际策略功能",即"实现建构人际关系,表达个人情感态度,展示言语社团身份或产生语言幽默等功能"(ibid.:25)。所谓的无意识选择体现了个体语库中被分配的个体语言能力,而有意识的功能选择就是语言使用者体现主观能动作用的文化趋同性选择即联盟取向。

联盟取向的差异既出现在话语语义生成的各个过程(从语境的识解到语域的实现,从语义的选择到最终的表达方式),也体现在元功能的三个方面(从语域构型中对语场、语旨、语式三个方面的识解,到经验、人际和组篇意义的选择)(见图3.10)。因此,分析联盟取向维度上的个体差异需要层次化的视角、需要从元功能的三个方面着手。Martin(2009a,2009b)、Hasan(2009)、Knight(2009)等的研究证明了联盟取向的差异是构成使用者个体差异的重要变项,他们对过失少年的法庭陈词、司法学者的模拟陈词、青少年交谈、电子邮件、家庭谈话等进行分析,揭示了对抗和顺从话语在语言形式、语义构型和身份实现等各个层面的差异。具体的例子包括:在语音表达层面上,个人口音是社会语音资源的个体分配,个人通过自己的语音特点体现个人身份是一种顺从型语义选择;在书面表达层面上,青少年比成人使用更多的表情符号、较少的标点以及忽略拼写错误体现了书写者顺从其"青少年身份"的语义选择;在词汇语法层面上,大量使用某类不符合构词规范的"新词"、不符合句法的"怪句"是对主流文化的反抗策略,同时又构建了该群体的亚文化身份;在语义层面上,说话人选择将某类评价义和某类概念义反复同现,是表达对传统文化概念的反叛态度,等等。

3.5　小结

新的理论学派在创始阶段往往会强调其创新性而"忽略一些其他理论所普遍关注的问题"(Gross 1997:271),我们看到"说话风格""个体差异""话语主体""心理思维"这些在社会语言学、文学批评和转换生成语法中的常见话题一度几乎从系统功能语言学研究的关键词中消失了,然而,正如戚雨村(1997:33)指出,"人是使用语言的主体,人们正是在一定的时间、地点、一定的社会环境、一定的文化中使用语言的",不论是从语言系统的完善、话语分析的实践以及个体语言发展研究的视角来看,个体语言差异都是话语语义研究绕不开的话题,这也正是本研究试图在SFL视阈下拓宽"个体化"研究视角、框架个体差异研究模式的原因。

通过对系统功能语言学发展历史中的使用者差异研究进行历时追溯,可发现在SFL的理论构架之初Halliday就将"语言行为是一个人在一次使用中的行为"确立为SFL的基本语言观(Halliday 1964:26),使用者个体差异并不是一个新话题。在对社会方言、编码趋向、语域变异、语言进化等问题进行研究时,使用者问题也从来没有被剥夺学术空间。但是,现有的研究往往将使用者差异放在"实例化"维度、通过"语域变异"理论来解读(见表3.1、图3.2),这却是对使用者差异的误读,因为"实例"相对的是总体社会文化语境中的语域类型,而使用者的个体差异是个体语言资源和社会文化资源的对立统一关系,同一使用者在不同的语境中呈现较为恒定的语言特征,而不同使用者在同一语境中的差异却大相径庭。"话语语义发生"和"个体语义发生"本质上是不同的问题(见图3.3)。因此,SFL理论框架需要一个关注个体差异、个体和系统关系的视角,解决社会符号学关注"语言的社会性"以及使用者具有"个体差异"的矛盾问题。正是在这样的学科发展背景下,"个体化"研究成为 SFL 的新的关注点。

社会学的语码理论、资源分配论以及社会语言学和 SFL 理论的相融性(见表 3.2、表 3.3、图 3.4、图 3.5)为探寻"个体化"研究途径提供方向——社会学和 SFL 的学科对话是"个体化"研究的重要途径,SFL 视阈下的"个体化"研究重点是社会文化资源分配和个体选择的问题,而"个体化"研究必须在 SFL 的总体框架下和"层次化""实例化""实现化"等较为成熟的理论达成互补(见图 3.7)。由此,我们从个体化视角梳理个体话语语义生成过程(见图 3.8),构架了系统功能语言学视阈下使用者差异的"个体化研究模式"(见图 3.9),提出语言使用者个体差异存在两个宏观变项——个体语言能力和联盟取向(见图 3.9、图 3.10)。前者关注社会文化资源对于个体的分配结果,反映了社会关系、社会结构等对于个体语言资源的影响,后者关注个体对于社会文化的归属选择(见图 3.11),反映了语言使用者的主观能动性。

作为具有人本主义倾向的语言学理论,系统功能语言学高度重视"作为社会个体成员的人在认知发展和语言交际中所起的支配作用和能动作用"(朱永生 2012:333),这是 SFL 视阈下个体差异研究的动因和创新之处。"个体化研究模式"将使用者个体差异融入层次化考量中,将语义变异的因素从机械地将语言现象和语境构型所引发的语义单一联系,扩展到将语言现象和个体差异、语境两个维度的有机联系。该模式不仅可解读特定语境中说话人具有何种社会分配角色,而且试图回答在社会文化体系中说话人的个体特性,如此,SFL 的元话语才进入了有机的学术体系。

同时,"个体化研究模式"既关注社会文化资源逐步分配到个体的层次化过程,也强调了个体在社会文化中的站位选择。这有助于分析作为社会人出现的话语参与者如何使用具有个体特点的语言资源,分析人在社会活动,尤其是话语交际中的地位、作用和价值。当我们把小学生作文作为一种话语活动,把小学生看作具有个体差异的语言使用者,关注写作活动中学生的个性化问题,"个体化研究模式"可发挥语言的系统功能观对于解决语言现实问题的理论优势。

第四章

基于系统功能语言学的
作文个性化分析模式

当前作文个性化研究在概念界定、理论构架、现状评估等核心论题上进展甚微,主要原因是缺乏一个能从作文的语言本质出发研究上述论题的系统理论框架。系统功能语言学与作文个性化研究具有理论共融性,由此我们借鉴语境、语义理论概括归纳小学生作文个性化的特征要素和评判要素,透过层次化视角解读上述语义要素、形成小学生作文个性化定义的可操作性方案。SFL 视阈下的"个体化研究模式"为解读文本的语境、意义、形式和作者之间的关系提供了可操作的框架,也是构架基于系统功能语言学的"作文个性化多维分析模式"的必要理论准备。

4.1 系统功能语言学与作文个性化
研究的理论共融性

系统功能语言学的儿童写作发展研究关注语言的本质,将语言视作个体和社会产生联系的纽带,将母语学习视作探索人类语义潜力、开发个体潜能和参与社会进程的过程,认为学习语言的最终目的是"全面发展自我语义能力（Halliday 1971：47）"。上述观点和作文个性化研究所关注的个性化发展问题有不谋而合之处：

第一，二者均认可语言发展存在个体维度，都强调写作和个体发展的互动关系。

"中小学生作文个性化发展研究"课题组强调个体的智力、行为能力、社会经验、知识结构、情感价值观等对写作的影响（顾振彪 2006）。《全日制义务教育语文课程标准》（课程教材研究所 2000,2011）指出培养学生善于观察生活、勤于思考、乐于动笔、自由表达的习惯，是把写作能力的渐进式发展看作个人成长的一部分，亦通过写作展示个人成长的状况；而 SFL 坚持儿童语言和社会化的同步发展，不论是在早期语言发展的"三个阶段"、书面语发展的"六个方面"和儿童语言发展的"四大进程"中，SFL 都将个体维度的语言发展解读为个体符号进化和个体成长的过程（陆丹云 2015），在这个过程中，儿童一方面拓展个体语义系统、扩充个体语言资源，另一方面认识自我、建立与周围环境的关系，逐渐地从儿童世界进入成人世界。

第二，二者都强调写作能力发展的复杂性和语类的多样性，"中小学生作文个性化发展研究"课题关注到作文个性化发展不仅仅是语言形式的问题，对社会生活的观察理解和反思、对作文任务类型的具体分析均对作文个性化产生影响；SFL 认为书面语的语义系统是对口语的"概念性飞跃"，Halliday（1999：364）所总结的"语义跨越"的六个方面则证明学习写作是一个复杂的、多维同步发展过程。

可见，以 SFL 作为宏观语言观研究作文个性化发展问题具有理论上的可行性，关注语言"意义"和"功能"的系统功能语言学和"作文个性化发展"理念具有理论的共融性，是帮助当今作文个性化研究走出"理论空缺"窘境的途径。

4.2 作文个性化定义和评判要素

机构、民间和学术三方话语中富含针对作文个性化缺失的评述，在系统功能语言学理论框架中,我们可解读和定位此类评述所谈及问题所属的语言范畴,例如属于语境、语义、结构还是表达的问题? 涉及概念、人际还是组篇意义的范畴? 从而发现、归纳作文个性化的特征要素,据此对作文个性化进行"层次化定义",并最终确定评判作文个性化的语义要素。

4.2.1 作文个性化特征要素

在影响小学作文教育的重要话语中,我们选取了三方话语中与作文个性化相关的代表性文本,这包括:代表第五阶段机构话语的三份官方指导文件:【D2000】、【D2001】和【D2011】(参见表 1.1);代表民间话语的邹静之(1997)、王丽(1997)、薛毅(1997)、葛红兵(2010)的文章以及人民教育出版社官网的"小语论坛"上有影响力的个人评论;代表学术话语的叶圣陶(1980)、徐同(2005a, b)、许书明(2005)、顾振彪(2006)、俞发亮(2007)、刘锡庆(2008)等人的论文。

我们对上述代表性话语中所描述的"个性化"和"个性弱化/缺失"现象的具体表征进行了细读和对比,对关涉个性化、非个性化评判的项目进行总结分类,我们忽略相关话语中"真实""独特""有独特敏感力"之类表达,因为这些词本身就是对"个性"概念的同义反复。在此基础上,我们归纳出三方话语对作文进行"个性化"和"个性弱化/缺失"评判时所参照的主要特征要素,包括:需求、经历、情感、观点、篇章结构、语言表达六大类(见表 4.1)。

表 4.1 小学生作文个性化的特征要素

特征要素	"个性化"表征	"个性弱化/缺失"表征
需求	缘于个人表达情意的需要和与他人交流的需要;自主作文;在写作过程中注重自身人格的塑造与完善;具有个性色彩的人格呈现;文以载人;主体由内而外的倾吐;奉献于全社会,推动整个人类文明的前进……	功利化;为应试而写;为表明某种思想观念而套;为体现某种章法、技巧而编;用伪装、假话来装点自己……

118

特征要素	"个性化"表征	"个性弱化/缺失"表征
经历	反映其独特生活;贴近生活;反映生活、学习、思想和言语的状况;发现真实、探究真相;创造性;体现作者的创新思维、创造力和想象力……	成人化:假话、假思想、假故事、抄袭、杜撰;胡编乱造;编故事;题材单一内容空洞;言之无物;视野狭隘、话题单调;概念化、思维固化……
情感	感性;充满主观情意;会抒情,反映内心世界;自由抒写真实独特的感受;有感而发、流露真情、独特感受;说真话、抒真情……	没有情意的作品,就像是泥胎、木偶、纸花,是没有生命力的;只有客观的描述,没有主体独特的感受、体悟和发现、肤浅地贴近生活;虚伪、做作、虚情假意……
观点	直率;会议论:发表自己与众不同的观点和看法;反映审美趣味、价值取向……	说大话;假话连篇;"立意高"却没有心里话;缺乏主见、思想缺席掩藏真实想法,不敢透露真实想法
篇章结构	会写纪实文、想象文、应用文……	模式化、公式化:"假大空套"千篇一律,应试八股;四平八稳,甚至无懈可击……
语言表达	有独特敏感力的句子;语言带有青少年特有的生动活泼的气息;带有鲜明的当代社会和文化的烙印……	语言大人腔,枯燥无味;冠冕堂皇的话,满篇大人腔;语言贫乏、枯涩;技法雷同、套话连篇;生搬硬套、词不达意……

4.2.2 SFL 视阈下作文个性化的"层次化定义"

按照 SFL 层次化理论(Halliday & Matthiessen 2008a;Martin & Rose 2008),表 4.1 中的需求、经历、情感、观点、篇章结构、语言表达六类特征要素分属语言系统的三个层次:语境、意义和形式。其中语境对应

"需求",包括宏观语境需求、微观语境需求;意义包括组篇意义(对应"篇章结构")、经验意义(对应"经历")、人际意义(对应"情感"和"观点");形式对应"语言表达"。例如,葛红兵的博客中指出作文个性缺失的原因是"为应试""为装点自己"而写,"为应试"反映了学生写作是为了应付考试这一情景语境下的特定需求——考试取得好成绩,从作文本质属性来看(参见图 1.1),属于特定语境下的写作需求,"为装点自己"则是为满足在总体社会文化语境下构建个人身份的需求,因此前者的"个性缺失"评判要素是"微观需求要素"、后者则为"宏观需求要素"。

从作文本质属性的四个层面来看(见图 1.1),"形式"要素对应的是作文的"文本"属性,"意义"要素与作文的"创造"属性相关,"微观语境需求"和"宏观语境需求"则分别对应作文的"事件"属性和"活动"属性。其中"创造"层面上的个性化特征要素又可细分为三个方面:篇章结构、想象创造和态度观点,这三个方面分别对应语义的三要素:组篇意义、经验意义和人际意义。

由此可见,在 SFL 的层次化视角下,借鉴 SFL 的语义分类方式,我们可以从作文四个层面的本质属性来解读作文个性化的六类特征要素(见表 4.2),并对小学生作文个性化做出 SFL 视阈下的"层次化定义":

表 4.2　小学生作文个性化的"层次化解读"

作文个性化的层次化要素		作文个性化的四个层面
形式要素	语言表达	文本个性化
意义要素	组篇意义	创造个性化(篇章结构)
	经验意义	创造个性化(想象创造)
	人际意义	创造个性化(情感观点)
语境要素	微观语境需求	事件个性化
	宏观语境需求	活动个性化

小学生作文个性化指小学生作文在"文本""创造""事件"和"活动"四个方面的个性化。"文本个性化"指作文展示小学生的个体语言表达方式,语言和结

构符合当代小学生特有的表达方式并具有个体的表达特点;"创造个性化"包括篇章结构个性化、想象创造个性化和态度观点个性化三个方面,其中篇章结构个性化指作文展示小学生的个体组篇方式,篇章结构符合小学生个体语义推进的需要,想象创造个性化指作文反映小学生个体经验,作文内容表征小学生的个体生活经历及其精神世界丰富的创造、想象活动,态度观点个性化指作文反映小学生人际需要,作文内容体现小学生的个体情感、价值观、审美观以及对各类事物的个体观点;"事件个性化"指作文满足微观语境下小学生个体的写作需求,作文具有自发性,写作出于自发的表达和交流需要;"活动个性化"指作文满足宏观语境下小学生个体的写作需求,作文具有自主性,写作出于个体发展、自我身份构建需要或者造福于社会需要。

基于语言层次化特征的描述性定义反映了作文个性化在"文本""创造""事件""活动"四个方面的个性化特征。同时,该定义也反映了作文个性化是一个多维的语言现象,作文个性化发展是一个在多个层面同时展开的作文素养发展过程,该过程伴随儿童对世界的个体再识解,对各类微观、宏观语境的个体再认识,对组篇、经验、人际语义的了解和表达日益丰富化和复杂化,在此过程中个体的词汇语法结构逐渐细化,个体表达方式日渐复杂和精确。

4.2.3 SFL 视阈下作文个性化的语义评判要素

在系统功能语言学的视阈下,语境、意义和形式是层次化的体现关系。写作的语境(即宏观写作需求和微观写作需求)包含语式、语场、语旨三个方面,这三个方面在作文中分别通过作者对组篇意义、经验意义和人际意义的选择实现;同样,出于表达三种意义的需要,作者在语言表达形式上也要进行三重选择,例如选择语义推进方式实现组篇意义,选择语气、情态、评价方式以实现人际意义,选择参与者配型、经验类型和环境因素以表达经验意义。

对于三方话语关涉"个性化"评判的话语分析揭示:对作文发出"个性化缺失"评判的依据往往是作文在"创造"方面未能反映个体特征,"个性化"评判要素往往与作文的语义选择相关,具体地体现于组篇意义、人际意义和经验意义三个方面。例如,民间话语所口诛笔伐的"千篇一律""八股文"是对作文的篇章结构不满,篇章结构属于语式范畴,反映了作者对宏观组篇意义的选择,体现为语篇的语义推进模式,在 SFL 的语篇研究中常有论及,包括 Martin & Rothery(1986)对语类"纲要式结构"(schematic structure)[①]的归纳、Martin & Rose(2007)对语篇格律的研究等。又如,叶圣陶(1980)在《作文论》中指出:"小学生习作,应该是儿童独特生活的真实写照、真情的自然流露,是一种个性化非常强的学习活动。"可见,叶先生认为小学生作文的个性化程度是和作文是否反映儿童"独特生活"、是否"真实"、是否"流露真情"相关,"生活的写照"涉关直接经验意义的表达,"流露真情"属于人际意义之"情感要素"。再如,众多学者所提及的"创造力"和"想象力"的个性化特征,根据 Martin & Rothery(1986:85-86)对"间接经验"(vicarious experience)的定义,属于经验意义中的"间接经验",因为反映学生创造力和想象力的话题往往指那些小学生未能真实经历过的事物,例如"恐龙""星际旅行"等。

鉴于"语义"是公认的作文个性化评判要素,我们根据 SFL 对于语义的分类,将作文个性化的评判要素根据语义分为三大类:

(1)组篇意义:与个性化特征相关的组篇意义,较多涉及的是篇章结构;

(2)经验意义:与个性化特征相关的经验意义,包括作者对于直接经验(客观经验世界的亲身经历)和间接经验(主观经验世界的想象创造)的表征;

(3)人际意义:涉及的是个性化的态度,具体包括评价性语义中的情感、判断和鉴赏(Martin & White 2008)。

由此,我们归纳出 SFL 视阈下作文个性化的语义评判要素(见表 4.3):

---

① "schematic structure"在国内有两种译法:胡壮麟等(2005:286)在引介 Martin(1992)的语类理论时将其译为"图式结构",陈瑜敏、黄国文(2012:ii)在引介 Martin & Peters(1985)的语篇体裁分析方法时将其译为"纲要式结构",马玉蕾(2012:iv)在引介 Martin & Rothery(1981)时亦采用"纲要式结构"的译法。本文沿用陈瑜敏、黄国文(2012:ii)和马玉蕾(2012:iv)的译法——"纲要式结构"。

表 4.3　SFL 视阈下作文个性化的语义评判要素

评判要素		"个性化"语义表征	"个性弱化/缺失"语义表征
组篇意义		个性化的篇章结构	模式化;公式化;千篇一律;应试八股
经验意义	真实经历	反映独特生活、贴近生活;反映真实的生活、学习、思想和言语的状况;发现真实、探究真相	题材单一;内容空洞言之无物;概念化;思维固化
	间接经验	创造性;体现作者的创新思维和创造力;具有想象力	
人际意义	情感	充满主观情意;自由抒写真实独特的感受;有感而发、流露真情	没有主体独特的感受;虚伪、做作、虚情假意
	判断	与众不同的观点和看法、价值取向	说大话,假话连篇,没有真实想法;"立意高"却没有心里话;缺乏主见,思想缺席
	鉴赏	反映审美趣味	无独特的审美观

4.3　作文个性化分析模式构架

　　在 SFL 视阈下研究和评估小学生作文个性化,是从语言的层次化、个体化视角研究语言和个体的关系。构架作文个性化分析模式,可从层次化视角、按照"个体化研究模式",在语义选择、语言能力、联盟取向三个维度上研究个体作者和作文个性化的关系。语义选择是我们对作文语料进行分析的主要参照,语言能力和联盟取向是我们研究作文个性化的个体原因和作文个性化发展规律的重要维度。

4.3.1　层次化视角下的语义选择

　　根据系统功能语言学的"语义潜势论"(Halliday 2003),语义是语言系统构造的核心层面,SFL 视阈下的语言研究,尤其是使用者差异的"个体化研究模式",关注的重点是语义选择,小学生在作文中所进行的语义选择是分析作文个性化的重要参照,也是构架作文个性化分析框架中的一个重要维度。

首先,根据 SFL 对于作文个性化的"层次化定义",作文的个性化体现在语境、语义和表达形式三个层次。在作文个性化的三方话语中,对于语境特征和形式特征所提供的描述比例较小,这表明学术界、教育界和民间人士对于作文个性化的关注主要聚焦于小学生在作文中选择表达的语义,作文的语义选择是作文个性化特征的第一要素,是在 SFL 视阈下分析作文个性化的重要参照。因此在构架作文个性化分析模式的起始阶段,可以暂不将语境因素和形式因素作为评判作文个性化的参照性特征要素。

SFL 视阈下的小学生作文研究与他类作文研究在语义判别方式上具有本质区别:多数写作研究是根据一两篇作文断章取义地做出主观判断,而 SFL 对于语篇语义的类别研究为研究话语语义和语言表达的关系提供了系统的框架,以 SFL 语义理论为参照的文本分析、语义分析是其他理论所难以超越的,通过语义的细分研究来判读小学生作文在语义层面的个性化选择是 SFL 的优势。因此 SFL 视阈下的作文个性化分析势必包含并重点关注使用者的语义选择和作文个性化的关系,包括组篇意义选择和篇章结构个性化、经验意义选择和想象创造个性化以及人际意义选择和态度观点个性化三大方面。

鉴于小学生作文个性化的主要特征要素为语义要素,而语义研究正是 SFL 的特长也是"个体化研究模式"的核心,因此研究作文个性化需要一个以语义特征为核心的分析模式,具体地说,SFL 视阈下的作文个性化研究应着眼于分析表 3.3 中所列的分别归属于组篇、人际和经验三大语义类别中的六类语义,包括:

(1) 组篇意义:篇章结构

(2) 经验意义:真实经历、间接经验

(3) 人际意义:情感、判断、鉴赏

¹²⁴ 4.3.2 个体化视角下的作文能力

作文能力的构成是写作教育研究者一向关注的问题。早期的写作教育者曾将"心智"等同于写作能力,如有的教育者认为智力高是写作好的主要能力条件,有的研究者认为写作能力是与生俱来的心理机制,它由一系列心理因素和管理渠道构成,例如 Flower & Hayes(1981)的"写作过程之心理模型"就是对这种心理机制的描述,记忆力、计划能力、转写能力和评判能力成为主要的写作能力因素。亦有研究者把写作动机视为写作能力的重要因素,例如 Hayes(1996)认为动机和情感在写作过程中扮演重要角色,因此其写作模型研究框架"个体-环境"模型中,动机和情绪处于凸显位置。Graham et al.(2006)在回顾分析大量写作研究的基础上提出"动机塑造了写作的发展",其科研团队对小学生写作成绩与写作态度进行了相关性研究,其结论是写作态度单向影响写作成绩(Graham, et al. 2007)。

更多的研究者认为写作能力是多种能力的成功组合,例如 Gregg & Mather(2002)所说的较低水平的转译技能(如书写、拼写、标点、词汇、句法、文章结构)和较高水平的基本写作能力(读者意识、情感因素等),Timothy(2004,见王可 2007:1)所列举的"一系列复杂技能"——集中注意并且识别语言模型、词和词意知识、保持工作记忆中的信息、在长时记忆中提取和储存信息、拥有关于世界和个人的文化知识、拥有情感表达的知识。综合能力观得到更多的认同,因为优劣写作者的差别绝不仅限于智力或情感等一种因素。

国内的写作教学研究从不同的角度分析作文能力的构成因素。早期的研究倾向于将人们写作中的个性心理特征称为其写作能力,包括观察力、记忆力、思维力/思辨力、想象力等(如吴思散 1985);也有根据写作过程归纳写作能力的,例如区培民(2003)所概括的观察能力、搜集能力、思辨能力和衍文能力;更多的研究则结合上述两个方面(如朱作仁 1990,章熊 2000),认为语言技能是内部智力技能和外部操作技能结合的综合性特殊技能,将写作能力的构成扩展到更多方面,包括:观察能力、分析能力、联想和想象能力、理解力(审题、理解题意、扣紧题旨能力)、确定中心/立意能力、选材组材能力(包括搜集材料、整理材料、组织材料)、语言表达能力(包括选择体裁、谋篇布局、遣词造句、应用修辞等)、修改誊正能力等。从教育机构话语对写作教学所提要求看,初级阶段写作教学需要重点关注的能力则主要是审题、立意、选材、组材和表达能力,这和中国的写作教育研究是吻合的。

在系统功能语言学视阈下的"个体化研究模式"中,说写者的个体语言能力层次化地体现为五个类别(参见 3.4.2 节,图 3.9):

① 语境识别能力;

② 语域构型能力;

③ 语义选择能力;

④ 结构选择能力;

⑤ 表达能力。

写作活动中,小学生的个体作文能力也层次化地体现在这五个方面,五种个体作文能力和写作教学所论及的审题、立意、选材、组材和表达能力有模糊的对应关系:

(1) 审题指学生对写作活动语境的识别,即语境识别;

(2) 立意指学生对写作语境要素的构型,即语域构型;

(3) 选材指学生根据其所构想的写作要求选择表达的意义,即语义选择;

(4) 组材包括对语言结构的选择和组织,即结构选择;

(5) 表达则是通过具体的文字书写呈现作文的文本形式,即表达能力。

同时,五种作文能力与 SFL 视阈下作文素养的"多向发展模式"中的四类作文素养相关(见图 4.1):

① 书写"文字":书面表达的形式素养,属于书面语表达能力;

② 掌握"书写系统":既体现为对结构的选择也反映在表达;

③ 理解应用"书面语词汇语法知识":对应语义选择和结构选择能力;

④ 识解"书面语世界":包括语境识别能力、语域构型能力和语义选择能力。

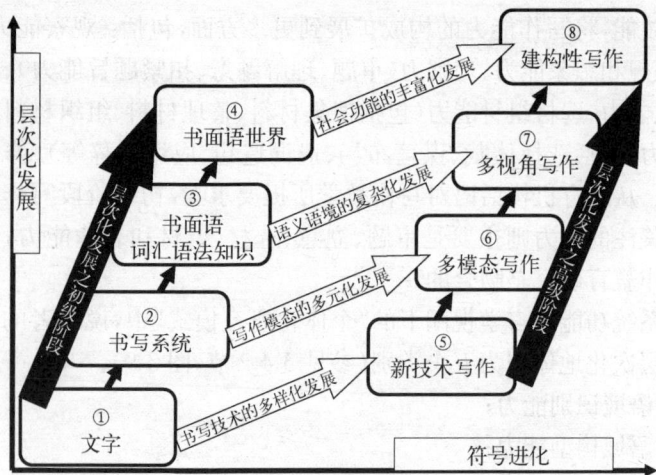

图 4.1   作文素养的"多向发展模式"（陆丹云 2015：40）

"个体化"视角下的小学生个体作文能力构成因素与传统写作研究中的写作能力分类、儿童写作素养要素呈模糊对应关系，它涵盖了传统写作所关注的写作能力以及作文素养发展初级阶段的要素（图 4.2）。

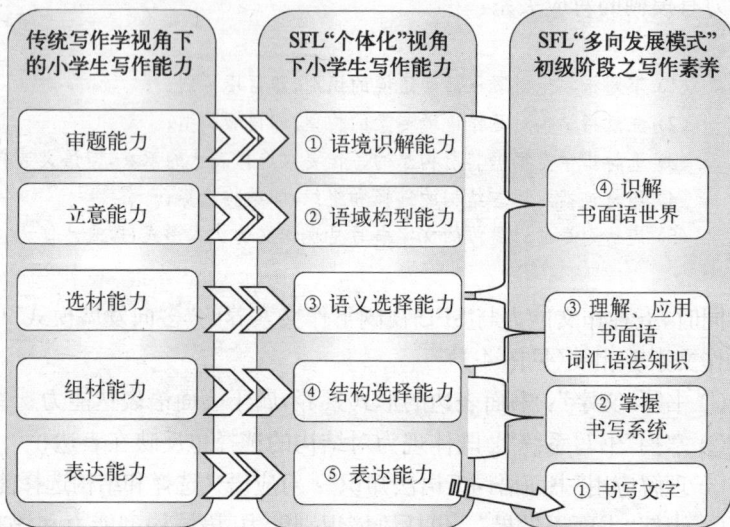

图 4.2   "个体化"视角下的小学生作文能力构成

在系统功能语言学的"个体化"视角下分析小学生作文能力的构成，一方面应考量传统写作研究所关注的写作能力，另一方面也要从符号的社会进化视角下分析小学生作文素养的发展。目前国内的作文评估方式（如张雪珍 1988、朱作仁 1990、朱新华 1995、周泓和张庆林 2004 等）依靠量表、测试的结果去评估作文发展，对于研究小学生作文的个性化现状贡献不大。对个体作文能力的"层次化"分类既考量了传统作文研究所关注的诸多能力问题，又与 SFL 的作文素养发展模式对应，同时，五种作文能力的对比分析有助于更好地体现作文语义生成过程中的个体差异，有益于将写作研究置于系统功能语言学的总体视阈下，从语言的本质属性来探讨写作问题。因此，"个体化"视角下的个体作文能力研究是解读小学生作文个性化差异的重要参数之一。

4.3.3　个体化视角下的联盟取向

语言"个体化"的第二个变项——联盟取向，关注的是个体由于自身特有的文化取向、价值观和身份需求等采取的语言策略，在"顺从←——→反抗"的连续统上进行站位选择。联盟取向往往源于个体特性，个体特性的差异导致其在文化归属上的选择产生差异，反映在语义选择和表达形式上。在写作活动中，联盟取向体现了作者的立意，也反映到组篇、经验和人际三类语义的选择上，"顺从"是一种文化趋同性选择，体现了集体性语义趋向，"反抗"则是背离集体性趋向的个性化语义选择，在二者之间还存在多种"策略性"选择。

如果仅用"个体语言能力"来解读写作中的语义选择，则往往把写作看做一种个体无意识的、无主观能动性的语言活动。然而，在小学生写作活动中，个性化的作文往往是有意识的"功能选择"（田贵森 2012：25），例如学校语文教育要求少用网络惯用语和英语缩写进行汉语写作，多数小学生遵循此要求，他们通过顺从型站位而体现语旨所规约的人际意义——遵守写作规范，同时选择自身的社会归属——"会写作文"的小学生。然而，亦有小学生在明知上述规定的情况下在作文中有意识地使用了

大量英文缩写和网络符号,如下面这篇作文是一个小学生上交的"日记":

128

> 那天晚上,我那很阳光的 GG 带着他那一点也不淑女的恐龙 GF 到我家吃饭。GG 的 GF 一个劲地向我妈 PMP,酿紫这是好 BT。7456,我只吃了几口饭,就到 QQ 打铁去了①。

这篇作为作文上交的"日记"在表达形式上的离经叛道源自作者对于语旨所规约的人际意义的挑战——通过英文缩写体现自己反对所谓的写作规范,通过与众不同的写作方式标志自己特立独行的小学生身份。此类小学生有意识地在联盟取向连续统上选择了反抗性策略——背离学校所设定的标准、背离集体性人际趋向,通过"个性化"的表达方式体现其独特的个体语义选择,表达其文化站位。这说明,联盟取向是实现写作个性化的重要方式,对作文个性化进行分析和评估需要发现集体性语义趋向和个性化语义选择,需要认可"联盟取向"的作用。

4.3.4 SFL 视阈下的"作文个性化多维分析模式"

在 SFL 视阈下研究小学生作文个性化问题,需要以真实作文语料为分析对象,对小学生在作文中的语义选择进行研究,具体地体现在组篇意义、人际意义和经验意义三个方面;需要从个体作文能力和联盟取向两个方面考量小学生个体的社会文化特质和作文个性化的关系。由此我们构架了包含语义选择、作文能力和联盟取向三个维度的系统功能语言学视阈下的"作文个性化多维分析模式"(见图 4.3)。

应用"作文个性化多维分析模式"研究小学生作文问题具有三个方面的特点:

第一,以大量文本细读为研究作文个性化现状的主要方式,可以避免以往研究的主观性和片面性;

---

① GG:哥哥;恐龙:丑陋的;GF:女朋友;PMP:拍马屁;酿紫:那样子;BT:变态;7456:气死我了;到 QQ 打铁:到腾讯聊天室发帖子。

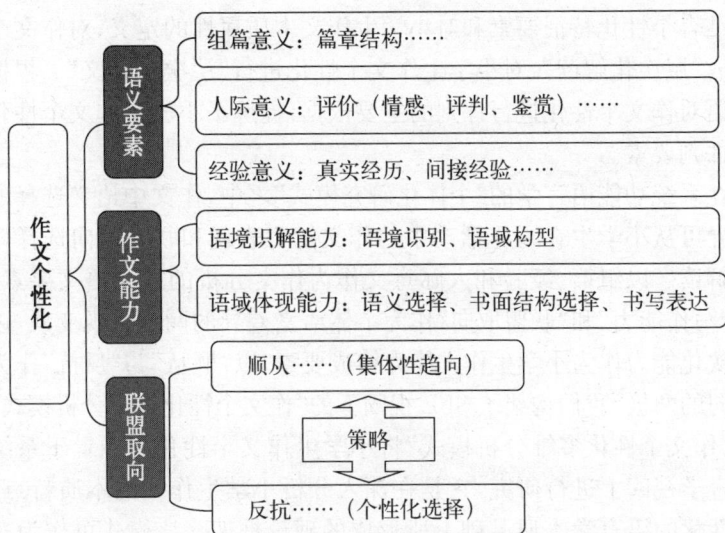

图 4.3　SFL 视阈下的"作文个性化多维分析模式"

第二，以语义为研究和评估作文个性化的核心要素，可以通过语言学途径系统研究三方话语所关注的个性化话题；

第三，以作文能力和联盟取向为研究作文个性化语义选择的个体原因，可以挖掘作文个性化的深层原因、作文个性化发展的客观规律，透视作文个性化和小学生个体发展之间的内在联系并对基础教育阶段的人文素养教育有所启发和推进。

4.4　小结

现有的小学生作文个性化研究无法对作文个性化进行客观的整体评估，原因在于缺乏系统的作文研究框架、缺乏对小学生作文个性化的可操作性定义以及在研究方法上尚未形成和个性化理念一致的评估方案。针对上述问题，我们从 SFL 的视角分析机构话语、民间话语和学术话语中对作文个性化问题的相关论述，归纳出作文个性化的六类特征要素并结合个性化特征要素和对小学生作文本质属性的定义，对作文个性化形成"层次化解读"、对小学生作文个性化进行"层次化定义"。根据三方话语对作文个性化进行评判的主要依据，提炼了小学生作文个性化的语义评判要素。

在系统功能语言学的"个体化研究模式"之中，作文中语义选择的个体差异可从小学生在写作活动中的作文能力表现和联盟取向选择两方面来解读。以组篇、经验和人际意义作为作文分析的核心语义要素，以"个体写作能力"和"联盟取向"作为个体语义差异的两个宏观变项，以五种层次化能力作为小学生作文能力构成要素，以"顺从"与"反抗"作为联盟取向的两极，我们构架了 SFL 视阈下的"作文个性化多维分析模式"。

"作文个性化多维分析模式"将小学生作文个性化问题置于系统功能语言学视阈下进行研究，它是在深入分析小学生作文的本质特点、作文个性化的语言学本质基础上所形成的理论框架。该模式可作为对小学生作文进行语义分析、对作文个性化状况进行客观评估、对作文个性化原因及其发展规律开展深层次研究的语言学理论框架。

第三部分

实 证 研 究

第五章

实证研究方法

　　理论构架部分以系统功能语言学为理论参照,构架了使用者差异的"个体化研究模式",在此基础上依托 SFL 的层次化理论和元功能理论,分析了作文个性化评述话语以提取作文个性化的特征要素和语义要素,对小学生作文个性化进行系统功能语言学的"层次化定义",构架了以语义要素为核心、以"个体化"变项为参照的"作文个性化多维分析模式"。

　　以上述模式为理论框架,针对学生作文频遭诟病的"缺乏想象创造力"问题,我们选择一个班级的"想象文"为语料,对作文想象创造个性化现状开展小范围的实证研究。具体的研究目的是:

　　(1) 利用"作文个性化多维分析模式"分析小学生作文的想象创造个性化倾向,以探讨应用该模式研究小学生作文个性化问题的可行性,验证系统功能语言学对于中国小学生作文个性化研究的适用性。

　　(2) 利用"多维分析模式"中的语义选择维度研究小学生作文在经验意义选择上的个性化程度,验证民间话语所反复诟病的"缺乏想象创造力"状况是否存在,以构成对"三方话语"的对话。

　　(3) 利用"多维分析模式"中的作文能力和联盟取向两个维度分析作文个性化的深层原因,尝试以例析的方式发掘本研究对作文个性化教育的启发。

5.1　实证研究对象

　　实证研究在江苏省南京市一所小学进行,研究对象为六年级某班级的 54 名学生,主要来自该市城区,有 4 名外地在宁的借读生和 1 名在中国长大的韩国籍华人。其中女生 23 名,男生 31 名,平均年龄为 11 岁 7 个月,年龄跨度不超过一岁。为便于统计,我们将该班级简称为 T 班,将女生编号为 G1 - G23,男生编号为 B1 - B31。

　　由于实证研究所参照的"作文个性化多维分析模式"以语义为核心,因此我们选择具有较高书面表达能力的六年级小学生(即小学语文第三学段教学对象)作为研究对象,避免因学生书写问题造成过多的语义解读困难;由于实证研究的主要目的是探讨本文所构架的理论框架的适用性,而不是对全国小学生作文个性化状况进行全面评估,因此我们仅选择一所学校一个班级的小学生作文,这些作文虽然不代表当代中国小学生作文个性化的总体现状,但是对一个班级作文的个性化分析足以验证"多维分析模式"是否适用于作文个性化研究。

5.2　语料搜集

　　语料搜集包括两个过程:确立写作指导语和课堂作文及回收。

5.2.1　写作指导语

　　现阶段《语文课程标准》(课程教材研究所,2011)对小学写作目标提出了分阶段标准(表 5.1):

表 5.1 《语文课程标准》分阶段写作目标

第一学段 (1—2 年级)	第二学段 (3—4 年级)	第三学段 (5—6 年级)
1. 对写话有兴趣,写自己想说的话,写想像中的事物,写出自己对周围事物的认识和感想。 2. 在写话中乐于运用阅读和生活中学到的词语。 3. 根据表达的需要,学习使用逗号、句号、问号、感叹号。	1. 留心周围事物,乐于书面表达,增强习作的自信心。 2. 能不拘形式地写下见闻、感受和想象,注意表现自己觉得新奇有趣的、或印象最深、最受感动的内容。 3. 愿意将自己的习作读给人听,与他人分享习作的快乐。 4. 能用简短的书信便条进行书面交际。 5. 尝试在习作中运用自己平时积累的语言材料,特别是有新鲜感的词句。 6. 根据表达的需要,使用冒号、引号。 7. 学习修改习作中有明显错误的词句。 8. 课内习作每学年 16 次左右。	1. 懂得写作是为了自我表达和与人交流。 2. 养成留心观察周围事物的习惯,有意识地丰富自己的见闻,珍视个人的独特感受,积累习作素材。 3. 能写简单的<u>纪实作文</u>和<u>想象作文</u>,内容具体,感情真实。能根据习作内容表达的需要,分段表述。 4. 学写<u>读书笔记</u>和常见应用文。 5. 能根据表达需要,使用常用的标点符号。 6. 修改自己的习作,并主动与他人交换修改,做到语句通顺行款正确,书写规范、整洁。 7. 课内习作每学年 16 次左右。40 分钟能完成不少于 400 字的习作。

为对小学生作文想象创造个性化现状进行较为全面分析,根据当前《语文课程标准》(课程教材研究所,2011)对第三学段(即小学 5—6 年级)写作提出的语类写作要求:"能写简单的想象作文",实证研究设定了"想象文"作文语境,以指导语的形式说明写作语境。

作文指导语发放到班级之前,交由该校六年级语文组的三位老师、两位学生家长和非 T 班的 4 位六年级同学阅读,检测指导语是否明确描述了写作的语境要求,并对指导语进行了个别表达的修改。要求是避免作文指导语所描述的语境本身对写作的"个性化"产生负面影响,力求勾画一个学生有话可说的语境,同时不对写作中的语义选择做出单一的规定。指导语最后确定内容如下:

都什么年代了，有鱼吃还捉老鼠！

（课堂作文，请在 45 分钟内完成）

以上述指导语命题，搜集语料来研究作文想象创作性，是因为该命题所构建的写作语境具有如下特征：

第一，写作语境为作者的想象创造以及经验构架提供了自由空间。

首先这是一篇看图作文，作文指导语为写作提供的经验"现象"为一幅幅通过视觉符号所表征的可视经验图形，但是作文的指导语并未对如何利用和表征该语境因素作出统一的规定，也就是说语境所提供的"现象"属于经验意义上的一个量值，但是语篇中的经验意义将是量值的"粒子般"推进，是一个图形到另一个图形的序列和转换，在这个过程中，会牵涉不同的参与者，作者会构架各类经验图形。因此，在该写作语境中，从语场提供的几个"可视图形"到写作这一话语行为，是系列的经验转换过程，作者需要创造新图形并为一幅幅"想象图形"设定参与者及其参与过程的方式，对其精神世界的"创造"和"想象"进行表征①。

第二，语义选择中所表征的经验意义以间接经验为主要意义来源。

指导语提供的写作语境是一幅漫画，漫画本身所提供的经验信息与

---

① 我们将作文指导语漫画通过视觉符号所表征的经验图形称之为"视觉图形"，将作文中其他来自作者想象与创造的经验图形称之为"想象图形"。

小学生的真实生活无直接联系,作文所表征的经验意义并非对作者经历的直接再现,而是建立在其观察、想象和创造基础上的间接经验,因此这是一篇"想象作文"。相对于《语文课程标准》对第三学段提出的"纪实文""读书笔记"和"应用文","想象文"的写作语境与小学生的现实生活最远,作文所表征的经验势必以想象与创造为主要意义来源。

第三、写作指导语提供的可视经验图形可作为分析作文想象创造性的对比性参数。

该作文命题可引导小学生在写作中进行"观察""想象"和"创造",要求小学生在其"观察""想象"和"创造"的经验世界中选取需要表征的经验图形,要求小学生为各类"图形"配置经验类型和参与者类型,并通过汉语特有的词汇语法结构表达其想象与创造中的经验图形,最终体现为文字。在这个"创作"过程中,小学生如何构架经验类型、如何为各类经验的参与者配置角色、如何实现其在经验意义上的语义选择,均为其个体进行观察、想象和创造的结果。从研究写作个性化的视角来看,该语境所提供的可视经验图形和小学生作文所构架的经验图形进行对比,可以发掘小学生在多大程度上利用其创造力和想象力来构建经验,其创造和想象的程度如何。分析想象作文中的经验意义构架是通往揭示小学生写作想象创造个性化程度的途径之一。

5.2.2　课堂作文及回收

写作在课堂完成,用时 45 分钟,共搜集 52 篇作文(B11、B31 因缺课未写作文)。作文自命题及教师评分见表 5.2:

表 5.2　作文自命题及教师评分

学生	自　命　题	得分	学生	自　命　题	得分
G1	有鱼吃还得捉老鼠? 肯定!	90	G4	勤劳创造幸福生活	88
G2	变幻的年代	90	G5	新的时代也应具备老的技能	90
G3	伟大的中国	85	G6	看图有感	88

138

学生	自 命 题	得分	学生	自 命 题	得分
G7	王阿姨家的猫	85	B8	生活水平提高了，我们不应该变懒	82
G8	"猫捉老鼠"新说	88			
G9	责任	88	B9	吃鱼还是吃老鼠	82
G10	吃鱼还是捉鼠	90	B10	勇于做一只捉老鼠的猫	88
G11	新时代，老技能	88	B11	——	—
G12	"吃鱼"的年代	85	B12	四只猫	82
G13	本质生活	90	B13	学好本领，勿忘本能	85
G14	猫咪四兄弟	85	B14	不要忘记自己该做的事情	80
G15	现在的小孩怎么了？	78	B15	克服诱惑	85
G16	"名副其实"的小猫咪	80	B16	到底是谁"笨"	88
G17	一幅漫画让我想到的……	80	B17	加菜	82
G18	时代发展，人也"发展"	85	B18	会抓老鼠的猫	90
G19	猫	80	B19	"都什么年代了"	72
G20	四只小猫	82	B20	传统不是落伍	78
G21	"都什么年代了，有鱼吃还捉老鼠！"	80			
			B21	"猫儿"们都懒惰了	85
G22	什么年代了？	82	B22	低碳猫	80
G23	四只猫	80	B23	猫的启示	75
B1	娇生惯养与自力更生	88	B24	时光之旅	80
B2	见利不能忘本	88	B25	年代不同	85
B3	猫·鱼·鼠	90	B26	时代的变迁	75
B4	有鱼吃还捉老鼠	80	B27	一只还在捉老鼠的猫	78
B5	第四只猫	75	B28	猫的聚会	75
B6	"都什么年代了，有鱼吃还捉老鼠！"	90	B29	谁最傻？	75
			B30	不抓老鼠的猫	78
B7	娇生惯养与自力更生	90	B31	——	—

为便于统计，我们用"学生编号＋C"的缩写形式来指代每一篇作文，如"B3C"指编号为"B3"的学生作文，"B3C：L1"则指该篇作文的第一行：

这是一幅漫画，用你自己擅长的语言、自己喜欢的方式把你从漫画中看到的、想到的写成一篇作文吧。题目自拟，文体不限。

标题	猫·鱼·鼠
作者	祝云笑　　六(4)班　王旺

　　某日中午，餐桌上，摆着四盘鱼。四只猫穿着白色的衬衫，似乎闻到了鱼的香味，便一个接一个，坐到了桌子旁边。

　　腌是够香的我也闻到了。可惜，我只是个草履虫，随风乱飘，吃不了只能默默地看着。

　　午饭开始了。最右边的那只猫吃起来，旁边三只也有要吃的样子。"吱——吱——"不知哪里传来老鼠叫声。一只瘦不瘦的老鼠溜了过来，探头探脑，难不成他要吃鱼？最右边的那只猫似乎警觉起来，弓起身子，一个飞扑，那耗子来不及做出反应，被猫抓住了尾巴。

　　"都什么年代了，有鱼吃还捉老鼠！"第3只猫挑着捉老鼠的猫说。第2只猫不答。"唉，你还不懂吗，他呀，就是不聪明，有牛排却去啃馒头，有汽车却去蹬三轮，有貂皮衣却去穿破夹衣夹，傻到了头了！"第2只猫照样不回答。"知道吧？要忘记过去的生活，享受现在，这才是聪明人的做法！"不失幽默的，那猫还是不回答。

　　我也搞不明白，那鱼不好吃吗？盐放多了？油太多了？煎的

有些糊了？不可能吧。第1只猫已经把鱼吃了，正摸着肚子呢，看来鱼的味道是很鲜美的！我忍不住飘了过去，在捉老鼠的猫的鱼上咬了口。突然，门打开了，猫的主人来了！我慌忙逃走。

　　几天后，我飘回来了。一切都有很大变化：议论的猫不见了，捉

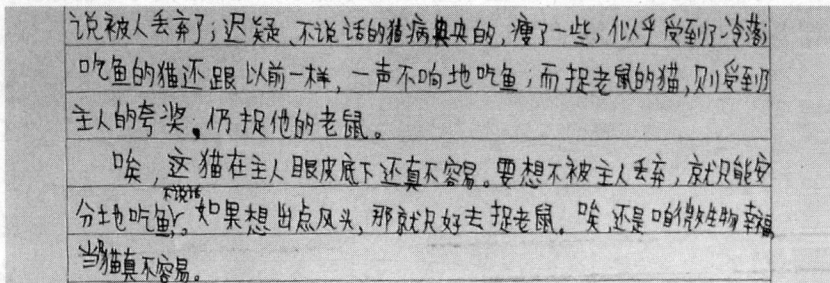

5.3 参考素材

研究通过问卷调查 1、问卷调查 2、父母评语和教师评分搜集相关素材,作为分析个性化作文在语义选择、个体能力和联盟取向三个维度个体化特征的佐证。

（1）问卷调查

写作活动完成之后,向该班级每位同学发放了两份问卷调查。第一份问卷(简称为 Q-Ⅰ)调查小学生在写作方面的总体兴趣爱好,问题 1—8 调查小学生对不同类别、题材、体裁、命题方式作文的擅长和喜好程度,并要求写出原因;问题 9 要求小学生从所给的 12 项写作能力中发现自己的强项和弱项,问题 10—13 要求小学生以自述的方式反思其写作中的其他强项、弱项、写作中的乐趣和烦恼。

第二份问卷(简称为 Q-Ⅱ)则重在调查小学生的作文发展,要求小学生分别以陈述的形式反思自身的写作现状,包括列举小学生自评最满意的作文及其原因、家长和老师对小学生作文的看法、除学校教育外是否及如何以其他方式写作、对于写作的实用价值判断、对最佳作文命题方式的构想等等。

有 52 名小学生完成第一份问卷(G8、B31 因故未能参加问卷Ⅰ调查），有 53 名小学生完成第二份问卷（B30 因故未能参加问卷Ⅱ调查），为便于统计，我们用"学生编号：问卷缩写形式"来指代学生问卷结果，如"B3：Q-Ⅰ""B3：Q-Ⅱ"指编号为"B3"的学生分别在第一份、第二份问卷上填写的内容。

姓名 祝云笙　　学校 凤凰花园城小学　　班级 六(4)三13　　　　(B3)：(Q-Ⅰ)

请根据你自己的真实情况填写下表。在每一栏的选项里选择相应的字母，填在对应的空格内。在最右侧的一格中说说你喜欢或擅长的原因吧。（你最喜欢的类型：也就是你最愿写的作文类型，不用考虑你是否会写，是否能得到高分。你最擅长的类型：也就是你比较善于写的作文类型，考试时遇到你也能得心应手地应付，不怕丢分。）

编号	作文类型	喜欢	擅长	不喜欢	不擅长	说说原因
Q-1-1.	a.命题作文 b.无命题作文 c.自主命题作文	c	c	a		我喜欢以我自己所想的写
Q-1-2.	a.记实文 b.想象文 c.读书笔记 d.书信 e.看图写话	b	a			我爱异想天开(方玩笑的)
Q-1-3.	a.口头作文 b.手写作文 c.网络作文（博客、网评等）	b				写出来才有感觉
Q-1-4.	a.课堂作文 b.课后作文	b		a		课堂上写命题作文
Q-1-5.	a.限时作文 b.不限时作文	b		a		限时作文老使人紧张,使人好好做
Q-1-6.	a.描写或刻画人物 b.描写场景 c.叙述事件 d.表达感情 e.谈心得体会 f.批评某现象 g.其他	a				（如选其他，请举例）
Q-1-7.	a.考试作文 b.课堂命题作文 c.课后命题作文 d.征文比赛作文 e.网络投稿	e	e			这会使我因荣誉兴趣培增
Q-1-8.	a.看图作文"4 猫&1 鼠" b.自述作文"我" c.当代少年必读的一本书 d.给校长/老师的一封信	a	b			这些作文可以人么上发挥想

Q-1-9: 在写作文这件事上，你的强项有: ___ 弱项有: ___ e ___ :

a. 紧扣主题　　b. 创新、发挥想象　　c. 文章有条有理　　d. 语言表达得体不写错别字
e. 修改作文　　f. 确立中心思想　　g. 写出深刻的主题　　h. 写别出心裁的内容
i. 幽默风趣　　j. 根据规定的文体要求来写　　k. 语言简练，用很少的字句表达很多的意思
l. 语言精彩　　m 选择能够说明主题的素材　　n. 深入细致，可以写得很长，又没有废话

Q-1-10 你还有其他强项，例如：
拥有明确的观点　语言朴实

Q-1-11 你还有一些不足，例如：
作文有时候太直白,犀利　想骂就骂。

Q-1-12 写作文中常令你高兴的事情是：
写我喜欢的作文

Q-1-13 写作文中常令你烦恼的事情是：
写我不喜欢的作文，我只好瞎编

142

姓名 祝云策　　学校 ___凤凰城小学　班级 六(4)班　　(B3),(Q-II)

Q-11-1 从学写作文开始，你自己最满意的作文是：2048年的一天
作文的主要内容是什么？你"创作"时怎么想的？为什么很满意。

是讲 2048年的天，我去公司上班的事。我想什么，一写为快。我满意的原因这篇作文我写了许多字，且被北师大作文报连载。

Q-11-2 从学写作文开始，你得到老师评价最高的作文是：梦
作文的内容是：写了我的4个梦，略写记
老师的评价是：全班是最独特的作文。

Q-11-3 从学写作文开始，你得到家长评价最高的作文是：一次特殊的侦查
作文的内容是：侦查门口咬舌 的奇怪作业
家长的评价是：偶爷：不错！　任宇：很不错呢言！　四字：very 不错！

(如果你还保存上面提到的三篇佳作的原稿/打印稿，请带到学校来。)

Q-11-4 除了学校布置的作文，你是否有写日记、博客、写信、写小说之类的写作爱好？为什么要写这些？都写些什么内容呢？

我最近准备写小说，没啥，只写好玩。写内容是关于《蜀土匪斗恶霸》的事，原形是我们现住的"蓋都"。内容简介 上任暴君陈赖 在上任途中被土匪打击后，匪首唐虚生擒了他的委任派上任凤凰城，与长江一霸 林大逼斗智斗勇，最终将其整得灰头土脸。

Q-11-5 你觉得会写作文有什么好处、有什么用处？（至少列出三点）
好处是：1.考试得高分　2.比赛得高分　3.得人夸奖
用处是：1凭作文拿高分去投辩稿　2凭作文高分去考大学　3.长大找工作方便
(讽刺)

Q-11-6 在小学毕业的语文考试中，一定会有一道作文题。如果让你当出题老师，那你会出一道什么样的题目？把你的"小学毕业考试作文题"的考题写在下面，然后说明你为什么要出这道题。
你想写的一篇作文（只要你自己喜欢的一篇作文就行）
因为命题作文会扣住学生的想象，不如彻底开放，尽情发挥学生的能力。

小学生写作问题调查问卷：(Q-11)

（2）父母评语

作文页后留有一栏"父亲的话""母亲的话"专门由父母填写，指导语为："请把这篇作文给你的父母和老师看，请他们写写读后感"。22位父亲、35位母亲对孩子的C2作文做了点评。为便于统计，我们用"F/M：作文缩写形式"来指代家长评语，其中"F"指代父亲，"M"指代母亲，如"M：B3C"指编号为"B3"的学生母亲对其子作文的评语（图见下页）。

（3）教师评分

作文请 T 班的语文老师按照教学中正常的批改速度和评阅方式以百分制进行了评分，其中最低分 72 分（B19），最高分 90 分（有 4 人：G5、G13、B3、B6），均分为 83.42 分（见表 5.2）。

5.4　语料分析加工方法

实证研究者对汉语语义具有母语直觉，对语言的元功能具有较高的语义敏感性。在对语料加工过程中，研究者将在系统功能语言学的层次化、个体化、实例化视角下审视作文中的经验语义的表达方式，运用系统功能语言学的及物性分析框架对作文中经验意义的选择——经验类型和参与者角色配型，进行客观描述和分类计算，对分析结果进行一定范围的数据统计和对比，从经验意义选择上的语境依赖性和想象创造性两个方面归纳该写作语境下小学生作文的集体性语义趋向，以揭示一个班级小学生作文在经验意义层面的集体性语义趋向和个性化语义选择，以此对该班级作文在想象创作方面的个性化状况作出评估。由于分析的目的并非对作文质量的优劣进行评分,因此我们忽略作文中的书写错误,对具体的表达是否合理妥帖不做评价。

由于参考素材的采集未能按照社会语言学田野调查的要求严格进行,问卷调查由学生课后完成,有部分家长未提供评语,其认真严肃程度也有待商榷,此类素材尚不足以作为定量分析的根据。但是,家长评语和问卷调查内容可作为"家长话语""学生自述话语",以填补"机构话语""学术话语""民间话语"的空白,并为从作文能力和联盟取向两个方面揭示作文个性化选择的个体、社会原因提供佐证。

5.5 研究过程

根据"作文个性化多维分析框架",我们针对涉关作文个性化的意义要素对所搜集的 52 篇作文的语义选择进行研究,借助参考素材从语言能力和联盟取向两个方面分析个体语义差异的深层原因。由于实证分析的目的之一是揭示研究当代小学生作文是否存在"个性化缺失"问题,而各方话语反复以"缺乏创造想象性"作为"个性弱化/缺失"作文的负面特征,因此在实证部分我们将重点针对想象创造力对作文进行语义分析。具体过程为:

(1) 分析、统计写作指导语中可视图形的经验类型、参与者角色配型;

(2) 分析、统计 52 篇作文所表征的经验类型和参与者角色配型;

(3) 分析、对比指导语漫画与作文的经验类型、参与者配型,揭示该班级作文在表征经验意义方面的语境依赖性;

(4) 分析作文特创的、可视图形中未见的经验类型及其参与者配型的语义特点,揭示该班级作文在表征经验意义方面的想象创造性状况,评估该写作语境下该班级学生作文在想象力、创造性方面的整体状况;

(5) 结合参考素材以"个体化"视角分析特例作文,从个体能力和联盟取向两个维度揭示想象创造个性化的深层原因。

总之，实证研究将应用本文所构架的"作文个性化多维分析模式"，对小学生作文进行深入的语义分析，研究以质性研究为主、定量研究为辅，以基于语言学的作文文本分析为主、参考素材佐证为辅，研究旨在发掘同语境下的集体性语义趋向和个性化选择倾向，以对一个班级的小学生作文想象创造个性化现状作出整体评估。研究既可验证本文所构架的"作文个性化多维分析模式"的适用性，亦探索以语言学理据对当前小学生作文"缺乏想象创造性"论断的可信性作出实证判断，同时通过探讨个性化语义选择的"个体化"原因，对作文教育实践有所启发。

第六章

想象创造个性化分析

在对作文个性化的"层次化定义"中,"想象创造个性化"指小学生通过对经验意义的选择反映其精神世界的创造、想象活动,作文"视野狭隘""题材单一""内容空洞""言之无物"指小学生作文所表征的主客观经验过于贫乏单一,"思维固化""缺乏创造力""毫无想象力"则将批评的矛头指向作文所表征的间接经验——小学生的精神世界本应是丰富多彩的,想象力本应是漫无边际的,但是其作文所表征的间接经验却单调狭隘。在作文个性化的"多维分析模式"中,想象创造个性化通过经验意义的选择实现,在系统功能语言学的层次化体系中,经验意义的词汇语法体系是"及物性"。为此,本章采用系统功能语言学的及物性分析方法,从经验意义的维度逐一分析 52 篇作文的经验构型和参与者配型,通过统计、对比、分析得出小学生作文想象创造个性化的实证研究结果。

6.1 经验意义的及物性分析

"经验"属于语言的元功能,指语言反映了事物在主客观世界的存在、关系和变化过程,再现说话人对于现实世界的经验和内心体验,包括直接经验和间接经验。经验意义表征发生在主客观世界的事、牵涉的人和物以及与之相关的时间、地点、条件等环境因素（Halliday 1994；Halliday & Matthiessen 2008a, b）。在社会语义系统中，经验是一系列复杂事件，是人类对世界的识解体系中的复杂意义"现象"（phenomenon），在系统功能语言学的理论体系中，经验对应的词汇语法体系是"及物性系统"（Transitivity System），"及物性"系统涵盖了经验现象的多种意义类型和构型方式，由此我们能够分析语篇中经验意义的生成原因及其表达方式（Halliday & Matthiessen 2008a；Martin & Rose 2007）。

6.1.1 及物性：经验构型

人类经验的复杂性体现在三个方面："序列"（sequence）的复杂构成、"图形"（figure[①]）的复杂构架和"成分"（element）的复杂性（Halliday & Matthiessen 2008b）。"现象"是最宽泛的经验范畴；"图形"是经验的基本片段，一个"图形"表征一个经验过程；"图形"以复杂的逻辑关系组成"序列"表征"现象"；"图形"通过对"成分"的"构架"（configuration）而形成，"成分"有"过程"（process）、"参与者"（participant）和"环境因素"（circumstance）三类（Halliday & Matthiessen 2008b）。

"及物性系统"将人类经验的复杂性和语言系统的词汇语法结构联系起来。在语言的语义层面上，对经验类型的选择通过对"成分"的及物性构架形成，即对"过程""参与者"和"环境因素"的选择决定了何种经验得以表征。在词汇语法层面上，"现象"体现为小句复合体，"图形"体现为小句，"成分"体现为词组或者短语。小句复合体由多个小句通过扩展或投射型逻辑关系构成；小句的核心成分是动词词组，它表征一个个"转瞬即逝"的经验过程，名词短语为小句中的必要成分，它表征经验

---

① 国内语言学界对于系统功能语言学及物性理论中的"figure"一词有多种译法，例如李力（2004：34）译作"外形"，王振华（2007：6）译作"配列"，杨兴彰（2008：14）译作"图形"。本文沿用杨兴彰（2008）的译法。

过程中具有"恒久性"的参与者,而介词短语和副词词组表征环境因素①(见图 6.1)。

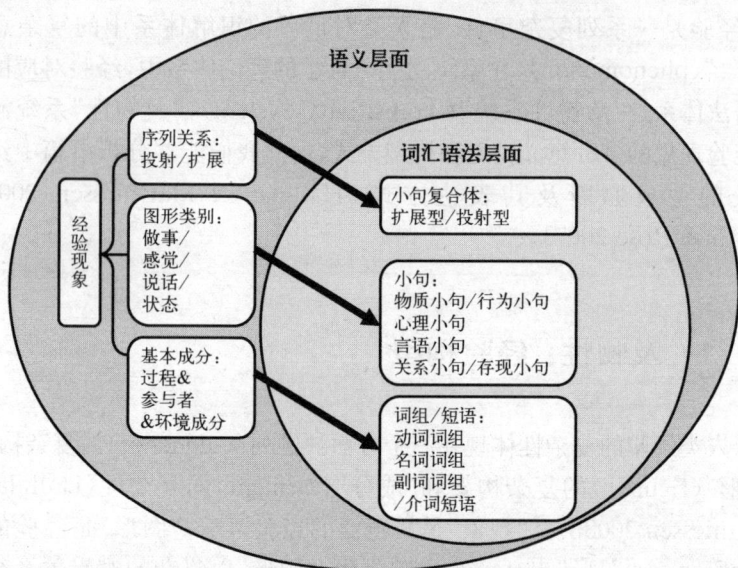

图 6.1 及物性系统

SFL 的"及物性"理论揭示:语言之所以可以表征人类经验,是由于说话人能够在词汇语言结构层面上实现对于"现象""序列""图形"等经验意义的选择。因此,"及物性系统"成为分析经验意义表征的理论框架,也为分析语篇的经验意义提供了适用的方法。分析语篇中经验类型、参与者类型和环境因素的选择以及经验意义的构架,可揭示语场因素如何影响话语中的经验表征,发掘不同语境下经验意义的表达特点,揭示语言的"类型性"特征。例如菜谱中密集地分布着表征"做事"图形的物质小句以介绍烹调过程,新闻报道中高频地出现表征"说话"图形的言语小句以介绍新闻来源,日常闲谈中有较多表征"感知"图形的心理小句以抒发说话人的心情,而叙事话语的开端部分往往通过存现小句和关系小

---

① 这里的动词词组、名词词组、副词词组和介词短语在小句中表达对应的经验成分指在"语义-语法结构"具有"一致性"的基础上,用名词表达过程之类的"不一致"现象,系统功能语言学用"语法隐喻"来解读,语法隐喻并非本研究关注的问题,所以在此不做详述。

句来表征"状态"图形,以介绍故事背景。正如 Halliday & Matthiessen (2008a:174)所述,文本通过经验类型的"混合"(mixture)体现其"风味"——语场特征。

"及物性"同样适用于分析语篇在经验意义选择上的个性特征,即通过分析作者对"过程""参与者"和"环境因素"三个语义成分的选择和构架揭示语篇表征了何种经验图形、序列和现象。本文对小学生作文想象创造个性化的研究将以及物性系统作为经验意义的分析框架。

6.1.2 及物性:参与者配型

参与者配型指语言的使用者为经验参与者所配置的参与类型以及通过该配型而赋予参与者的经验属性。人类的主客观经验有四大类(见图6.1):"做事""感觉""说话"和"状态";在英语的词汇语法结构中,"做事"通常体现为"物质小句"(material clause)或"行为小句"(behavioural clause),"感知"体现为"心理小句"(mental clause),"说话"体现为"言语小句"(verbal clause),而"状态"则通过"关系小句"(relational clause)、"存现小句"(existential clause)和"天气小句"(meterological clause)体现。之所以四种经验类型在词汇语法结构中体现为七类小句,是因为"小句"体现的是经验"图形","图形"包括两个必要成分:"过程"和"参与者",参与者以何种方式加入过程决定了经验"图形"的框架,也决定了小句类型。因此,参与者类型与过程类型是密切相关的,每一种过程类型有其默认的参与者类型(Halliday & Matthiessen 2008a,2008b)。

为研究小学生在"看图作文"中如何配置参与者类型以表征经验意义,我们首先参照系统功能语言学的及物性系统(Halliday & Matthiesssen 2008a,2008b),梳理经验构架的六种主要类型以及每种类型赋予其主要参与者的经验属性,由于"天气过程"不涉及参与者,因此暂不作讨论。对各经验类型中参与者的作用分析将揭示经验构型者(说写者)在经验意义上的语义选择倾向,可作为进一步研究小学生作文中参与者类型配置(成分特点分析)、经验构型特点(图形特点分析)和想象创造性总体表现（现象特点分析）的实证素材。

150 **6.1.2.1　物质过程及其参与者属性**

　　物质过程表征客观世界的"变化"，该变化发生于参与物质过程的某一事物。变化的结果为事物的"创造"（creation）或者"转变"（transformation）。创造类经验包括"创造新事物"（creative process）和"终结现有事物"（dispositive process）两种反向的过程，转变类物质过程可视转变的结果细分为三大类：基本特质发生转变的"详述类"（elaborating）、延伸关系发生转变的"延伸类"（extending）和姿态位置发生转变的"增强类"（enhancing），每个类别的经验还可在精密度阶上继续细分和推进（Halliday & Matthiessen 2008a：187）。由于继续细分对分析作文的经验意义无特别帮助，故我们对转变类经验的分类在精密度阶上暂停在这三个类别上。

　　根据事物发生变化的动因，物质过程可分为"做事"（doing）或者"发生"（happening）两类。"做事"类变化具有外部动因，因此一个做事过程往往涉及两个默认参与者："动作者"（Actor）和"目标"（Goal）。由于"创造"和"转变"存在五种潜在的结果，参与"做事类"物质过程的"动作者"和"目标"也各自被分配了相应的语义角色，如"创新者"和"创新对象""终结者"和"终结对象""基本特质转变者"和"基本特质转变对象""延伸关系转变者"和"延伸关系转变对象""姿态位置转变者"和"姿态位置转变对象"。另外，某些"做事"类经验还涉及"受惠者"（Beneficiary），包括事物的"接受者"（Recipient）和行为的"受益者"（Client）等参与者。典型的表征"做事过程"的词汇语法结构为：

非标记性做事过程（doing）				
动作者（Actor）	^①	做事过程 (Process of doing)	^	过程目标（Goal）
创新类：	创新者	^	做事过程	^	创新对象
终结类：	终结者	^	做事过程	^	终结对象
详述类：	基本特质转变者	^	做事过程	^	基本特质转变对象
延伸类：	延伸关系转变者	^	做事过程	^	延伸关系转变对象
增强类：	姿态位置转变者	^	做事过程	^	姿态位置转变对象

---

　　① "^"是系统功能语言学的横组合序列标记符号，"A^B"表示该组合中 A 出现在 B 之前。

"发生"类变化不涉及外部原因,因此该过程仅有"动作者"一个必要参与者,根据"发生"过程的结果"动作者"有五种类型:"创新发生者""终结发生者""基本特质转变发生者""延伸关系转变发生者"和"姿态位置转变发生者"。典型的表征"发生过程"的词汇语法结构为:

非标记性发生过程(happening)		
动作者(Actor)	^	发生过程(Process of happening)
创新类:　　　创新发生者	^	发生过程
终结类:　　　终结发生者	^	发生过程
详述类:　基本特质转变发生者	^	发生过程
延伸类:　延伸关系转变发生者	^	发生过程
增强类:　姿态位置转变发生者	^	发生过程

当人类经验被表征为"做事"图形时,其参与者也被赋予了与"做事"相关的经验属性:"动作者"往往被赋予"创造"或"转变"能力,"对象"则是被动参与者。在语言表达中,说话人为同一客观事物分配不同参与者角色可赋予其不同的属性特点。以本实证研究中出现频次最高的参与者"猫"为例,在表 6.1 的小句中,"猫"参与了不同的经验过程,也因此具有不同的角色和经验特征。

表 6.1　物质过程中的参与者类型变化(以"猫"为例)

例句 (表达方式)	经验类型 (意义:图形)	参与者角色 (意义:成分)	参与者经验特征 (现象)
猫将老鼠按在地上	增强型转变过程	动作者	"猫"是主动采取行动导致"老鼠"位置转变的原因
猫吃老鼠、猫吃鱼	终结型创造过程	动作者	"猫"终结了"老鼠""鱼"的存在
猫过着悲惨的生活	无外部动因的基本特质转变	发生者	"猫"发生无外部动因的自身转变
猫死了	无外部动因的终结过程	发生者	

151

6.1.2.2　心理过程及其参与者属性

心理过程表征主观世界所发生的变化,这种变化或被人所意识到、或影响人的意识,包括"认知"(cognitive)、"愿望"(desiderative)、"感知"(perceptive)和"情感"(emotive)四类。心理过程一般有两个默认的参与者:"感受者"(Senser)和"现象"(Phenomenon)。由于实现心理过程有四种方式,因此参与心理过程的"感受者"扮演了不同的参与角色:"认知者""意愿者""感知者"和"情感者"。

典型的表征"心理过程"的词汇语法结构为:

非标记性心理过程(sensing)		
感受者(Senser)　　^　心理过程(Process of sensing)　^　现象(Phenomenon)		
认知类:　认知者　　^	心理过程	^　　现象
愿望类:　意愿者　　^	心理过程	^　　现象
感知类:　感知者　　^	心理过程	^　　现象
情感类:　情感者　　^	心理过程	^　　现象

在一个表征心理过程的经验图形中,必要参与者"感受者"在意义系统中被识解为有意识的主体,一般是人,或者是具有意识能力的被拟人化的动物或实物,而现象则是被感受的对象,包括事物、行为和事实,一般被识解为不具有意识的客体。在表 6.2 的小句中,"猫"参与了不同的心理过程,也因此具有不同的角色和经验特征:"感受者"的经验属性是具有"人性":"情感者"和"感知者"属于一般的生命体,具有感觉、情绪等一般的心理活动能力;而"意愿者""认知者"即具有较高的意识能力,属于具有高级思维能力的生命体。

表 6.2　心理过程中的参与者类型变化(以"猫"为例)

例句 (表达方式)	经验类型 (意义:图形)	参与者角色 (意义:成分)	参与者经验特征 (现象)
猫爱吃鱼	情感类心理过程	情感者	"猫"具有了内心情感
猫看见了老鼠	感知类心理过程	感知者	"猫"具有通过"看"而感知外界事物的能力

例句 （表达方式）	经验类型 （意义：图形）	参与者角色 （意义：成分）	参与者经验特征 （现象）
猫想吃鱼	愿望类心理过程	意愿者	"猫"具有意识到涉及不在场事物的意愿能力
小猫不忘老本行	认知类心理过程	认知者	"猫"具有抽象的思维能力、等同于人类的意识能力

6.1.2.3 关系过程及其参与者属性

关系过程表征两种事物之间的关系。两种事物之所以能够相互识别或者归属，其原因可能是内部因素相关、呈所有关系或者环境因素相关，因此关系过程可分三类："集约类"（intensive）、"所有类"（possessive）、"环境类"（circumstantial）。同时，两种事物产生相关性的过程可能通过"归属"（attributing），也可能是通过"识别"（identifying）。"归属"关系有两个必要参与者："属有者"（Carrier）和"属性"（Attribute），"属有者"是具有"属性"的集合中的一个成员，因相关原因不同又细分为三大类。因此"归属关系"涉及6类参与者，表征"归属关系"的典型词汇语法结构为：

非标记性归属关系（attributing）		
属有者（Carrier） ^	归属过程 （Process of attributing）	属性（Attribute）
集约类： 内部属性拥有者 ^	归属过程	内部属性
所有类： 所有者 ^	归属过程	所有物
环境类： 环境属性拥有者 ^	归属过程	环境因素

"识别"关系有两个必要参与者："被识别者"（Identified）和"识别者"（Identifier），二者具有等同关系，后者将某种身份派发给前者。"识别关系"存在6类参与者，表征"识别关系"的典型词汇语法结构为：

非标记性识别关系（identifying）		
被识别者（Identified）　^	识别过程 （Process of identifying）	^ 识别者（Identified）
集约类：　内部特征所识别对象　^	识别过程	^　内部特征
所有类：　所有者	识别过程	^　所有物
环境类：　环境因素识别对象　^	识别过程	^　环境因素

在构架关系经验图形的过程中，参与者类型具有 12 种语义可选。当参与者是归属过程的属有者时，它就具有了该过程中的"属性"，或者是成为具有该"属性"的群体中的一员，当参与者是识别过程的被识别者时，它和另一个参与者具有语义等同关系，即能够相互指称和识别。"老二是母猫"归属过程，"老二"是属有者，通过该过程具有了性别归属，"老二叫苗苗"是识别过程，被识别者"老二"通过该过程和识别者"苗苗"具有了等同意义。

在"集约类"关系过程中，"属有者"和"识别对象"往往被说话人派发一种属性，即"价值"（Value），而具有该属性的属有者称为"标记"（Token）。例如表征归属关系的"*老四很健壮*"和表征识别关系的"*健壮的是老四*"两个小句中，"老四"均为"标记"，"健壮"均为"价值"。

关系小句有一个隐形的价值派发者——作者，作者通过关系小句为参与者赋值、构建关系。

6.1.2.4　行为过程及其参与者属性

行为过程表征的是身体或者生理动作，从其过程而言，它表征的"行动"（behaving）是一种"做事"（doing），因此和物质过程具有相似性。与物质过程不同的是，行为过程的变化原因和变化结果发生于同一个参与者——"行为者"（Behaver），该过程不涉及目标，是一个不及物的过程，典型的表征"行为过程"的词汇语法结构为：

非标记性行为过程（behaving）
行为者（Behaver）^ 行为过程（Process of behaving）

行为过程的参与者是一个主动发出动作的"行为者"，该参与者通过

行为过程成为了具有生命和意识的人或生物,因此与心理过程的"感受者"具有相似性;与心理过程不同的是,"行为"不涉及任何现象,行为过程一般不涉及"行为者"之外的参与者。"猫颤了一下"这个经验图形仅包含一个动作者"老大",它是一个具有行为能力的生命体,是身体动作"颤"的发出者。

6.1.2.5 言语过程及其参与者属性

言语过程表征的是一个传递信息的经验图形。其主要传递方式为说话,但也可能通过其他方式在言谈内容和信息的来源之间建立联系。言语过程默认的参与者有两个:"说话人"(Sayer)和"言谈内容"(Verbiage)。典型的表征"言语过程"的词汇语法结构为:

非标记性言语过程(saying)
言谈者(Sayer) ^ 言语过程(Process of saying) ^ 言谈内容(Verbiage)

言谈过程和物质过程的创造类行为有类似之处,参与言语过程的还可能是"接收者"(Receiver)和"言谈目标"(Target)。在人类经验中,参与言语过程的"言谈者"和"接收者"均具有思维意识和信息交换能力。如"小猫劝它的三个兄弟要自食其力"中"小猫"是言谈者,"三个兄弟"是接收者,该句表征了言谈内容"要自食其力……",也赋予了"小猫"和"三个兄弟"交流信息、交换观点的行为能力。

6.1.2.6 存现过程及其参与者属性

存现过程表征主客观世界中某些事物和现象的存在,它和关系过程一样表征一种状态(being),但是却不涉及两个事物,存现过程只有一个固有的参与者——"存在者"(Existent),存现类经验图形中一般会出现时间或者空间环境,因此典型的表征"存现过程"的词汇语法结构为:

非标记性存现过程(existing)
存在者(Existent) ^ 存在过程(Process of existing) ^ 环境因素(Circumstance)

在表征存现过程的经验构架中,"存现者"被赋予了存在性,而存在句中的环境因素为其存在提供了背景。"*漫画中有四只猫*"这个存现类图形中,"*四只猫*"是"存在物",而"*漫画中*"是其存在的空间背景、环境因素。

6.1.3　参与者配型选择

在语篇中,作者可通过为各类经验图形中的参与者分配不同的参与者类型赋予其特有的经验属性,这就是参与者配型选择。在现有的精密度阶上,六种经验类型中共存在 40 种参与者类型。表 6.3 归纳了各经验类型中的参与者类型,其中"默认参与者"指各经验类型中固有的参与者,默认参与者的角色类型和过程密切相关,共同定义经验类型,而"其他参与者"则属于经验的外围参与者,此类参与者存在与否对经验的类型不产生影响。

表 6.3　经验类型及其参与者角色

过程类型			默认参与者		其他参与者
1. 物质过程			动作者	目标	
做事	创造	创新类	创新者【CrA】	创新对象【CrG】	受惠者【Bnf】接受者【Rcp】受益者【Clt】
		终结类	终结者【DsA】	终结对象【DsG】	
	转变	详述类	基本特质转变者【Tr1A】	基本特质转变对象【Tr1G】	
		延伸类	延伸关系转变者【Tr2A】	延伸关系转变对象【Tr2G】	
		增强类	姿态位置转变者【Tr3A】	姿态位置转变对象【Tr3G】	
发生	创造	创新类	创新发生者【CrI】		
		终结类	终结发生者【DsI】		
	转变	详述类	基本特质转变发生者【Tr1I】		
		延伸类	延伸关系转变发生者【Tr2I】		
		增强类	姿态位置转变发生者【Tr3I】		

过 程 类 型		默 认 参 与 者		其他参与者
2. 心理过程		感受者【Sns】		
认知		认知者【Sns1】		
愿望		意愿者【Sns2】	现象【Phn】	
感知		感知者【Sns3】		
情感		情感者【Sns4】		
3. 关系过程		标记【Token】	价值【Value】	
归属	集约类	内部属性拥有者【Crr1】	内部属性【Att1】	
	所有类	所有者【Crr2】	所有物【Att2】	
	环境类	环境属性拥有者【Crr3】	环境因素【Att3】	
识别	集约类	内部特征所识别对象【Idd1】	内部特征【Idr1】	
	所有类	所有者【Idd2】	所有物【Idr2】	
	环境类	环境因素所识别对象【Idd3】	环境因素【Idr3】	
4. 行为过程		行为者【Bhv】		
5. 言语过程		言谈者【Syr】	言谈内容【Vbg】	接收者【Rcv】言谈目标【Tgt】
6. 存现过程		存现者【Ext】		

　　对各类经验过程所涉关的参与者类型进行划分,有助于了解语言使用者如何构架经验、配置参与者类型、赋予参与者特定属性,实证研究对作文想象创造个性化的评估将以小学生对参与者的配型选择为切入点。

　　在对作文的语义标示、统计和分析中,我们用【英文缩写】的形式指代对应的参与者类型。例如【CrA】指"创新者"。(见表 6.3 中各参与者类型后的缩略形式)。

6.2　经验过程与参与者配型统计

　　人类经验的一个重要部分是事物如何参与经验过程,因此语篇表征经验的一个重要语义选项是选择事物参与"过程"的方式,在写作中作者如何配置参与者类型、一步步展开各类经验图形,这是表征经验意义、构画经验"图形"与"现象"过程中的重要选项。根据对经验过程的参与者类型及其经验属性的界定,我们对作文指导语漫画和 52 篇作文进行语料分析、语义加工和统计,获取研究想象创造性的相关数据。

　　语料的分析、加工和统计包括五步:

　　第一、统计作文指导语漫画中的可视经验图形数;

　　第二、提取作文指导语漫画可视图形中的关键参与者;

　　第三、统计 52 篇作文所构架的经验图形数;

　　第四、统计 52 篇作文中关键参与者参与经验构型次数;

　　第五、统计 52 篇作文中的关键参与者配型和出现频次。

6.2.1　可视图形的经验类型统计

　　作文指导语所提供的漫画来自 2010 全国高等院校入学考试(全国卷)语文学科的作文部分。有众多学者从不同角度探讨了该漫画的意义,陆丹云(2011b)根据视觉语法(Kress & van Leeuwen 1996/2006),从意义的系统功能出发,对作文指导语所提供的漫画图景进行多模态解读。该研究认为漫画至少表征了以下经验类型(ibid.; 43):

　　(1)行动过程:例如猫 4 扑鼠、猫 1 摸肚子等等①。

　　(2)反应过程:例如猫 2 和猫 3 之间交流目光。

①　图中四只猫按照从左到右的顺序简称为"猫1""猫2""猫3""猫4";老鼠简称为"鼠"、盘中鱼简称为"鱼"。

（3）言语过程：例如猫3说话，右上肥皂泡为其言谈内容。

（4）分类过程：例如猫1、猫2、猫3、猫4属于一个类别。

（5）分析过程：四只猫不同的神态、动作表明每个猫都承载一种属性，如坚守职责的猫、冷嘲热讽的猫、困惑不解的猫、对外界事物漠不关心的猫。

（6）象征过程：绘画者赋予整个漫画以象征意义。

漫画表征了六种经验类型，而这六类经验类型由于参与者及其配型差异体现为20幅读者可视的经验图形。20幅可视图形以及图形中参与者类型可归纳如下（见表6.4）：

表6.4　漫画所表征的可视经验图形和参与者类型

过 程 类 型			可视经验图形	参与者及其经验类型
物质过程	创造	终结类	1. 猫吃鱼	猫1、猫2、猫3、猫4【DsA】、鱼【DsG】
	转变	详述类	2. 猫3指猫4	猫3【Tr1A】、猫4【Tr1G】
		增强类	3. 猫4捉鼠	猫4【Tr3A】、鼠【Tr3G】
		增强类	4. 猫4跳、扑	猫4【Tr3I】
心理过程	认知		5. 猫2疑惑	猫2【Sns1】
			6. 猫3嘲笑猫4	猫3【Sns1】、猫4【Phn】
			7. 猫4不理猫3	猫4【Sns1】、猫3【Phn】
	感知		8. 猫1满足	猫1【Sns4】
关系过程	归属	集约类	9. 猫的表情	猫1、猫2、猫3、猫4【Crr1】表情体现的特性【Att1】
		所有类	10. 猫有鱼	猫1、猫2、猫3、猫4【Crr2】、鱼【Att2】
		环境类	11. 猫的位置	猫1、猫2、猫3、猫4【Crr3】、
	识别	集约类	12. 猫的位置关系	猫1、猫2、猫3、猫4【Idd3】、猫1、猫2、猫3、猫4【Idr3】
行为过程			13. 猫1摸肚子 14. 猫2皱眉挠腮 15. 猫3扭头、笑 16. 猫坐在椅子上 17. 猫就餐	猫1、猫2、猫3、猫4【Bhv】

（续表）

过 程 类 型	可视经验图形	参与者及其经验类型
言语过程	18. 猫 3 对猫 2 嘲笑猫 4 道……	猫 3【Syr】、猫 2【Rcv】、猫 4【Tgt】、对话泡中内容【Vbg】
存现过程	19. 画里有四只猫 20. 画里有……	猫 1、猫 2、猫 3、猫 4【Ext】 画中其他可视事物【Ext】

6.2.2　可视图形中的关键参与者

　　由于小学生作文涉及的参与者纷繁复杂，无法一一列举，因此我们将参与者构型的主要研究对象设定为可视经验图形中凸显的主要参与者，即关键参与者（Key Participants，后文缩略为 KPs）。

　　在 20 幅可视经验图形中，凸显的过程参与者为：四只猫、老鼠、鱼和整幅漫画。因此，我们在对小学生作文的参与者类型分配研究时，将主要关注作者如何构建经验、如何为四只猫配置参与者类型使之参与各类过程。我们忽略"鼠""鱼"这两个经验的参与者，因为"鼠""鱼"参与构型的经验图形以"猫"为默认参与者：可视图形 1 表征终结类物质过程"猫吃鱼"，其中"猫"为"终结者"；可视图形 3"猫捉鼠"表征转变类物质过程，其中"猫"为"转变者"；可视图形 10 表征所有类归属过程"猫有鱼"，其中"猫"为"所有者"，在这三个图形中"鼠""鱼"的参与者类型由"猫"如何参与经验过程而定义，因此无需单独再对"鼠""鱼"在经验构架中的作用单独研究。

　　图中的四只猫，不论作文中小学生使用了何种指称方式，为便于标记，我们按照图中从左到右的顺序统称为"猫 1""猫 2""猫 3""猫 4"。例如 B6C 中，作者为四只猫分别添加了身份"猫爸爸""猫妈妈""小儿子"和"猫公公"，我们仍将其标注为猫 1、猫 2、猫 3、猫 4。在多篇作文中，小学生将"三只猫"（指猫 1＋猫 2＋猫 3）或"四只猫"（指猫 1＋猫 2＋猫 3＋猫 4）作为一个经验图形中的同一类参与者，因此我们分别将"三只猫"和"四只猫"作为两类集体性的关键参与者，研究小学生对这两类集体参与者的配型。

由此,对漫画可视图形和作文经验构型的分析重点关注以"关键参与者"为过程参与者的经验图形。"关键参与者"是漫画中的猫,在作文中具体体现为六类,分析中分别用缩略形式标记,根据表6.5可统计绘图者在漫画中为6类Kps配置的参与次数(见表6.5)。

表6.5　关键参与者(KPs)

类　　别	缩略标记	可视图形中的表征形式	可视图形中参与构型次数	作文中的表征形式实例
(1)	猫1	左1猫	9	"大猫老黄"
(2)	猫2	左2猫	10	"猫妈妈"
(3)	猫3	左3猫	11	"小儿子琦琦"
(4)	猫4	左4猫	10	"猫公公"
(5)	三只猫	猫1+猫2+猫3	5	"那三只贵族猫"
(6)	四只猫	图中所有的猫	3	"那四只猫"
(7)	作者	第一人称作者	0	"我""我们"

另外,整幅漫画还有一个隐形的参与者——绘画者,他虽然没有出现在画面上,却通过图像手段参与经验的构建,例如为图中的猫"赋值"——分配属性、通过整个漫画表达态度观点等。在作文中,我们发现大量将第一人称"我""我们"作为经验图形中"参与者"的小句。也就是说,第一人称作者成为"猫"之外作文中凸显的经验参与者。为此第一人称"我/我们"与经验构架的频次和类型也是本研究统计内容之一,统计结果可作为研究经验意义的参考素材。

6.2.3　作文中的经验图形统计

统计经验图形的原始数据是作文,标准为语义:能够表征一个"过程",即为一个经验图形,通常一个小句即为表达一个"过程"的书面结构。这就出现了两种情况:

（1）完整小句

162

完整小句既包括表达过程的动词词组，也包括该过程默认参与者的名词词组。如例 6.1a "穿着"表达一个关系过程，"四只猫"是所有关系的"所有者"【Crr2】，"白色的衬衫"是所有关系的"所有物"【Att2】，因此例 6.1a 构型了 1 个经验图形。

（2）不完整小句

当作文中出现省略性小句，我们依然以"经验过程"的表征为标准来加以统计。如例 6.1b，虽然"她"仅出现一次，但却构建了一个经验"序列"，该序列包括 4 个"图形"，前三个"她递上""（她）指""（她）说"为扩展关系，第三个"说"和第四个"这是……"又构成投射关系。由于该语段表征了 4 个经验片段：物质过程^物质过程^言语过程^关系过程，我们将该语段切割为 4 个小句，统计为 4 个经验过程。

又如，例 6.1c 中虽然仅出现一个参与者"猫妈妈"，但是却构架了两个经验图形：第一个图形表征了一个心理过程，"猫妈妈"是"愣住了"这一情感过程的"感受者"【Sen4】；第二个图形表征了一个言语过程，虽然这个句子中未出现"说"，但是言语过程强调信息的传递，因此其传递的具体方式可以是"说"，也可以是"想"或者其他方式。"猫妈妈"是"那可是我花大笔钱买来的猫样式宠物鼠哇！"这一内容的来源，即信息源、"言谈者"【Syr】，而不是"感知者"，第二个小句虽然省略了表达信息传递过程的动词"说"或"想"，也省略了信息的发出者"猫妈妈"，却依然表征了一个信息传递过程，即言谈过程。由此统计该语段时，我们将其切分为 2 个小句，标记为 2 个经验过程：心理过程^言语过程。

例 6.1

　　a. 四只猫穿着白色的衬衫。（B3C：L1）
　　b. 她递上了一本装饰华美的菜谱，并指着第一页上的一幅画，用唱歌般的声音说："这是本店最新推出的……"（B25C：L15-16）
　　c. 猫妈妈愣住了，那可是我花大笔钱买来的猫样式宠物鼠哇！（G21C：L27-28）

对小句切分后,对 52 篇作文的语义解读和数据统计显示,所有作文共包括 2550 个小句,即作者共表征经验图形 2550 幅,平均每篇作文表征 49 个经验图形。我们按照降序统计了 52 篇作文所表征的经验图形数(见表 6.6)。

表 6.6　作文所表征的经验图形统计

作文编号	图形(幅)	作文编号	图形(幅)	作文编号	图形(幅)	作文编号	图形(幅)
B7	75	B14	56	G5	47	G3	42
B1	73	B20	56	G8	47	B27	42
B18	65	B9	55	G21	47	G9	39
G16	64	B2	54	G22	46	B8	39
G1	63	B10	54	B16	46	B4	38
G15	61	G13	53	G11	45	B21	38
B24	60	G23	53	B6	45	G7	37
G18	59	B26	53	B30	45	B23	37
B3	59	G20	52	G17	44	B28	36
B15	59	G10	51	G4	43	B17	32
B25	59	G19	50	B12	43	G12	31
G2	58	G6	49	B19	43	B5	31
B13	56	G14	48	B29	43	B22	29

合计:2 550 幅

平均:49 幅/篇

6.2.4　作文中的 KPs 参与经验构型次数统计

对所有作文中以表 6.5 所列的 1—6 类 KPs 为参与者的过程小句进

行标记,计算每篇作文中 KPs 出现的频次。

（1）关键参与者(KPs)

如例 6.2 共表征了 9 个经验图形,其中的"四只猫""猫 3"各参与一个经验构型,"三只猫"为 2 个经验图形的参与者,而"猫 4"为 4 个经验图形的参与者。其中图形 9 中有两个 KPs:作为言语过程【言谈者】的猫 3 和心理过程的【现象】的猫 4。

例 6.2 （B7C:L1-6）

1—从这幅漫画中,我大致可以看出:	第一人称作者:Sns3(感知者)
2—四只猫在吃饭,	四只猫:Bhv(行为者)
3—其中的三只在椅子上坐享其成,	三只猫:Bhv(行为者)
4—享受着美味佳肴;	三只猫:Sns4(情感者)
5—另一只放着盘子里的鱼不吃,	猫 4:DsA(终结者)
6—主动下位	猫 4:Tr3I(姿态位置转变发生者)
7—捉老鼠	猫 4:Tr3A(姿态位置转变者)
8—吃	猫 4:DsA(终结者)
9—在椅子上的一只猫还用讥讽的语气嘲笑那只猫	猫 3:Syr(言谈者);猫 4:Phn(现象)

（2）省略句

"省略"是作文中一种常用的衔接手段,某些过程小句因衔接需要省略了默认参与者,如果省略的是 KPs,我们将恢复省略成分,并计算其出现频次。例 6.1c 中第二个小句省略了"猫妈妈",但是两个小句构建了两个经验类型,表征了心理和言语两个图形,因此该句中"猫 2"("猫妈妈")作为 KPs 的出现频次为 2 次,分别标记为【Sen4】、【Syr】。例 6.3 中,三个直接引语均为三只猫的言谈内容,但是作文因衔接需要在三个小句中均省略了"言谈者",我们在统计 B16 作文的参与者频次时,仍然认为该语段表征了三个言谈过程,其 KPs"三只猫"作为"言谈者"【Syr】共出现 3 次:

例 6.3 （B16C：L15-16）

"我要吃鱼籽土豆泥！"	三只猫：Syr（言谈者）
"我要吃烤鱼"。	三只猫：Syr（言谈者）
"我要吃沙丁鱼三明治"	三只猫：Syr（言谈者）

（3）非关键参与者（KPs）

在某些小句中，猫（如例 6.4a 中的"小猫们"）并非经验图形中的参与者，而是环境因素；有些小句的参与者"猫"是泛指的猫，并非可视图形中所指示的具体的猫，如例 6.4b 中的"现在的猫"。上述两类"猫"视为非关键参与者，均不计入 KPs 范围。

例 6.4

　　a. 不一会儿，四盆香喷喷的炸鱼排便端了上来，摆在小猫们面前（G10C：L9）
　　b. 现在的猫太高贵了，吃好的穿好的……（B1C：L1）

经对 52 篇作文中所出现的猫 1、猫 2、猫 3、猫 4、"三只猫""四只猫"在各过程小句构型中所起的作用分析，提取作文经验构型中的 KPs 成分，统计其在每篇作文中作为经验参与者出现的频率，研究得出各篇作文中 KPs 参与经验构型的次数（见表 6.7）。

表 6.7 作文中 KPs 参与经验构型次数统计

作文编号	猫 1	猫 2	猫 3	猫 4	三只猫	四只猫	合计
G16	15	13	10	16	0	6	60
G23	14	7	13	22	0	3	59
B15	5	5	6	16	15	4	51
G20	7	10	15	12	3	3	50
G21	9	14	10	14	0	1	48
B18	1	1	3	14	7	20	46
G1	3	2	3	25	11	1	45

166

作文编号	猫1	猫2	猫3	猫4	三只猫	四只猫	合计
G8	8	8	9	18	0	0	43
B2	5	3	3	11	7	14	43
B9	5	2	3	15	7	11	43
B27	0	0	0	19	20	3	42
G13	3	9	5	19	6	0	42
G14	9	5	8	9	4	6	41
B25	10	8	8	11	0	2	39
B16	0	0	1	19	12	6	38
B1	3	2	3	12	15	2	37
B12	8	1	1	13	8	4	35
G19	5	0	8	11	2	8	34
G10	1	1	3	7	8	13	33
G7	4	7	7	6	0	7	31
B3	2	9	7	8	0	3	29
B30	6	7	6	4	0	6	29
G5	2	1	6	7	4	9	29
G6	9	7	4	4	0	3	27
G9	7	5	6	5	0	4	27
G4	4	6	4	4	1	8	27
B14	2	0	0	10	10	5	27
B28	9	4	1	5	4	4	27
G11	2	3	3	14	2	3	27
B6	3	6	7	7	0	2	25
B17	4	2	6	11	1	1	25
B22	2	0	1	11	6	5	25
B29	3	4	4	5	7	2	25
G22	2	1	3	4	1	11	22

作文编号	猫1	猫2	猫3	猫4	三只猫	四只猫	合计
B13	2	2	2	11	3	1	21
G18	0	2	0	12	6	0	20
G17	0	0	2	8	3	7	20
G12	2	3	7	8	0	0	20
B5	1	3	10	3	0	2	19
B8	2	2	0	5	0	2	13
B23	0	0	3	5	0	4	12
B4	2	1	3	3	0	2	11
G2	0	0	0	5	2	2	9
B21	0	1	2	3	2	0	8
B7	0	0	1	3	2	1	7
G3	1	0	0	1	3	1	6
B10	3	0	1	1	1	0	6
B24	0	0	3	2	0	0	5
G15	0	0	0	0	0	0	0
B19	0	0	0	0	0	0	0
B20	0	0	0	0	0	0	0
B26	0	0	0	0	0	0	0
合计	185	167	213	458	183	202	1 408

6.2.5 作文中的 KPs 配型标记及频次统计

根据系统功能语言学对经验图形和参与者类型的语义描述（表 6.3），我们对 52 篇作文中参与经验构型的 KPs（猫 1、猫 2、猫 3、猫 4、三只猫、四只猫）的参与类型进行穷尽性经验意义标记（如例 6.2、例 6.3），明确每篇作文中分别为上述参与者配置的参与类型。

标注参与者类型时忽略小句的"极性"。虽然否定小句表征对某些经验过程的否定,但是参与者类型由经验构架中的过程类型决定,与句子的"极性"(polarity)无关。例如,当关系小句为否定句,表征参与者不具有某种属性或和某事物不构成等同关系,即否定归属关系或识别关系,但是否定性关系过程的参与者依然具有"归属者""属性""被识别者""识别者"的经验属性。例 6.5 中的"老大、老二和老三"通过否定的所有型归属过程被排斥在"有捕鼠能力"的群体之外,因此该小句为"三只猫"配置的参与者类型是"内部属性拥有者"(Crr1):

例 6.5

<u>老大、老二和老三都已丧失捕鼠能力……(G1C: L17)</u>

我们以表格的形式整理标记结果,分别统计表 6.5 中六类 KPs 和"第一人称作者"在每篇作文中所体现的参与者类型和作为过程参与者出现的频次,统计结果见附录 1 至附录 7。

6.3 KPs 配型对比:作文和指导语漫画

为揭示小学生作文的想象创造性程度,我们根据作文的语境语义特征,以第 2 节的统计结果为基本数据(见附录 1—附录 7),就作文所构画的经验图形与作文指导语漫画所提供的可视图形进行对比,分析二者在为 KPs 配置参与者类型方面的异同,研究小学生在作文中经验意义选择的来源。对比揭示作文中存在以下三类 KPs 配型情况:

(1) 作文的 KPs 配型和指导语漫画可视图形一致,即"作文、漫画同现配型";

(2) 作文的 KPs 配型来自小学生的想象创造,即"仅作文配型";

(3) 作文未表征的可视图形配型,即"仅漫画配型"。

6.3.1 KPs 配型对比：猫 1

对指导语漫画的多模态分析揭示：绘图者为"猫 1"配置了 9 类参与类型（见表 6.5）。对于 52 篇作文的经验构架研究揭示（见附录 1）：有 39 篇作文表征了以"猫 1"为参与者的经验图形，共 185 幅，小学生为"猫 1"所配置的参与者类型有 17 类（见表 6.8）。

表 6.8　作文和漫画中"猫 1"参与者类型和频次对比

参与者类型		作文"猫 1"		漫画"猫 1"	
		次数	比例（%）	次数	可视经验图形
作文、漫画同现配型	Bhv	43	23.1	1	猫 1 摸肚子
	Crr1	23	12.4	1	猫 1 表情体现特性
	DsA	22	11.8	1	猫 1 吃完了鱼
	Sns4	5	2.7	1	猫 1 满足
	Idd	5	2.7	1	最左边的猫是猫 1
	Ext	1	0.5	1	图中有猫 1
合计	6 类	99	53.5	6	6 类
仅作文配型	Syr	29	15.6	0	
	Sns3	15	8.1	0	
	Tr1A	12	5.4	0	
	Tr3A	10	6.4	0	
	Tr2A	6	3.2	0	
	Tr1I	4	2.1	0	
	Tr3G	3	1.6	0	
	Rcp	2	1.1	0	
	DsI	2	1.1	0	
	Sns2	2	1.1	0	
	Sns1	1	1.1	0	
合计	11 类	86	46.5	0	0

参与者类型		作文"猫1"		漫画"猫1"	
		次数	比例（%）	次数	可视经验图形
仅漫画配型	Crr2	0	0	1	猫1有鱼
	Crr3	0	0	1	猫1处于……位置
	Idr1	0	0	1	左一猫是猫1
合计		0类	0	3	3类

对比漫画可视经验图形和小学生在作文中为"猫1"选择参与经验过程的方式，我们得出如下发现：

第一、"作文、漫画同现配型"有6类，占作文中"猫1"参与经验过程总次数（185次）的53.5%。这6类经验图形中"猫1"的参与者类型分别是：

（1）行为过程的"行为者"（43次）

（2）归属类关系过程的"内部属性所有者"（23次）

（3）创造类物质过程的"终结者"（22次）

（4）情感类心理过程的"情感者"（5次）

（5）识别类关系过程的"识别对象"（5次）

（6）存现过程的"存现者"（1次）

第二、"仅作文配型"有11类，占作文中"猫1"参与经验过程总次数（185次）的46.5%。这11类经验"猫1"参与者类型分别是：

（1）言语过程的"言谈者"（29次）

（2）感知类心理过程的"感知者"（15次）

（3）转变类物质过程的"基本特质转变者"（12次）

（4）转变类物质过程的"姿态位置转变者"（10次）

（5）转变类物质过程的"延伸关系转变者"（6次）

（6）转变类物质过程的"基本特质转变发生者"（4次）

（7）转变类物质过程的"姿态位置转变对象"（3次）

（8）转变类物质过程的"接受者"（2次）

（9）创造类物质过程的"终结发生者"（2次）

（10）愿望类心理过程的"意愿者"（2次）

（11）认知类心理过程的"认知者"（1次）

第三、"仅漫画配型"有3类,这三类参与者均出现于表征两种事物关系的关系过程,属于经验类型中的"状态类",分别是：

（1）归属类关系过程的属有者——"所有者"

（2）归属类关系过程的属有者——"环境属性拥有者"

（3）识别类关系过程的"识别者"

6.3.2　KPs 配型对比：猫 2

对指导语漫画的多模态分析揭示：绘图者为"猫 2"配置了 10 类参与类型（见表 6.5）。对于 52 篇作文的经验构架研究揭示（见附录 2）：有 34 篇作文表征了以"猫 2"为参与者的经验图形,共 167 幅,小学生为"猫 2"所配置的参与者类型有 22 类（见表 6.9）。

表 6.9　作文和漫画中"猫 2"参与者类型和频次对比

参与者类型		作文"猫 2"		漫画"猫 2"	
		次数	比例（%）	次数	可视经验图形
作文、漫画同现配型	Bhv	27	16.2	2	猫 2 皱眉、挠腮
	Rcv	17	10.2	1	猫 3 对猫 2 说
	Crr1	17	10.2	1	猫 2 具有某种特性
	Idd	3	1.8	1	猫 2 是左二猫
	Sns1	2	1.2	1	猫 2 疑惑
	DsA	2	1.2	1	猫 2 吃鱼
	Ext	1	0.6	1	图中有猫 2
合计	7 类	69	41.2	8	7 类
仅作文配型	Syr	38	22.8	0	
	Tr1A	13	7.8	0	
	Sns4	10	6.0	0	

（续表）

参与者类型		作文"猫2"		漫画"猫2"	
		次数	比例(%)	次数	可视经验图形
仅作文配型	Tr3A	9	5.4	0	
	Tr2A	6	3.6	0	
	Sns3	6	3.6	0	
	Tr3I	3	1.8	0	
	CrA	3	1.8	0	
	Rcp	2	1.2	0	
	Tr1I	2	1.2	0	
	Phn	2	1.2	0	
	Tr1G	1	0.6	0	
	DsG	1	0.6	0	
	DsI	1	0.6	0	
	Sns2	1	0.6	0	
合计	15	98	58.8	0	
仅漫画配型	Crr2	0	0	1	猫2有鱼
	Crr3	0	0	1	猫2处于……位置
	Idr	0	0	1	左二猫是猫2
合计	0类	0	0	3	3类

对比漫画可视经验图形和小学生在作文中为"猫2"选择参与经验过程的方式，我们得出如下发现：

第一、"作文、漫画同现配型"有7类，占作文中"猫2"参与经验过程总数（167次）的41.2%。7类经验图形中"猫2"的参与者类型是：

（1）行为过程的"行为者"（27次）

（2）言语过程的"言语接收者"（17次）

（3）归属类关系过程的"内部属性所有者"（17次）

（4）识别类关系过程的"识别对象"（3次）

（5）认知类心理过程的"认知者"（2次）

（6）创造类物质过程的"终结者"（2次）

(7) 存现过程的"存现者"(1 次)

第二、"仅作文配型"有 15 类,占作文中"猫 2"参与经验过程总数 (167 次)的 58.8%。这 15 类经验图形中"猫 2"参与者类型分别是:

(1) 言语过程"言谈者"(38 次)

(2) 转变类物质过程的"基本特质转变者"(13 次)

(3) 情感类心理过程的"情感者"(10 次)

(4) 转变类物质过程的"姿态位置转变者"(9 次)

(5) 转变类物质过程的"延伸关系转变者"(6 次)

(6) 感知类心理过程的"感知者"(6 次)

(7) 转变类物质过程的"姿态位置转变发生者"(3 次)

(8) 创造类物质过程的"创新者"(3 次)

(9) 转变类物质过程的"接受者"(2 次)

(10) "基本特质转变发生者"(2 次)

(11) 情感类心理过程的"现象"(2 次)

(12) 转变类物质过程的"基本特质转变对象"(1 次)

(13) 创造类物质过程的"终结对象"(1 次)

(14) 创造类物质过程的"终结发生者"(1 次)

(15) 愿望类心理过程的"意愿者"(1 次)

第三、"仅漫画配型"有 3 类,分别是:

(1) 归属类关系过程的属有者——"所有者"

(2) 归属类关系过程的属有者——"环境属性拥有者"

(3) 识别类关系过程的"识别者"

6.3.3　KPs 配型对比:猫 3

对指导语漫画的多模态分析揭示:绘图者为"猫 3"配置了 11 类参与类型(见表 6.5)。对于 52 篇作文的经验构架研究揭示(见附录 3):有 44 篇作文表征了以"猫 3"为参与者的经验图形共 213 幅,小学生为"猫 3"所配置的参与者类型有 24 类(见表 6.10)。

表 6.10 作文和漫画中"猫 3"参与者类型和频次对比

参与者类型		作文"猫 3"		漫画"猫 3"	
		次数	比例(%)	次数	可视经验图形
作文、漫画同现配型	Syr	82	38.5	1	猫 3 说话
	Bhv	30	14.1	2	猫 3 扭头、笑
	Crr1	12	5.6	1	猫 3 具有某种特性
	Sns1	10	4.7	1	猫 3 嘲笑猫 4
	Tr1A	5	2.3	1	猫 3 指猫 4
	Idd	5	2.3	1	猫 3 吃鱼
	DsA	2	0.9	1	猫 3 是右二猫
合计	7 类	146	68.5	8	7 类
仅作文配型	Sns3	16	7.6	0	
	Sns4	15	7.0	0	
	Tr2A	6	2.8	0	
	Tr3I	5	2.3	0	
	Tr3A	3	1.4	0	
	Rcv	3	1.4	0	
	DsI	3	1.4	0	
	TR3G	3	1.4	0	
	Tr2G	2	0.9	0	
	CrG	2	0.9	0	
	Sns2	2	0.9	0	
	Phn	2	0.9	0	
	Rcp	1	0.5	0	
	Tr1I	1	0.5	0	
	Clt	1	0.5	0	
	DsG	1	0.5	0	
	CrA	1	0.5	0	
合计	17 类	67	31.5	0	0
仅漫画配型	Ext	0	0	1	图中有猫 3
	Crr2	0	0	1	猫 3 有鱼
	Crr3	0	0	1	猫 3 处于……位置
	Idr	0	0	1	右二猫是猫 3
合计	0 类	0	0	4	4 类

对比漫画可视经验图形和小学生在作文中为"猫3"选择参与经验过程的方式,我们得出如下发现:

第一、"作文、漫画同现配型"有7类,占作文中"猫3"参与经验过程总数213次的68.5%。7类经验图形中"猫3"的参与经验类型是:

(1) 言语过程的"言谈者"(82次)

(2) 行为过程的"行为者"(30次)

(3) 归属类关系过程的"内部属性所有者"(12次)

(4) 认知类心理过程的"认知者"(10次)

(5) 改变类物质过程的"基本特质转变者"(5次)

(6) 识别类关系过程的"内部特征识别对象"(5次)

(7) 创新类关系过程的"终结者"(2次)

第二、"仅作文配型"有17类,占作文中"猫3"参与经验过程综述213次的31.5%。这17类"猫3"参与者类型分别是:

(1) 感知类心理过程的"感知者"(16次)

(2) 情感类心理过程的"情感者"(15次)

(3) 转变类物质过程的"延伸关系转变者"(6次)

(4) 转变类物质过程的"姿态位置转变发生者"(5次)

(5) 转变类物质过程的"姿态位置转变者"(3次)

(6) 言语过程的"言语接收者"(3次)

(7) 创新类物质过程的"终结发生者"(3次)

(8) 转变类物质过程的"姿态位置转变对象"(3次)

(9) 转变类物质过程的"延伸关系转变对象"(2次)

(10) 创新类物质过程的"创新对象"(2次)

(11) 愿望类心理过程的"意愿者"(2次)

(12) 心理过程的"现象"(2次)

(13) 物质过程的"接受者"(1次)

(14) 转变类物质过程的"基本特质转变发生者"(1次)

(15) 创新类物质过程的"受益者"(1次)

(16) 创新类物质过程的"终结对象"(1次)

(17) 创新类物质过程的"创新者"(1次)

第三、"仅漫画配型"有 4 类,其中"猫 3"参与经验的类型是:

(1) 存在过程的"存在者"

(2) 归属类关系过程的"所有者"

(3) 归属类关系过程的属有者——"环境属性拥有者"

(4) 识别类关系过程的"识别者"

6.3.4　KPs 配型对比：猫 4

对指导语漫画的多模态分析揭示:绘图者为"猫 4"配置了 10 类参与类型(见表 6.5)。对于 52 篇作文的经验构架研究揭示(见附录 4):有 48 篇作文表征了以"猫 4"为参与者的经验图形共 458 幅,小学生为"猫 4"所配置的参与者类型有 25 类(见表 6.11)。

表 6.11　作文和漫画中"猫 4"参与者类型和频次对比

参与者类型		作文"猫 4"		漫画"猫 4"	
		次数	比例(%)	次数	可视经验图形
作文、漫画同现配型	Tr3A	70	15.3	1	猫 4 抓老鼠
	Tr3I	39	8.5	2	猫 4 跳、扑向老鼠
	Crr1	35	7.6	1	猫 4 表情专注
	Sns1	33	7.2	1	猫 4 不理猫 3
	Idd	11	2.4	1	猫 4 在最右边
	Crr2	11	2.4	1	猫 4 有鱼
	Tgt	5	1.1	1	猫 3 嘲笑猫 4
	Ext	1	0.2	1	图中有猫 4
合计	8 类	205	44.8	9	8 类
仅作文配型	Syr	71	15.5	0	
	Bhv	41	9.0	0	
	Sns3	26	5.9	0	
	Tr1A	23	5.0	0	

参与者类型		作文"猫4"		漫画"猫4"	
		次数	比例(%)	次数	可视经验图形
仅作文配型	Sns4	18	3.9	0	
	Tr1I	14	3.1	0	
	DsA	13	2.8	0	
	Tr1G	9	2.0	0	
	Tr2A	8	1.7	0	
	Rcv	7	1.5	0	
	Phn	7	1.5	0	
	Tr3G	5	1.1	0	
	CrA	4	0.9	0	
	Rcp	4	0.9	0	
	Tr2G	1	0.2	0	
	CrG	1	0.2	0	
	Clt	1	0.2	0	
合计	17类	253	55.2		
仅漫画配型	Crr3	0	0	1	猫4的位置在……
	Idr	0	0	1	最右边的是猫4
合计	0类	0	0		2类

对比漫画可视经验图形和小学生在作文中为"猫4"选择参与经验过程的方式,我们得出如下发现:

第一、"作文、漫画同现配型"有8类,占作文中"猫4"参与经验过程总数458次的44.8%。这8类经验图形中"猫4"的参与者类型分别是:

(1)转变类物质过程的"姿态位置转变者"(70次)

(2)转变类物质过程的"姿态位置转变发生者"(39次)

(3)归属类关系过程的"内部属性所有者"(35次)

(4)认知类心理过程的"认知者"(33次)

(5)识别类关系过程的"内部特征识别对象"(11次)

(6)归属类关系过程的"所有者"(11次)

(7)言语过程的"言谈目标"(5次)

（8）存现过程的"存现者"（1 次）

第二、"仅作文配型"有 17 类，占作文中"猫 4"参与经验过程总数 458 次的 55.2%。这 17 类"猫 4"参与者类型分别是：

（1）言语过程的"言谈者"（71 次）

（2）行为过程的"行为者"（41 次）

（3）感知类心理过程的"感知者"（26 次）

（4）转变类物质过程的"基本特质转变者"（23 次）

（5）情感类心理过程的"情感者"（18 次）

（6）转变类物质过程的"基本特质转变发生者"（14 次）

（7）创造类物质过程的"终结者"（13 次）

（8）转变类物质过程的"基本特质转变对象"（9 次）

（9）转变类物质过程的"延伸关系转变者"（8 次）

（10）言语过程的"接收者"（7 次）

（11）心理过程的感受"现象"（7 次）

（12）转变类物质过程的"姿态位置转变对象"（5 次）

（13）创造类物质过程的"创新者"（4 次）

（14）转变类物质过程的"接受者"（4 次）

（15）转变类物质过程的"延伸关系转变对象"（1 次）

（16）创造类物质过程的"创新对象"（1 次）

（17）转变类物质过程的"受益者"（1 次）

第三、"仅漫画配型"有 2 类，其中"猫 4"参与经验的类型是："环境属性拥有者"和"内部特征"。

6.3.5　KPs 配型对比："三只猫"

对指导语漫画的多模态分析揭示：绘图者为"三只猫"配置了 5 类参与类型（见表 6.5）。对于 52 篇作文的经验构架研究揭示（见附录 5）：有 33 篇作文表征了以"三只猫"为参与者的经验图形共 183 幅，小学生为"三只猫"所配置的参与者类型有 20 类（见表 6.12）。

表 6.12   作文和漫画中"三只猫"参与者类型和频次对比

参与者类型		作文"三只猫"		漫画"三只猫"	
		次数	比例(%)	次数	可视经验图形
作文、漫画同现配型	Crr3	6	3.3	1	三只猫位置在(左边)
	DsA	3	1.6	1	三只猫吃鱼
	Crr2	2	1.1	1	三只猫有鱼
合计	3 类	11	6.0	3	3 类
仅作文配型	Bhv	36	19.7	0	
	Syr	33	18	0	
	Crr1	22	12.0	0	
	Sns1	15	8.2	0	
	Sns4	12	6.6	0	
	Tr1I	11	6.0	0	
	Sns3	10	5.5	0	
	Tr1G	6	3.3	0	
	Tr1A	6	3.3	0	
	Tr3A	5	2.7	0	
	DsI	5	2.7	0	
	Tr3G	3	1.6	0	
	Sns2	2	1.1	0	
	Rcv	2	1.1	0	
	Tr3I	2	1.1	0	
	Phn	1	0.5	0	
	Att2	1	0.5	0	
合计	17 类	172	94.0	0	
仅漫画配型	Ext	0	0	1	图中有三只猫
	Idr	0	0	1	猫 4 在三只猫的右边
合计	0 类	0	0		2 类

对比漫画可视经验图形和小学生在作文中为"三只猫"选择参与经验过程的方式,我们得出如下发现:

第一、"作文、漫画同现配型"有3类,占作文中"三只猫"参与经验过程总数183次的6%。其中"三只猫"的参与者类型是:

(1) 归属类关系过程的"环境属性拥有者"(6次)

(2) 创造类物质过程的"终结者"(3次)

(3) 归属类关系过程的"所有者"(2次)

第二、"仅漫画配型"有17类,占作文中"三只猫"参与经验过程总数183次的94%。这17类经验图形中"三只猫"的参与者类型是:

(1) 行为过程"行为者"(36次)

(2) 言语过程的"言谈者"(33次)

(3) 归属类关系过程的"内部属性所有者"(22次)

(4) 认知类心理过程的"认知者"(15次)

(5) 情感类心理过程的"情感者"(12次)

(6) 转变类物质过程的"基本特质转变发生者"(11次)

(7) 感知类心理过程的"感知者"(10次)

(8) 转变类物质过程的"基本特质转变对象"(6次)

(9) 转变类物质过程的"基本特质转变者"(6次)

(10) 转变类物质过程的"姿态位置转变者"(5次)

(11) 创造类物质过程的"终结发生者"(5次)

(12) 转变类物质过程的"姿态位置转变对象"(3次)

(13) 愿望类心理过程的"意愿者"(2次)

(14) 言语过程的"接收者"(2次)

(15) 转变类物质过程的"姿态位置转变发生者"(2次)

(16) 心理过程的感受"现象"(1次)

(17) 归属类关系过程的"所有物"(1次)

第三、"仅漫画配型"有2类,其中"三只猫"的参与者类型是存在过程中的"存在者"和识别类关系过程中的"环境因素"。

6.3.6　KPs 配型对比:"四只猫"

对指导语漫画的多模态分析揭示:绘图者为"四只猫"配置了3类参

与类型(见表 6.5)。对于 52 篇作文的经验构架研究揭示(见附录 6):有41 篇作文表征了以"四只猫"为参与者的经验图形共 202 幅,小学生为"四只猫"所配置的参与者类型有 25 类(见表 6.13)。

表 6.13　作文和漫画中"四只猫"参与者类型和频次对比

参与者类型		作文"四只猫"		漫画"四只猫"	
		次数	比例(%)	次数	可视经验图形
作文、漫画同现配型	Ext	10	5.0	1	图中有四只猫
	DsA	6	3.0	1	四只猫吃鱼
	Crr2	3	1.5	1	四只猫有鱼吃
合计	3 类	19	9.4	3	3 类
仅作文配型	Bhv	31	15.3	0	
	Crr1	28	13.9	0	
	Tr3I	15	7.4	0	
	Tr1I	14	6.9	0	
	Tr1G	13	6.4	0	
	Tr3A	13	6.4	0	
	Idd	9	4.5	0	
	Rcp	8	4.0	0	
	Tr3G	7	3.5	0	
	Syr	6	3.0	0	
	Sns4	6	3.0	0	
	Sns3	5	2.5	0	
	Sns2	5	2.5	0	
	Tr2A	4	2.0	0	
	Tr2G	4	2.0	0	
	CrA	4	2.0	0	
	Sns1	3	1.5	0	
	Clt	3	1.5	0	
	Rcv	2	1.0	0	
	Phn	1	0.5	0	
	Att2	1	0.5	0	
	CrG	1	0.5	0	
合计	22 类	183	90.6	0	

对比漫画可视经验图形和小学生在作文中为"四只猫"选择参与经验过程的方式,我们得出如下发现:

第一、"作文、漫画同现配型"有 3 类,占作文中"四只猫"参与经验过程的 9.4%。其中"四只猫"在图形中参与经验的角色分别是:

(1) 存现过程的"存现者"(10 次)

(2) 创造类物质过程的"终结者"(6 次)

(3) 归属类关系过程的"所有者"(3 次)

第二、"仅作文配型"有 22 类,占作文中"四只猫"参与经验过程的 90.6%。这 22 类经验图形中"四只猫"参与者类型分别是:

(1) 行为过程的"行为者"(31 次)

(2) 归属类关系过程的"内部属性所有者"(28 次)。

(3) 转变类物质过程的"姿态位置转变发生者"(15 次)

(4) 转变类物质过程的"基本特质转变发生者"(14 次)

(5) 转变类物质过程的"基本特质转变对象"(13 次)

(6) 转变类物质过程的"姿态位置转变者"(13 次)

(7) 识别类关系过程的"识别对象"(9 次)

(8) 转变类物质过程的"接受者"(8 次)

(9) 转变类物质过程的"姿态位置转变对象"(7 次)

(10) 言语过程的"言谈者"(6 次)

(11) 情感类心理过程的"情感者"(6 次)

(12) 感知类心理过程的"感知者"(5 次)

(13) 愿望类心理过程的"意愿者"(5 次)

(14) 转变类物质过程的"延伸关系转变者"(4 次)

(15) 转变类物质过程的"延伸关系转变对象"(4 次)

(16) 创造类物质过程的"创新者"(4 次)

(17) 认知类心理过程的"认知者"(3 次)

(18) 物质过程的"受益者"(3 次)

(19) 言语过程的"接收者"(2 次)

(20) 心理过程的感受"现象"(1 次)

(21) 归属类关系过程的"所有物"(1 次)

(22) 创造类关系过程的"创新对象"(1次)

6.3.7 作文经验意义的来源:"想象图形">"可视图形"

表 6.8—6.13 对作文和指导语漫画所表征的 KPs 类型对比揭示:作文中的经验构型绝大多数源自小学生通过想象和创造而构架的经验图形,即"想象图形",而不是作文语境所提供的"可视图形"。

从经验图形的出现频次来看,作文所表征的经验图形大多来自作者的想象,而不是作文语境。作文指导语所提供的可视图形均以"猫"为参与者(见表 6.4),而 52 篇作文所表征的 2 550 幅经验图形中,猫 1、猫 2、猫 3、猫 4、"三只猫""四只猫"共参与经验构架 1408 次(见表 6.6、表 6.7),其中某些经验过程是两类 KPs 共同参与的(如"猫 3 对猫 2 说""三只猫夸奖老四"等图形就往往同时包含两个 KPs 成分),因此 52 篇作文所表征的经验图像中有超过 1132 幅的参与者成分没有出现在作文语境所提供的可视图形中,小学生作文的经验构架中有大量来自想象和创造的参与者出现。

从 KPs 配型的来源看,作文为六类 KPs 共配置参与者类型 133 类,其中仅 34 类参与者配型与作文指导语一致(见表 6.8—6.13),属于对指导语漫画中"可视图形"的再现或引用,其他 99 类均来自小学生的创造想象,是对小学生个性化"想象图形"的表征。"再现"作文语境中可视图形的 KPs 配型仅占35.6%,而源自"想象创造"的 KPs 配型占经验来源的 74.4%(见图 6.2)。

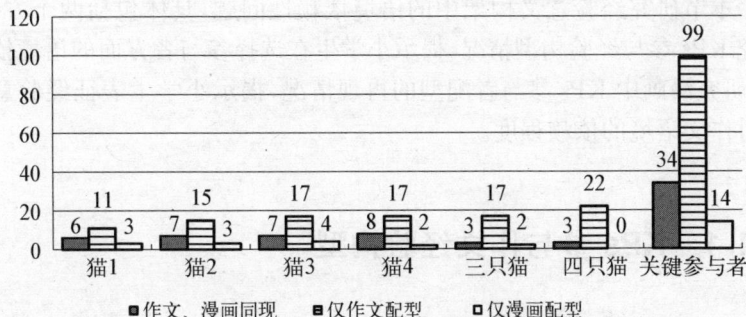

图 6.2 作文的 KPs 配型来源

从 34 类"作文、漫画同现配型"来看,某些作文中的 KPs 配型虽然也出现于可视图形,但是其所参与构架的经验图形本身并不是以文字形式对"可视图形"的"简单再现",因为作文选择的过程具体类别、其他参与者介入数量和方式与漫画的可视图形也存在多维的差别。例如漫画中的"猫吃鱼"和作文中的"猫吃菜"是两个不同的经验图形,而"猫"在这两个图形中的参与者配型却是一致的:创造类物质过程的"终结者"。本节将"猫吃菜"中"猫"的参与者配型认作"作文、漫画同现配型",但是"猫吃菜"这一经验图形并非作文语境所提供的经验信息,"猫吃菜"是小学生通过想象和创造而构架的"想象图形"。

综上所述,通过对作文和指导语漫画中的 KPs 配型对比研究,我们可对作文中小学生经验意义的来源得出如下实证性结论:

(1) 小学生在作文中充分利用了其自身的想象力和创造力来构建经验意义,其经验意义构型绝大多数来自作者的想象和创造,而不是对作文指导语漫画中可视图形的再现。

(2) 作文所构架的"想象图形"远远多于"可视图形",完全"复制"作文指导语漫画中"可视图形"的经验构型远远小于作文所创作的经验图形。"想象"和"创造"是 52 篇作文经验意义的主要来源。

6.4　KPs 配型与作文的语境依赖性

本节研究经验意义构架中的语境依赖性问题,具体包括两个方面:研究 KPs 参与经验构型情况,揭示小学生在选择参与者方面的语境依赖性;研究漫画中 KPs 参与者配型的再现情况,揭示小学生表征经验意义时对作文语境的依赖程度。

6.4.1　KPs 参与作文经验构型

对作文指导语漫画的多模态分析揭示:该写作语境凸显的可视图形

共有 20 幅,且均以 KPs"猫"为参与者(见表 6.4、表 6.5)。

在作文中,KPs 参与作文经验构型情况如下(见表 6.14):

表 6.14　KPs 参与作文经验构型情况统计

参与者	作文(篇)	经验图形(幅)	平均(次/篇)	篇数比例
猫 4	48	458	8.8	92.3%
猫 3	44	213	4.1	84.6%
四只猫	41	202	3.9	78.8%
猫 1	39	185	3.6	75%
猫 2	34	167	3.2	65.4%
三只猫	33	183	3.5	63.5%
KPs	48	1 408	27.1	92.3%

"猫 1":有 39 篇作文将"猫 1"作为参与者,占作文总篇数的 75%。在 52 篇作文中作为经验过程的参与者共出现 185 次,出现频次在 1 408次关键参与者出现次数中占 13.1%,平均每篇作文出现 3.6 次。

"猫 2":有 34 篇作文将"猫 2"作为参与者,占作文总篇数的 65.4%。在 52 篇作文中作为经验过程的参与者共出现 167 次,出现频次在 1 408次关键参与者出现次数中占 10.1%,平均每篇作文出现 3.2 次。

"猫 3":有 44 篇作文将"猫 3"作为参与者,占作文总篇数的 84.6%。在 52 篇作文中作为经验过程的参与者共出现 213 次,出现频次在 1 408次关键参与者出现次数中占 15.1%,平均每篇作文出现 4.1 次。

"猫 4":有 48 篇作文将"猫 4"作为参与者,占作文总篇数的 92.3%。在 52 篇作文中作为经验过程的参与者共出现 458 次,出现频次在 1 408次关键参与者出现次数中占 32.5%,平均每篇作文出现 8.8 次。

"三只猫":有 33 篇作文将"三只猫"作为参与者,占作文总篇数的 63.5%。在 52 篇作文中作为经验过程的参与者共出现 183 次,出现频次在 1 408 次关键参与者出现次数中占 11.1%,平均每篇作文出现 3.5 次。

"四只猫":有 41 篇作文将"四只猫"作为参与者,占作文总篇数的 78.8%。在 52 篇作文中作为经验过程的参与者共出现 202 次,出现频次在 1 408 次关键参与者出现次数中占 14.3%,平均每篇作文出现 3.9 次。

总之,52 篇作文中有 48 篇选择了表征 KPs 所参与的经验图形,占总篇数的 92.3%,说明多数小学生在表征经验意义时选择指导语漫画中的 KPs 为经验参与者。在 1 408 幅以 KPs 为参与者的经验图形中,有 14.3%(202 幅)是以"四只猫"为集体参与者的,其他的则是以单只猫或者"三只猫"为参与者,其中"猫 4"共参与 458 幅经验图形,而以"三只猫"为集体参与者的目的往往是对比"三只猫"和"猫 4"的差异。

上述分析表明,在 KPs 参与作文经验构型方面,作文的集体性语义趋向是选择作文指导语漫画中的 KPs 为其经验构型中的参与者,在表征 KPs 的经验时,小学生倾向于忽略猫的经验共性,试图通过构架"猫"的个体经验图形以体现四只猫的差异,并凸显"猫 4"的经验个性。

6.4.2   可视图形中的 KPs 配型再现程度

对作文指导语漫画的多模态分析揭示作文语境所提供的可视经验图形包括 20 个经验类型(见表 6.4、表 6.5),这 20 个可视图形同时定义了漫画中六类 KPs 被配置的 48 类参与者类型,而这 48 类可视 KPs 配型中的 34 类在作文中得到再现,占总类型的 71%(见图 6.2、表 6.15)。

表 6.15   可视 KPs 配型再现情况统计

KPs	可视经验配型(类)	作文再现可视配型(类)	作文未再现可视配型(类)	再现比例
猫 1	9	6	3	67%
猫 2	10	7	3	70%
猫 3	11	7	4	64%
猫 4	10	8	2	80%
三只猫	5	3	2	60%
四只猫	3	3	0	100%
合 计	48	34	14	71%

作文对漫画中可视图形中 KPs 配型的具体再现情况如下：

"猫 1"

"猫 1"在漫画中是 9 类经验图形的参与者，作文中的 99 个经验过程再现了"猫 1"9 类配型中的 6 类，占 67%，再现漫画中"猫 1"的行为特点、外貌特征、神态表情和吃鱼行为成为小学生作文的集体经验意义趋向。这 99 幅经验图形对"猫 1"常见的配型方式包括：

（1）选择行为过程再现"猫 1"动作，例如流口水、打嗝、睡觉、摸肚子、喷嘴等，将"猫 1"表征为一个具有行为能力的生命体（例 6.6a）。

（2）选择关系过程再现"猫 1"表情、赋予"猫 1"某些内部属性，例如胖、懒、馋、贪（例 6.6b）。

（3）选择物质过程再现"猫 1 吃鱼"这一"终结过程"，将"猫 1"表征为终结另一个物体或生命存在的动作者（例 6.6c）。

（4）选择心理过程将"猫 1"表征为一个有情感的生命体，对于现实、现象能够有情感类的心理感受，例如高兴、满足、生气、气愤等（例 6.6d）。

（5）选择关系过程识别图中的"猫 1"（例 6.6a）。

例 6.6

    a. 甲猫⋯⋯嘴里的口水早已"飞流直下三千尺"了⋯⋯（B28C：L4-5）

    b. 老大⋯⋯他好吃懒做⋯⋯（G23C：L1-2）

    c. 其中一只小猫已经吃掉了美味的鱼⋯⋯（G31C：L9）

    d. 猫爸爸总是不满足于现状，自己给自己增加烦恼⋯⋯（G6C：L14-15）

    e. 老大叫胖胖⋯⋯（G23C：L1-2）

未再现于作文的"猫 1"参与者类型是关系过程的"所有者""环境属性拥有者"和"识别者"。

"猫 2"

"猫 2"在漫画中是 10 类经验图形的参与者，作文中的 69 个经验过程再现了 10 类"猫 2"配型的 7 类，占 70%。再现漫画中"猫 2"的行为方式、接收言语内容过程、外貌神态表情成为小学生作文的集体经验意义趋向。这 69 幅经验图形对"猫 2"常见的配型方式包括：

（1）选择行为过程再现"猫 2"的动作，例如皱眉、挠腮、流口水、摇头等,将"猫2"表征为一个具有行为能力的生命体。

(2)选择言谈过程再现"猫2"接收其他猫的信息过程,将"猫2"表征为信息的接收者:

例6.7

> 就在那一刻,在乐乐旁边的一位商人带着嘲笑的语气对他身边的猫说:……(G10C:L7)

(3)选择关系过程再现"猫2"在图中的形象特征、表情,或赋予"猫2"某些内部属性,例如胖瘦、迟钝、木讷、老实、有同情心、善良等,使之区别于其他的猫。

和"猫1"一样,未再现于作文的"猫2"参与者类型也是关系过程的"所有者""环境属性拥有者"和"识别者"。

"猫3"

"猫3"在漫画中是11类经验图形的参与者,作文中的146个经验过程再现了11类"猫3"配型中的7类,占64%,选择言语过程再现"猫3说话"、选择行为过程再现"猫3"动作、选择关系过程再现"猫3"表情或赋予"猫3"属性成为作文的集体性经验语义倾向。这146幅在作文中得以表征的经验图形对"猫3"常见的配型方式包括:

(1)选择言谈过程再现"猫3对猫2说话"这个可视图形,"猫3说话"是52篇作文中被表征频率最高的可视图形(82次)。某些言语过程通过"想"来传达心理独白,不论是"说"还是"想",均是通过言语过程将"猫3"表征为信息来源。

(2)选择行为过程或者物质过程再现"猫3"的行为举止,从作文所表征的"猫3"行为如皱眉、挠腮、流口水、摇头、吃鱼等,活灵活现并略加夸张地再现了"猫3"在漫画中的行为。

(3)通过关系过程赋予"猫3"某些特征和属性,例如胖瘦、狡猾、虚荣、懒惰等;或者通过关系过程识别"猫3",在52篇作文中有5篇为"猫3"取名,通过姓名识别"猫3"。

(4)通过心理过程表征"猫3"对于"猫4抓鼠"行为的反应,将"猫3"

表征为一个有意识能够思考认知的生命体。

　　未再现于作文的"猫3"参与者类型是关系过程的"所有者""环境属性拥有者""识别者"和存在过程的"存在者"。

　　"猫4"

　　"猫4"在漫画中是10类经验图形的参与者,作文中的205个经验过程再现了10类"猫4"配型中的8类,占80%。选择姿态位置转变过程具体地再现"猫4"动作、选择关系过程对"猫4"的特点品行进行评价、选择心理过程将"猫4"表征为一个具有较高的思考能力和意识能力的生命体,这些都代表了作文的集体性经验语义倾向。这205幅在作文中得以表征的经验图形对"猫4"常见的配型方式包括:

　　(1) 选择转变类物质过程再现"猫4"发出"抓老鼠""扑向老鼠""离开"等动作,导致自身或者他者(如"老鼠")的姿态位置转变,将"猫4"表征为物质世界发生变化的主动因素(如例6.8a)。

　　(2) 选择归属类关系过程表征"猫4"属性特征,如健壮、憨厚、勤劳、坚强、做事专注、任劳任怨、有特长等,以凸显其与众不同之处(如例6.8b);选择关系过程将"猫4"表征为识别过程的被识别者,或使"猫4"和某些事物构成拥有关系,在52篇作文中"猫4"均通过姓名识别,其"拥有物"包括亲属、名字、技能、主人的喜爱等(如例6.8c)。

　　(3) 选择认知类心理过程表征"猫4"对外界事物的思考,赋予"猫4"意识和思考能力,例如同意或反对某种观点,思考某问题等(如例6.8a中的"认为……")。

　　(4) 将"猫4"作为言谈内容所牵涉的参与者,在作文中,"猫4"往往是"猫3"嘲笑的对象(如例6.8d)。

　　例6.8

　　　　a. 他……在草丛、公园乃至小区里,处处抓老鼠吃。他认为这样自己享受自己用劳动和汗水换来的成功和喜悦,比平时过的那种衣来伸手、饭来张口的生活有意思多了(B16C:L13 - 15)

　　　　b. 只有小儿子没有丢掉老的技能(G11C:L5 - 6)

　　　　c. 小淘还有三个哥哥(G18C:L4)

　　　　d. 莉莉对妈妈嘲笑兰兰说:"都什么年代了……"(G8C:L17)

未再现于作文的"猫 4"参与者类型是关系过程的"环境属性拥有者"和"内部特征"。

"三只猫"

"三只猫"在漫画中是 5 类经验图形的参与者,作文中的 11 个经验过程再现了对"三只猫"参与者类型配置方式中的 3 类,占 60%,对"三只猫"的配型方式包括:通过关系过程再现三只猫在图景中的位置、拥有关系,通过物质过程再现"猫吃鱼"这一经验图形。

未再现于作文的"三只猫"参与者类型是存在过程中的"存在者"和识别类关系过程中的"环境因素"。

"四只猫"

漫画中以"四只猫"为参与者的可视图形有 3 类,作文中的 19 个经验过程再现了这三类图形对"四只猫"的参与者类型配置,分别是"存在类"经验的"存在者"(如例 6.9a 中的"在……有四只猫")、"创造类"经验的"终结者"(如例 6.9b 中的"吃鱼")和关系过程中的"所有者"。

例 6.9

a. ……在自己左侧的笼子里,有四只猫。(B18C:L13 - 14)

b. 四只猫来到富翁家之后,每天大鱼大肉,什么鲈鱼、鲤鱼都吃腻了,海鱼也少不了,比目鱼、鲨鱼(不是鱼翅,是全鱼)、鲍鱼也吃了不下百回,也被养得白白胖胖的。(B18C:L6 - 8)

6.4.3 作文的语境依赖性

本节的统计分析揭示:在给予特定语境的想象文写作中,小学生具有以下经验语义选择上的集体性趋向:

(1)依赖语境选择参与者:多数作文对作文指导语所提供的语境信息有一定的依赖性,除 4 位小学生完全放弃选用 KPs 作为其经验图形的参与者外,多数小学生选择了 KPs 构架部分经验图形。

(2)部分依赖语境为 KPs 配置参与者类型:小学生部分选用作文语境所提供的配型方式,可视图形中 71% 的 KPs 配型在作文中得到再现。

（3）再现语境中的"动态性"可视图形：对于语境提供的可视经验图形，小学生选择再现的 KPs 参与者类型往往是将"猫"表征为参与物质世界变化、感受外界事物和自身情感、参与信息交流、具有表情和特定属性或者能够发出具体身体行动的"生命体"，即具有一定动态性的经验图形。

（4）放弃表征语境中的"状态类"可视图形：对于漫画所表征的"猫"与他者或环境的"状态关系"的经验类型，小学生往往选择放弃再现，包括可视图像中表征 KPs 存在的"存在物"、表征 KPs 方位的"环境属性拥有者"、表征 KPs 之间方位关系的"识别者"等经验构架。

6.5 KPs 配型与作文的想象创造性

在作文中，133 类以"猫 1""猫 2""猫 3""猫 4""三只猫"和"四只猫"为参与者的经验构型中的 99 类并非来自漫画中的可视图形。漫画中未见的 KPs 配型来自小学生基于想象的创造，即"想象图形"。本节研究以 KPs 为参与者的想象图形的经验构架和参与者配型，揭示小学生如何通过想象与创造表征经验意义，以及想象创造的个性化程度。

6.5.1 想象图形中的 KPs 配型

在作文中，有 25 类 KPs 配型并非来自作文语境所构架的可视图形，这 25 类创造性 KPs 配型出现在 859 个"想象图形"中（见表 6.16）。

表 6.16 想象图形中的 KPs 配型情况统计

参与者配置类型	猫 1	猫 2	猫 3	猫 4	三只猫	四只猫	总数	想象图形经验类型
创新者【CrA】	0	3	1	4	0	4	12	物质过程
终结者【DsA】	0	0	0	13	0	0	13	(316)

（续表）

192

参与者配置类型	猫1	猫2	猫3	猫4	三只猫	四只猫	总数	想象图形经验类型
基本特质转变者【Tr1A】	12	13	0	23	6	0	54	物质过程（316）
延伸关系转变者【Tr2A】	6	6	6	8	0	4	30	
姿态位置转变者【Tr3A】	10	9	3	0	5	13	40	
创新对象【CrG】	0	0	2	1	0	1	4	
终结对象【DsG】	0	1	1	0	0	0	2	
基本特质转变对象【Tr1G】	0	1	0	9	6	13	29	
延伸关系转变对象【Tr2G】	0	0	2	1	0	4	7	
姿态位置转变对象【Tr3G】	3	0	3	5	3	7	21	
接受者【Rcp】	2	2	1	4	0	8	17	
受益者【Clt】	0	0	1	1	0	3	5	
终结发生者【DsI】	2	1	3	0	5	0	11	
基本特质转变发生者【Tr1I】	4	2	1	14	11	14	46	
姿态位置转变发生者【Tr3I】	0	3	5	0	2	15	25	
言谈者【Syr】	29	38	0	71	33	6	177	言语过程（191）
接收者【Rcv】	0	0	3	7	2	2	14	
认知者【Sns1】	1	0	0	0	15	3	19	心理过程（183）
意愿者【Sns2】	2	1	2	0	2	5	12	
感知者【Sns3】	15	6	16	26	10	5	78	
情感者【Sns4】	0	10	15	18	12	6	61	
现象【Phn】	0	2	2	7	1	1	13	
行为者【Bhv】	0	0	0	41	36	31	108	行为过程（108）

（续表）

参与者配置类型	猫 1	猫 2	猫 3	猫 4	三只猫	四只猫	总数	想象图形经验类型
内部属性拥有者【Crr1】	0	0	0	0	22	28	50	关系过程 (61)
内部特征所识别对象【Idd1】	0	0	0	0	0	9	9	
所有物【Att2】	0	0	0	0	1	1	2	
参与者类型：共 25 类	参与经验构架：共 859 次							

6.5.2 想象图形中的经验构架

作文以 859 幅"想象图形"表征了"猫做事""猫说话""猫感受"和"猫的状态"四大类别的经验类型，"猫"以各种方式参与了物质、言语、心理、行为和关系过程。

（1）物质过程中的"猫"

以 KPs 为参与者的想象图形中，"猫"共 316 次参与物质过程的经验构架，这些物质过程既包括对物质世界的改变（如例 6.9a 中的"教育"），也包括对物质世界的创造（如例 6.9b 中的"生产"），改变的结果涉及内部特质（如例 6.9a 中"如故"、例 6.9c 中的"长大"）、延伸关系（如例 6.9d 中的"迎接"）和姿态位置（如例 6.9e 中的"赶来"），创造的结果也包括创新（如例 6.9b 的创新结果为"猫宝宝"）和终结（如例 6.9f 中的"死去"），"改变"和"创造"可能涉及他者（如例 6.9g 中的"鱼"），也可能就发生在"猫"身上。在作文中，"猫"参与了所有类别的物质过程，可见小学生发挥了充分的想象力，创造了一幅幅"猫"如何"做事"、以及事件如何发生在"猫"身上的经验图形。

例 6.9

　　a. 爸爸妈妈为此教育了琦琦很多次，但是琦琦依然如故（G13C：L5）

193

b. 在那百花环绕的小木屋里,猫妈妈顺利地生下了两个可爱的猫宝宝……猫夫妇把它们送到镇上最有著名的老师猫头鹰那里学习(G8C:L4-7)

c. 两个宝宝都慢慢长大了(G8C:L5)

d. 猫妈妈……去迎接从外地出差归来的猫叔叔(G6C:L2)

e. 猫爸爸和猫儿子都闻味赶来(G21C:L15)

f. 正相反,那三只"贵族猫"早已在饥饿中死去。(B16C:L21)

g. 大猫老黄首先……不停地向那条鲜美可口的鱼进攻……(G22C:L5-6)

(2) 言语过程中的"猫"

KPs 共 191 次出现在"言谈类"想象图形中参与言语过程的经验构架,小学生通过构架"说话"类经验传递"猫"的言谈内容,表征小学生想象中的群猫对话,传递言谈内容的形式是多样的,如"说""劝"和"哭"(如例 6.10a-c),有些图形中省略了表达言谈的投射动词,但是言语者和以引号标示的言谈内容依然构架了言语过程(如例 6.10d)。这些言谈过程所传递的"信息"范畴也远远超越了漫画对话泡中的内容:

例 6.10

a. 在三只猫临走之前,健康的猫对他们说(B27C:L14-15)

b. 小怪……并劝他们"我们猫的职责就是负责抓老鼠……"(B2C:L14-15)

c. 第二天,它们一边做运动一边哭:"早料到是这样,我们就和它一样捉老鼠吃了。"(B27C:L22-23)

d. 老大(望着满篮子的鱼,口水都流下来了,)"你们说,是做鱼汤,还是串烤,还是红烧鱼呢?"(G14C:L7-8)

(3) 心理过程中的"猫"

KPs 共 183 次出现在"感受类"想象图形中参与心理过程,包括:情感过程(如例 6.11a 中的"惊奇")、感知过程(如例 6.11b 中的"回味")、意愿过程(如例 6.11c 中的"不愿意")和认知过程(如例 6.11a 中的"想"和例 6.11d 中的"沉思")。高频地将"猫"作为"感受类"图形的主要参与者,说明小学生在写作中、在间接经验意义的构架中充分发挥了想象力和创造力去虚构"猫"的心理活动。

例 6.11

    a. 猫妈妈很惊奇,她想……(G8C：L9)

    b. 连饭盆边缘的卤汁,也要捧起来舔一舔,让他回味不已。(G165C：L8)

    c. 另外三只猫形成了惰性,不愿意再费劲千辛万苦捉老鼠。(G17C：L9-10)

    d. 听到这儿,所有的猫都鼓起掌来,掌声雷动之余,他们又陷入了沉思。(G10C：L19-20)

(4) 行为过程中的"猫"

KPs 共 108 次出现于表征行为过程的想象图形中,小学生选择行为过程表征想象世界中"猫"的各种身体或生理行为,例如吃、喝、站、坐、看、听、闻、皱眉、瞪眼等,通过构架各类行为过程,使图像中静态的"猫"活灵活现起来,如例 6.12a 中"低头",例 6.12b 中的"充饥",例 6.12c 中的"望",甚至采用人类特有的行为方式,如例 6.11d 中的"鼓掌"、例 6.12a 中的"脸红"：

例 6.12

    a. 老大、老二、老三脸红了,他们不好意思地低下头……(B14C：L21)

    b. 在满是高楼大厦的城市里,四只猫过着颠沛流离的生活,经常因找不到垃圾桶而饿一顿饱一顿,有时候,靠"飞速"抓老鼠充饥。(B18C：L23-24)

    c. 猫爸爸目不转睛地望着猫叔叔碗里的鱼……(G6C：L9-10)

(5) 关系过程中的"猫"

虽然可视图像中的"状态类"关系过程在作文中常常没有再现,但是小学生作文中有 61 次选择了归属类关系过程赋予"猫"属性特征,这 61 次归属过程的表征均以"三只猫"和"四只猫"作为集体"属有者"(如例 6.13),为其派发诸如肥胖笨拙、好吃懒做、贪图享受、好逸恶劳等"共性",

而这些共性既来自小学生的创造与想象,也表达了小学生的观点态度。

例 6.13

这样过了几个月,那三只猫胖的如一个肉团了。(B27C:L12)

6.5.3　想象图形中的 KPs 配型和属性

作文中,小学生通过想象和创造为六类关键参与者配置了共 25 类参与者类型(见表 6.16),通过表征想象图形为 KPs 配置不同于可视图形的参与类型,同时创造性地赋予"猫"某些属性。小学生在作文中通过想象和创造所赋予"猫"的参与者类型包括:

(1)言谈者和接收者

漫画可视图像中仅有一个言谈者——猫 3(见表 6.4——可视经验图形 18),而作文中却将所有的 KPs 置入言谈图形之中,KPs 作为非可视图形中的言谈者共出现 177 次(如例 6.10a‐d),作为言谈内容的接受者出现 14 次(如例 6.14a 中的"四只小猫咪"、例 6.14b 中的"那四只猫")。所有的"猫"均通过言语过程成为发出信息、交流信息、接受信息的生命体。

例 6.14

a. ……小明召唤四只小猫咪来吃饭……(G16C:L6‐7)
b. ……它们便立刻叫那四只猫去捕捉老鼠……(B15C:L19)

"语言"本是人类独有的交流工具,将"猫"表征为能说会道的信息发出者,则是小学生在作文中的创造。同时"猫说人话"也具有了对人类社会的隐射性。

(2)行为者

漫画可视图像中表征了 5 幅以 KPs 为参与者的行为类图形(见表 6.4——可视经验图形 13‐17),而作文中表征了与这 5 幅图形不同的

"猫"的行为共 108 次。这些行为可能是动物属性(例 6.12b 中的"充饥"、例 6.12c 中的"望"),有些却是人类特有的(如例 6.12a 中的"脸红"、例 6.11d 中的"鼓掌")。

小学生通过表征其想象中的猫的行为,不仅使图像中的猫活灵活现,具有了猫的典型行为特征,而且赋予其"人性",通过"猫做人事"表达故事的隐喻性——四只猫的故事也可能发生在人类社会,猫的行为其实就是人的行为。

(3) 感受者

漫画可视图像中表征了 3 幅以 KPs 为参与者的"感受类"经验(见表 6.4——可视经验图形 5 - 7),而作文 183 次表征了与这 3 幅图形不同的"猫"的心理过程,为"猫"配置了"感知者"(78 次)、"情感者"(61 次)、"认知者"(19 次)、"意愿者"(12 次)等感受者类型。"猫感知世界"即意味着赋予它感知外界事物的能力;"猫表达情感"即意味着赋予它内心情感和体验;"猫有意愿"则赋予它对不在场的事物具有意愿能力;"猫可认知"则意味着赋予它意识和思考能力。如果说"感知"和"情感"还属于动物的本能,那"意愿"(如例 6.11c、例 6.15a 中的"不愿"、例 6.15b 中的"恨不得")和"认知"(如 6.11d 中的"沉思"、例 6.15c 中的"注重")则是具有高级意识能力的高等动物所特有的能力。

例 6.15

　　a. 四只猫没人养了,也不愿去令猫生厌的收容所,便趁夜逃了。(B18C:L21 - 22)
　　b. ("野猪")恨不得自己变成一个吸引力是九兆倍的吸尘器,好把……(B28C:L6 - 7)
　　c. 四只猫还比较注重餐桌礼仪……(G22C:L4 - 5)

小学生通过为"猫"配置"意愿者"和"认知者"参与类型,使之具有人类的意识思维能力,也使猫的故事和人类感受有了可比性。

(4) 转变者

漫画可视图像中表征了 3 幅以 KPs 为"转变者"的可视图形(见

表 6.4——可视经验图形 2-4），而作文 124 次表征了与这 3 幅图形不同的过程，其中 54 次"猫"为"基本特质转变者"（如例 6.16a 中的"推选者"）、40 次"猫"为"姿态位置转变者"（如例 6.16b 中的"抓鼠者"）、30 次"猫"为"延伸关系转变者"（如例 6.16c 中的"相聚者"）等参与类型。

例 6.16

    a. 猫咪们恍然大悟，一致推选它为猫咪别墅谷的低碳猫（B2C：L19）

    b. 说完，一家人都没有吃桌上的鱼，去抓那只老鼠了，他们都想做勤劳的猫！（G4C：L19-20）

    c. 在 2050 年的一天里，猫先生们聚在了一起，准备用科技设备来为他们烧上一顿丰盛可口的菜。（G5C：L3-4）

"转变者"具有较强的行为能力，能影响或改变自身或他者的状态，在一幅图片中表征"转变"已有一定的难度，而表征"猫"的多种转变能力则是小学生的创造。

（5）转变对象和承受者

除"转变者"外，作文还 128 次表征了"猫"作为转变对象或承受者的过程，其中 46 次"猫"为"基本特质转变发生者"（如例 6.9a 中"依然如故"的"琦琦"，例 6.17a 中"犯老毛病"的"老大"）、29 次为"基本特质转变对象"（如例 6.9a 中"被教育"的"琦琦"，例 6.17b 中"得到宠爱"的"老大"）、25 次为"姿态位置转变发生者"（如例 6.17c 中"徒步"改变位置的"四只贵族猫兄弟"）、21 次为"姿态位置转变对象"（如例 6.17d 中"被救出"的"胖胖和坏坏"）、7 次为"延伸关系转变对象"（如例 6.17e 中被"买回来"的""给小明"的"四只小猫咪"）等参与者类型。

例 6.17

    a. 老大……老毛病又犯了……（B1C：L1）

    b. 老大……也获得了主人的宠爱（B1C：L1）

    c. 一个烈日当空的夏天中午，四只贵族猫兄弟顶着太阳徒步来到了一家七星级酒店吃午餐……（B25C：L5-6）

d. 老四用他的强健的身体……成功救出了胖胖和坏坏。(G23C：L20-21)

e. 今天,小明的妈妈买了四只小猫咪,给小明做生日礼物(G16C：L1-2)

将"猫"表征为转变过程的"对象"和"承受者",使之成为物质世界发生变化的参与者,由此图像中的"猫"和其他事物发生联系。

(6) 创造类过程参与者

漫画中未表征创新过程,唯一的"终结过程"为"猫吃鱼"。而作文中有42处以"猫"为参与者的"创新类"或"终结类"经验图形,其中"猫"13次成为导致他者消亡的"终结者"(如例6.18a 中"杀死老鼠"的"老四")、12次成为导致他者产生的"创新者"(如例6.18b 中"成立家""生孩子"的"小凤")、11次成为自身消亡的"终结发生者"(如例6.18c 中"淹死"的猫)、4次成为创造活动的"创新对象"(如例6.18d 中的"四只猫仔")、2次成为被消亡的"终结对象"(如例6.18e 中被"撞死"的猫)。

例6.18

a. (老四)……三年之内就把老鼠杀死了90%(G1C：L20)

b. 两个星期后,小凤找到一只漂亮能干的女猫为伴,成立了一个温暖的家,并准备在明年生个孩子。(G8C：L6-7)

c. 一只(猫)看见河里有一条鱼,就跳下去,便淹死了(B1C：L22-23)

d. 有一位富户,他花了好些钱买下了一只老波斯猫,老猫生下来四只猫仔。(G19C：L14-5)

e. 还有一只,被饿得有晕又昏,冲进马路被撞死了(B1C：L23-24)

"创新"和"终结"或是表征了小学生的想象图形——猫的生老病死,或是为"猫"赋予了"创新"或"终结"其他事物的能力,使之成为世界发生事物增减的动因,由此"猫"具有了与人类相似的、有意识的"创造类"生命活动。

(7) 接受者和受益者

漫画可视图像未将"猫"表征为经验过程的"受惠者"(Beneficiary),

而作文 22 次表征了"猫"作为物质过程"受惠者"的图像,其中 17 次"猫"是某物的"接受者"(如例 6.19a 中的"每位猫先生"就是"菜"的接受者),5 次"猫"是某行为的"受益者"(如例 6.19b 中的"老四"就是"举办 PARTY"的受益者)。

例 6.19

　　a. ……机器人为每位猫先生端上了一道猫咪们白吃不厌的菜……(G5C: L4-5)

　　b. 猫家四兄弟……准备为老四升入了一个好初中而举办一个 PARTY (B14C: L8-9)

"受惠者"是"做事类"经验的间接参与者,使之和某些貌似无关的事件产生关联,也使"猫"参与到涉及多类参与者的经验过程。

(8) 标记和价值

漫画的可视图形表征了 4 类以 KPs 为"标记"或"价值"的关系过程(见表 6.4——可视经验图形 9-12),而作文 61 次表征了与这 4 幅图形不同的以 KPs 为"标记"的关系过程,其中 50 次是为"三只猫"和"四只猫"建立属性关系,使之成为"内部属性拥有者"(如例 6.20a 中的"四只猫"具有相同的外貌特征),9 次是为"四只猫"建立识别关系,使之成为等同于其他事物的"被识别者"(如例 6.20b 中"猫"和"人类"的相互识别关系),2 次是表征"三只猫"或者"四只猫"与其他事物的所有关系(如例 6.20c、例 6.20d)。

例 6.20

　　a. 这四只猫是黄色的,眼睛大大的,炯炯有神……(B18C: L13-14)

　　b. 图中的猫就是我们人类……每只猫都代表了我们人类的种种存在的缺点。(G6C: L11-12)

　　c. 小淘还有三个哥哥(G18C: L4)

　　d. ……猫国国王有四位儿子……(G11C: L2)

发掘"猫"的集体属性和识别特征是小学生分析和思考的结果,也是其作文的创造性所在。

(9) 现象

漫画有 2 类以 KPs 为"感受现象"的可视图形(见表 6.4——可视经验图形 6 - 7),而小学生在作文中 13 次表征了与这 2 幅图形不同的"猫"作为"现象"的心理过程,通过心理过程将"猫 2"表征为他者视角下的"现象",如例 6.21a 中"猫 2"成为"冷落"这一情感过程的感受现象,例 6.21b中"三只猫"成为"想吐""忍无可忍"这一负面情感过程的感受现象。

例 6.21

  a. 迟疑、不说话的猫……似乎受到了冷落(B2C:L21 - 22)

  b. 主人看到那三只猫就想吐,实在忍无可忍……(B27C:L13 - 14)

为"猫"配置"感受现象"的参与角色,是小学生将"猫"及其行为重构为"静态"的事物,使之具有恒定性,并与画外世界、人类社会的其他现象具有可比性。

6.6 写作中的想象创造性特点

对想象图形的经验构架、KPs 配型及其属性分析揭示:想象创造性是作文在间接经验意义表征上的集体性语义趋向。小学生在作文中充分发挥其想象力和创造力,创造性地构架了丰富多样的想象图形,为关键参与者创造性地配置了多种参与类型。小学生在这篇作文的创作中体现了以下四个方面的"想象创造性"特点:

(1) 想象创造覆盖了人类经验的主要类型。

"想象图形"所表征的经验过程涵盖了物质过程中的"创造"和"转变",言语过程的"独白"和"对话",心理过程的"认知""愿望""感知"和

"情感"、行为过程以及关系过程的"归属"和"识别",说明小学生通过自己的想象创造将图中"猫"参与经验的方式扩展至人类经验方式的所有类别,作文表征的经验意义是丰富而多元的,体现了小学生多姿多彩的想象世界。

（2）想象创造是对可视图形的动态化、多元化再创造。

小学生通过想象创造将单一的静态图形扩展为由多种图形组成并以复杂方式构架成动态的"经验序列"。如作文中的物质过程和行为过程表征多类"转变类""创造类"和"行为类"图形,藉此小学生将可视图像中单一的静态经验延伸至丰富的动态经验,将一个动作、变化扩展为系列动作、循序渐进的转变;再如作文以数个言语小句序列表征了数只猫依次参与言谈的"言谈序列",使可视图形中静态的独白变成作文中动态的对话经验序列。

同时,通过为 KPs 配置"创造性"的参与经验方式,可将"猫"置于各种类别的事件框架中,将静态的场景动态化（如将"猫"作为转变者、创新者）,也使动态的过程静态化（如将"猫的行为"作为心理过程的"感受现象"）,藉此小学生实现了对经验意义的多元化构架。

（3）想象创造是对参与者的创造性赋值。

在通过构架想象图形为 KPs 配置参与者类型的同时,小学生创造性地为 KPs 赋予了多种属性、能力和作用。如果说为"猫"配置"行为者"参与类型是赋予其生物属性,那么为"猫"配置"转变者""创造者"参与类型则是表征其主动参与想象世界中的转变活动,将"猫"表征为外部世界发生变化的动因,同时小学生为"猫"赋予了主观能动性、转变能力甚至创造能力。在关系过程中,与"标记"建立关系的是"价值",关系过程表征的是为"标记"赋值的过程。在将"三只猫"和"四只猫"表征为关系过程的"标记"时,小学生为"猫"派发了集体属性,而这些属性往往添加了创造和想象的成分,传递小学生想象中"三只猫"和"四只猫"所共有的特征属性,或者通过赋予"猫"共性使之与人类产生可比性。在作文中最为突出的是"猫"参与了多类心理过程,在一幅幅"情感""感知""愿望"和"认知"类经验图形中,小学生不仅为"猫"创造出丰富的情感世界,表征了"猫"多维的感知能力,而且赋予"猫"意愿和认知等高等意识能力,使之以人类的思维方式感受外部世界。尤其是对"猫4"的"感受者"配型,不仅将"猫4"表征为一个内心情感丰富、对外界事物感觉敏锐的生命体,赋予其喜悦、欣慰、安心等内心情感和看见、闻到、聆听、观察等对外界事物的感知能力,而且凸显其对"不在场"事物的意愿能力和理解事物的"认知"能力,赋予其"智者"的思维方式和判断能力。

在各想象图形中为"猫"配置多类参与经验方式的同时,小学生赋予"猫"的属性、能力和作用大多超越了"猫"这一自然生命体的客观范畴。这体现了小学生在创作中不仅有想象,而且通过创造性的经验构架为"猫"赋值,使作文中的"猫"具有超越其生物属性的社会特征和能力。

(4) 想象创造是对人类社会的隐射性评价。

小学生通过"想象创造"所重构的间接经验往往具有一种隐射指向,即以"猫世界"隐射"人类社会"。从修辞手法说,这是"拟人";从话语语义的角度说,这是一种用"猫"所参与的经验图形间接表征人类经验,例如物质过程中"猫做人事"、言语过程中"猫说人话"、心理过程中"猫具有了人的感受"、行为过程中"猫"采用了人类特有的行为举止方式、关系过程中"猫"有"人性"等等。

在言语过程中,作文不仅将可视图像中所有的 KPs 构架为言语过程的"言谈者",而且还将"猫"作为某些言谈内容的接收者,将漫画中一处"猫3独白"变成由系列言语小句推进而成的"聊天""辩论"等"群猫对话",藉此小学生引入"他声"对图中事物发表评论,创造性地将可视图形的经验意义从静默的"猫世界"引申到多声杂语的"人类社会"。

在关系过程中,归属关系和识别关系过程的建立往往依赖一个"赋值过程",在这个过程中"猫"被赋予某种属性,如热心或冷漠、贪婪或勤劳、健壮或瘦弱,而这些属性往往更多地应用于对人的能力和道德评判,此类关系小句往往凸显了人际意义,即建立在社会价值观上的社会判定。通过创造性地构架上述图形,小学生隐喻性地表达了对漫画故事的观点态度,而这些对"猫世界"的评价往往也可应用于"人类社会",承载了小学生对于人类社会的人、事、物的观点态度。

6.7　想象创造个性化现状

实证分析揭示：作文在经验意义表征上的集体性语义趋向体现在两个方面：

（1）一定程度的语境依赖性：

作文总体上对指导语语境所提供的语场信息有一定的依赖性，大多数作文部分地再现可视图形或者将可视图形的 KPs 置入想象图形中。

（2）较强的想象创造性：

在经验意义的选择上，更多是通过小学生的想象和创造来寻求经验意义的来源、配置参与者类型、构建经验图形，作文中所构建的间接经验意义绝大多数不是对作文指导语漫画中可视图形的简单再现，而是对小学生丰富多彩的想象世界的表征，是其在写作中进行二次创作的结果，"想象创造性"是作文在间接经验意义表征上的集体性语义趋向。小学生通过对可视图形的动态化、多元化再创造，通过创造各种类别的想象图形，不仅编写了迥然不同的"猫"的故事，而且对"猫"进行创造性赋值使其具有人性，使猫的故事具有了对人类社会的隐喻性，并且"以猫说人"，以独特的经验构型方式对人类社会的各种现象发出评论。

从集体性经验构型趋向来看，作文的"想象创造性"远远高于"语境依赖性"。虽然语境提供了可视图形，但是小学生所表征的经验图形丰富多彩、各具特色。作文中所体现的想象创造性趋向反驳了当前民间话语对于小学生的诟病，"题材单一""内容空洞""千人一面""思维固化"现象并未出现在作文中。52 名小学生在作文中充分体现了丰富的想象力和多方面的创造力，此项实证研究构成对教育话语、民间话语甚至先前学术话语的质疑：三方话语所认定的写作"缺乏想象力和创造性"是否真实地代表了当代小学生的写作现状？

第七章

多维视角下的想象创造
个性化案例分析

    通过对比作文指导语漫画的"可视图形"和52篇想象作文构架的经验图形,实证研究揭示了小学生在该语境的写作中,想象创造性远远大于语境依赖性,作文不仅创造性地构建了代表人类经验主要类型的动态化、多元化的"想象图形",而且创造性地为图形中关键参与者赋值,藉此形成对人类社会的隐喻性评价。"想象"与"创造"是该语境下小学生在经验意义维度上的集体性语义倾向。

    在作文个性化多维分析模式中,还存在"联盟取向"和"个体能力"两个"个体化"维度,这是分析产生个体差异原因的维度。为此,我们选择在KPs配型上与指导语漫画偏离最多的两类——"聚焦KPs"和"忽略KPs",对其典型案例进行"个体化"分析。

7.1 案例选择

    对52篇作文中的想象创造性个性化案例选择以KPs配型为切入点,具体步骤包括:

(1) 统计每篇作文的经验图形数（见表 6.6）；

(2) 统计每篇作文中的 KPs 参与经验构型的图形数（表 6.7）；

(3) 对上述数据进行逐篇比对，计算得出 52 篇作文中 KPs 参与经验构型的比例；

(4) 依据上述比例可对 52 篇作文选择 KPs 作为作文经验构型参与者的参与率进行统计和排序；

(5) 发现经验构型聚焦于 KPs 的 3 例典型作文（见表 7.1）；

(6) 发现经验构型完全忽略 KPs 的 4 例典型作文（见表 7.1）。

表 7.1　作文经验构型中 KPs 的参与率

编号	KPs 参与（次）	经验图形（幅）	KPs 参与率(%)	编号	KPs 参与（次）	经验图形（幅）	KPs 参与率(%)
G15	0	61	0.0	G12	19	31	61.3
B19	0	43	0.0	B5	19	31	61.3
B20	0	56	0.0	G10	32	51	62.7
B26	0	53	0.0	B30	29	45	64.4
B24	5	60	8.3	B25	39	59	66.1
B7	7	75	9.3	G19	34	50	68.0
B10	6	54	11.1	G9	27	39	69.2
G3	6	42	14.3	G1	44	63	69.8
G2	9	58	15.5	B18	46	65	70.8
B21	7	38	18.4	B28	27	36	75.0
B4	11	38	28.9	G13	41	53	77.4
B23	12	37	32.4	B17	25	32	78.1
B8	13	39	33.3	B9	43	55	78.2
G18	20	59	33.9	B2	43	54	79.6
B13	21	56	37.5	G7	30	37	81.1
G17	20	44	45.5	B12	35	43	81.4
B3	27	59	45.8	B16	38	46	82.6

编号	KPs 参与（次）	经验图形（幅）	KPs 参与率(%)	编号	KPs 参与（次）	经验图形（幅）	KPs 参与率(%)
G22	22	46	47.8	G14	40	48	83.3
B14	27	56	48.2	B22	25	29	86.2
B1	37	73	50.7	B15	51	59	86.4
B6	24	45	53.3	G8	43	47	91.5
G6	27	49	55.1	G16	59	64	92.2
G11	26	45	57.8	G20	49	52	94.2
B29	25	43	58.1	B27	42	42	100.0
G5	28	47	59.6	G21	48	47	102.0
G4	26	43	60.5	G23	59	53	111.3

"聚焦 KPs"反映作者在选择经验参与者时对作文指导语漫画所提供的可视图形具有较高的语境依赖性，而"忽略 KPs"则反映作者对经验参与者的选择完全依赖个体的想象创造，两类作文在经验构型上选择截然不同的参与者反映了小学生在作文写作中想象创造个性化的两个极端。对这 7 个典型案例的多维分析分析将综合作文在 KPs 配型、环境因素和其他参与者三个方面的经验意义选择，结合参考素材（包括父母评语、问卷调查和附录 7 对第一人称作者参与经验构架的统计），力图从"个体化"视角探究想象创造个性化背后的深层原因。

7.2　聚焦 KPs 的作文

在 52 篇作文中，G23C、G21C、B27C 的 KPs 参与率最高，是在经验构型选择参与者成分时聚焦 KPs 的个性化典型。这三篇作文的 KPs 参与率达到或者超过 100% 的原因是某些经验过程中同时包括两个或者三个 KPs，如例 7.1 中一个经验图形中出现了两次 KPs——作为"言谈者"的"猫 3"和作为"言谈对象"的"猫 2"：

例 7.1

另外三只猫中的一只猫指着那只捉老鼠的猫对同伴说："……"(G17C：L4-5)

◆ **聚焦 KPs 案例 1：G23C**

G23C 题为《四只猫》(见附录 8)，文中有 53 个经验图形，KPs 参与经验构型的次数为 59 次，其中"猫 1""猫 2""猫 3""猫 4""四只猫"作为过程参与者分别出现 14 次、7 次、13 次、22 次和 3 次，作文未将"三只猫"作为集体参与者。作文通过经验构型再现了漫画中的 5 幅可视图形(见表 6.4：可视经验图形 1、3、6、17、19)，其他的 54 次 KPs 配型则来自作者的想象和创造。包括：

(1) 构架存在过程确立故事的背景——森林；

(2) 构架识别过程给"猫"命名，例如作文的第一段分别将"猫 1""猫 2""猫 3""猫 4"命名为"胖胖""苗苗""坏坏"和"老四"，确立四只猫为兄弟姐妹关系。

(3) 构架归属过程给"猫"派发不同属性，例如分别将"猫 1""猫 2""猫 3"归入"好吃懒做""善良""喜欢轻视"的类别，对"猫 4"进行品行评价："勤劳""强健""忠实"等。

(4) 构架言语过程创造了两组"群猫对话"的图像——四只猫在餐厅的系列交谈以及"猫 1"和"猫 3"对"猫 4"的夸奖。

(5) 构架行为过程和物质过程表征作者想象中猫的生活状态、行为举止、经历、改变等，例如"猫 2 看书""猫 4 烧鱼""猫 4 救其他的猫""四只猫过上了幸福快乐的生活"等等。

从参与者选择来看，G23C 中除给可视图形中的关键参与者配置角色外，还有一个凸显的参与者——"猎人"，这个参与者是作者为漫画故事所创造的"续集"中的主角，是导致猫的生活发生变化的动因——"猎人"捕获了四只猫。在作文中添加"猎人"这个参与者，构架以"猎人"为"动作者"的系列物质过程——抓猫、带回去、放猫等等，使作文所表征的经验意义更加具有想象创造的个性化。从对"第一人称作者"在作文中参与经验构型来看(见附录7),全文未出现第一人称"我",说明G23完全把这篇作文当作想象作文来写,并没有打算在文中联系自己、联系社会。

同时,作文还通过在经验构架中配置环境因素丰富其作文所表征的经验。例如,作文所表征的言谈过程往往配置了表达说话人动作表情的"方式因素"——"老大气愤地说""老四含着笑说""老三带着嘲笑的语气说""胖胖和坏坏异口同声地说"等等。这些环境因素实现了对漫画可视图形的动态化再创造。

上述分析揭示:虽然G23C以可视图形中的参与者作为其经验构架的主体元素,但是作文所构架的经验图形远远超越了漫画所提供的经验信息,G23通过不同的物质过程表征了其想象中的"猫的故事",而且通过添加外部参与者和配置环境因素来丰富故事的背景、加强故事的动态性,尤其是其故事的"续集"中所有的图景均来自小作者的想象和创造。同时,G23C全文围绕"猫的故事"展开,所有的参与者成分和环境成分均未选择现实社会,作者也未以第一人称参与经验构架,是一篇完全表征间接经验意义、依赖想象和创造而写的"想象文"。

在问卷中,我们看到G23在Q-Ⅰ-2中选择了"看图作文"作为其最擅长、最喜欢的作文体裁,原因是看图作文可以"写一些自己喜欢的东西";在Q-Ⅰ-10中反思自己写作的强项是"看图作文",不足是"不能把作文结合实际"。在Q-Ⅱ-1中,G23认为自己的"满意作文"在创作上的成功之处在于"我一直想要写得细",在Q-Ⅱ-4中,G23说自己的写作爱好是"把人物当作自己,为自己编一些快乐、开心的事"。通过这些有限的参考素材,我们可以看出G23C的写作是一个自主化的过程,虽然小作者意识到自己作文中可能存在"不结合实际"的问题,但是她还是忽略了传统作文对于"故事升华"的要求,按照自己的喜好来选择经验构架的元素和方式,写"自己喜欢的东西""编快乐、开心的事"。

◆ 聚焦 KPs 案例 2:G21C

G21C题为"都什么年代了,有鱼吃还捉老鼠!"(见附录9),文中有47个经验图形,而KPs参与经验构型的次数为48次。其中"猫1""猫2"

"猫3""猫4""四只猫"作为过程参与者分别出现9次、14次、10次、14次和1次,作文未将"三只猫"作为集体参与者。作文通过经验构型再现了漫画中的9幅可视图形(见表6.4:可视经验图形1、3、4、5、8、9、11、17、19),其他的39次KPs配型则来自作者的想象和创造。包括:

(1)构架言语过程创造了两个"群猫对话"的"言谈序列"——"猫2"和"猫3"通过电话邀约聚餐和四只猫在餐厅的系列交谈。

(2)构架行为过程、物质过程表征作者想象中猫的生活情景、行为举止、经历改变等,对于猫的动作进行了细致入微的经验构架,创造出5组经验序列:"猫妈妈做红烧鱼""猫一家接待表哥""猫爸爸吃鱼""猫儿子捉鼠""猫妈妈打猫儿子"。

从参与者选择来看,G21C中所有的图形都至少包括一个KPs,而且小作者指定了四只猫之间的"人物关系"——爸爸(猫1)、妈妈(猫2)、表哥(猫3)和儿子(猫4)。所有的经验构型都是以"猫"为参与者,整篇作文中没有出现第一人称作者"我"(见附录7)。同时,作文还通过在经验构架中配置环境因素,使其"想象图形"在凸显"前景化"的过程和参与者的同时,又表征了"背景化"的伴随动作或者时空因素,例如"猫一家接待表哥"发生在"一个阳光明媚的下午","猫儿子吃老鼠"的伴随动作是"头一仰把老鼠吞下去了"。

上述对G21C的分析揭示:G21C表征的所有经验图形以KPs为参与者,作文所构架的经验图形远远超越了漫画所提供的经验信息,G21通过系列言语小句、物质小句和行为小句构架了7组经验序列,通过配置环境因素来丰富故事的背景,表征了一幅幅既有动态性又有层次感、画面感的"想象图形"。同时,G21C全文围绕"猫的故事"展开,但是四只猫所具有的家庭关系是人类社会所独有的,整篇作文形成了对人类社会的隐射。

在问卷中,我们看到G21在Q-Ⅰ-2中同样选择了"看图作文",原因是:

看图作文可以想象着写,可以不合常理,如:可以飞呀!(G21Q-Ⅰ-2)

在Q-Ⅰ-6中反思自己写作的强项是"喜欢和擅长描写动物",在Q-Ⅰ-8对作文的自我评价是"写得最好",因为"越写越多,想出了好多事,写得十分流畅",不足是"不结合实际"。在 Q-Ⅱ-1 中,G21 认为自己的"满意作文"就是 G21C,在创作过程中的想法是"想写一个类似童话的故事,因为我一下手写不停,还写了好多"。而父亲对 G21C 的评语是:

> 依题而作,把自己的生活经历写进了作文里,漫画中的人物真实地反映出了现实生活中的自己。(F:G21C)

上述参考素材说明,G21C 的写作是一个自主化的、满足作者需求的写作过程,G21 选择写自己擅长的"动物故事"、写作过程中感到有话可说;同时,根据"父亲评语"我们还可以判断,G21C 选择了在一篇作文中表征 7 个以 KPs 为主要参与者的经验序列,是和她的生活经历密切相关的,虽然作文中的间接经验来自想象和创造,但是想象和创造的根源又源自其生活经历。

◆ 聚焦 KPs 案例 3:B27C

B27C 题为《一只还在捉老鼠的猫》(见附录 10),文中有 42 个经验图形,KPs 参与经验构型的次数为 42 次,其中"猫 4""三只猫""四只猫"作为过程参与者分别出现 19 次、20 次和 3 次,作文未将"猫 1""猫 2""猫 3"作为过程参与者。作文通过经验构型再现了漫画中的 4 幅可视图形(见表 6.4;可视经验图形 1、3、6、19),其他的 38 次 KPs 配型则来自作者的想象和创造。包括:

(1)构架言语过程表征了 3 组"群猫对话"的言语序列,分别是:交换对抓鼠行为的态度、离开主人家之前的对话以及讨论强身健体计划。

(2)构架心理过程将"猫"表征为感受对象,或者是人类对猫的感受,例如"好恶",或者是"三只猫"对"猫四"的态度,例如"不友好""看不起"等。

(3)构架系列物质过程、行为过程表征猫的习惯,如"猫 4 捉鼠"和"三只猫贪食"等。

(4)构架关系过程对猫进行属性的赋值,如"猫 4 健康"和"三只猫肥胖"等。

从参与者选择来看,B27C 中除 KPs 外还有一个凸显的参与者——"主人","主人"共参与了 9 个想象经验过程,包括"养猫""宠猫""善待猫""喂猫""嫌弃猫""罚猫""丢弃猫"等。在这一系列想象图形中,"主人"往往是经验过程的"转变者""感受者"等主动参与者,而"猫"是"对象""现象"等被动参与者,由此 B27C 构建了一个以"主人"为"动作者""猫"为"对象"的宏观经验现象。同时,作文开端部分的两个物质小句以"人们"和"人们养的猫"为参与者,表征了物质世界两个普遍的"转变"和"终结"现象。全篇作文中没有出现第一人称作者"我"(见附录 7)。在环境因素选择方面,作文通过配置时空环境因素,使作文所讲述的故事具有了社会大背景"在新时代里",也有了微观情景"在一个富有人家里"。

上述对 B27C 的分析揭示:B27C 体现了对 KPs 配型的"个性化"选择,即 B27 将猫分为三类:"四只猫""三只猫"和"猫 4",或者是将猫作为一个群体,凸显其和"主人"在物质经验过程中分别是"被动参与者"和"主动参与者";或者是将"猫 4"和"三只猫"分别作为两类经验主体,为其选择不同的言谈内容、行为举止和特征属性,刻意凸显其差异。虽然全文未出现第一人称作者"我",但是文章的开头以两个泛指名称"人们"和"人们养的猫"作为参与者、以"新时代"作为环境因素介绍社会背景,也使作文有了社会隐喻性。

在问卷中,我们看到 B27 在 Q-Ⅰ-2 中同样选择了"看图作文",原因是看图作文可以"自由发挥";在 Q-Ⅱ-1 中,B27 认为自己的"满意作文"就是 B27C,在创作过程中的想法是"将一只捉老鼠的猫从被看不起写成捉鼠大师,因此字数变多,语言幽默"。而母亲对 B27C 的评语揭示作为一名读者,她读出了作文的"言外之意":

> 安逸的生活使人容易失去斗志,历史上有很多例子,所以我们要保持清醒的头脑,居安思危。(M:B27C)

上述参考素材说明,B27C 的写作是"自由发挥"的写作过程,B27 选择写自己擅长的"看图作文",浓墨重彩地构架了多幅"众猫图"。同时,故事之所以具有对社会的隐喻性,也是他在写作过程中所考虑到的问题,因为其构思中有一个要点是突出他对"猫 4"的态度转变,因此才有了作文中的多个心理小句以"猫 4"为"现象",才有了分别表征"猫 4"和

"三只猫"的经验构型。母亲评语未对作文的故事本身进行评论,但是概括了作文的"言外之意",由此我们可以推测其家庭具有"复杂语码倾向"。

7.3 忽略 KPs 的作文

"忽略 KPs"指作文的经验构型不以可视图形中的 KPs 为主要参与者,忽略可视图形所提供的语场信息。排序结果显示,G15C、B19C、B20C、B26C 四篇作文自始至终未选择"猫"作为经验构型的参与者,作文中所有的经验构架均来自作者的想象和创造,是在经验构架中完全忽略 KPs、体现作文想象创造个性化的典型案例。

◆ 忽略 KPs 案例 1:G15C

G15C 题为《现在的小孩怎么了》(见附录 11),是一个对社会现象"孩子缺乏生活自理能力"发表议论的议论文,既未提及作文指导语,也未提及漫画及其内容。在 61 幅经验图形中,主要的参与者包括:"社会""人们""儿童""孩子""家长""我们"。作文中复现率较高的经验图形类型有:以物质过程再现当代青少年生活习惯,家长子女相处方式的图景,以言语过程传递青少年和家长的声音,以关系过程表达作者对上述现象的评价。

在问卷中,G15 在 Q-I-2 中选择"读书笔记""纪实文"为喜欢和擅长的写作类型,而不喜欢看图写话的原因是"有时抓不住重点",在 Q-I-8 中 G15 认为自己擅长读书笔记的原因是"可以表达出感情"。家长评述中,母亲对这篇作文较为满意,因为:

能感悟出这些道理,说明她已经长大懂事了……(M:G15C)

参考素材揭示 G15 选择忽略 KPs 的部分原因是对看图作文有畏惧感,选择了逃避策略。另外,G15 认为表达感情的最佳方式是"读书笔记",可见 G15 对于看图作文和读书笔记的语类特点了解不足,不懂得如何利用看图作文表达感情。母亲评语中对于作文忽略漫画内容未作点评，反而对议论文中的观点给予正面评价，部分说明在其家庭的作文观念中，"议论"比"描写"更值得推荐，"观点"比"场景"更有价值。

◆ 忽略 KPs 案例 2：B19C

B19C 题为"都什么年代了"（见附录 12），是一篇对现代社会如何生活发表观点的议论文，作文构架的 43 幅经验图形中的主要参与者是"人"，包括："我""我们""客人""大腕""他们""记单子的小姐""富人""平凡人"等。作文通过大量物质小句和言语小句表征了"我们"和"他们"在餐馆的系列经验，例如点餐、谈话、乘车等。作者将表达同类经验过程、不同参与者的小句并置，以对比两类参与者的"做事"和"言谈"方式，并最终通过以"我"为"感受者"的认知型心理小句发表观点。作文最后一段将"这个漫画"作为心理过程的环境因素，表征"我"的观点。

在问卷中，B19 在 Q-Ⅰ-2 中选择"纪实文"为喜欢的写作类型，"看图作文"为不擅长的写作类型，而不喜欢看图写话的原因是"没东西可写"；在 Q-Ⅰ-8 中 B19 选择的"最不喜欢"的作文是"看图作文"，最喜欢"自述文"，原因是"了解自己"；在 Q-Ⅰ-10 中，B19 将"看图作文"列为自己写作的不足之处。家长评述中，母亲对这篇作文所传达的观点较为满意，因为：

> 看了孩子的作文，我感到很高兴。虽然他的人生观、世界观还没形成，但能知道精神世界比物质生活更重要，这思维难能可贵。希望他能保持这份童真。（M：B19C）

参考素材揭示 B19C 忽略 KPs 的原因是 B19 对写"看图作文"不如写"纪实文"有兴趣，对写自己了解的事物比写想象中的事物有信心，为此他在作文中选择了"我"的亲身经历而不是漫画故事作为议论的"现象"，漫画故事在其经验构架中仅仅是其认知世界的一个边缘化的环境因素。可见，这也是小作者在作文指导语允许的情况下选择的逃避性写作策略，体现了其在表征间接经验方面的不足。同时，母亲评语对于作文忽略漫画故事未作点评，而是认可了作文所传达的观点、态度，由此我们推测 B19 的语义选择受到家庭语码趋向的影响。

◆ 忽略 KPs 案例 3：B20C

B20C 题为《传统不是落伍》(见附录 13)，是一篇"读漫画后感"，作文所表征的 56 个经验图形中的主要参与者包括："漫画""我""猫""中年男子""青年""女士"等。作文没有表征漫画中的可视图形，但是通过系列物质和过程小句表征了发生在"中年男子"和"青年"之间的撞车事件和言语冲突，以及"中年男子""青年""女士"之间的对话。作文通过心理小句将"我"表征为漫画和上述事件的"感受者"，最终表达"我"的观点。

问卷调查 Q-Ⅰ-2 结果显示，B20 最喜欢写"纪实文"，其自述原因为"我能用一件具体事例突出中心"，Q-Ⅰ-8 显示 B20 最不喜欢的作文命题是想象文。在 Q-Ⅱ-1 中，B20 对其"感到满意的创作过程"的描述是"我想我能通过具体事例表达感情"。家长评语指出：

> 这篇文章写得肤浅，没有写出深层次的意义，需要改进。(M：B20C)

参考素材揭示 B20 忽略 KPs 是为了用自己擅长的方式写作——用一个具体的事例来证实自己的观点。

◆ 忽略 KPs 案例 4：B26C

B26C 题为《时代的变迁》(见附录 14)，是一篇对人类生活的多个方面发表议论的"杂文"。作文所构架的 53 个经验图形中主要参与者包括："人""人类""猫""老鼠""地球""环境""人口"以及"我"。作文通过对上述参与者的经验构架，构建了三个方面的经验现象：猫不抓老鼠、人类浪费资源、人口"爆满"，并通过以"我"为感受者的心理小句表征作者对上述现象的感知、认知以及对改变现状的意愿。但是我们在作文中没有发现表达上述三个经验现象之间逻辑关系的文字。

从参考素材看，B26 问卷上的很多回答显得文不对题，例如对于作文中的强项和不足(Q-Ⅰ-10，Q-Ⅰ-11)，B26 的回答是"数学体育比较好，英语美术音乐不好"，对于 Q-Ⅰ 的前 9 个选择题，B26 几乎将所有的选项都填入了"喜欢、擅长"栏。其家长评语对作文是不满意的：

> 读了这篇文章，没能让我看出个所以然。(M：B26C)

参考素材揭示 B26 在判断题意方面和选择重点方面还存在不足,由此我们推断 B20C 忽略 KPs 可能是因为 B20 审题不清、其表征的多类经验现象之间缺乏逻辑性也是和 B20 在非写作行为中"抓不住"重点的习惯相符。

7.4 想象创造个性化的"个体化"解读

对 52 篇作文的经验意义构架揭示了小学生作文想象创造个性化的现状,对 7 篇 KPs 配型选择的个性化案例分析则可揭示想象创造个性化背后的深层原因。

从 KPs 配型上看,体现"想象创作性"的经验意义选择体现为忽略可视图形中对"猫"的参与者类型配置,而体现"语境依赖性"则凸显可视图形对"猫"的参与者类型配置,完全忽略 KPs 配型和极度凸显 KPs 配型均为背离集体性语义趋向的个性化 KPs 配型选择。通过对这两类个性化案例的深入分析,我们发现不论是以语境信息为参与者配型来源的"聚焦 KPs"类作文,还是以想象创造为参与者配型来源的"忽略 KPs"类作文,在经验构型上的个体选择均与小作者的写作能力、兴趣、需求等个体原因密切相关,语境对于经验构型的影响远远小于个体差异的影响。表 7.2 归纳了 7 篇作文背离集体性经验构型趋向的具体表现及其原因。

表 7.2　想象创造个性化的"个体化"原因

案 例		经验构型的个性化表现	"个体化"原因	
			作 文 能 力	联 盟 取 向
聚焦关键参与者	G23C	KPs 为主要经验参与者;添加外部参与者"猎人"并构架了以"猎人"为参与者的经验序列、环境因素;无第一人称参与者;与现实无关	直接经验的语义选择能力和表达能力不足(不擅长纪实文)	逃避性策略,弥补能力不足;主动反叛,以满足个体写作需求

案 例		经验构型的个性化表现	"个体化"原因	
			作文能力	联盟取向
聚焦关键参与者	G21C	构架以 KPs 为参与者的经验序列；添加时空、方式等环境因素；为 KPs 赋予人类特有的社会关系	语域构型能力不足（不会结合实际）；间接经验语义选择能力（擅长并喜爱想象文、写动物）	逃避性策略，弥补能力不足；主动反叛，以满足个体写作需求
	B27C	KPs 为主要经验参与者；添加外部参与者"主人"并构架了以"主人"为参与者的经验序列；无第一人称参与者；添加时空环境因素，作文与现实无关	语义选择能力（选择勾画群猫图）	主动选择背离集体性趋向，满足个体需求
忽略关键参与者	G15C	KPs 在文中未出现；以多种社会人群作为参与者；评价社会现象的议论文	语境识别能力不足（抓不住看图作文的重点，不了解读书笔记的语类特点）	逃避性策略（用"议论"取代"描写"、写"观点"不写"场景"）
	B19C	KPs 在文中未出现；以第一人称和多种社会人群作为参与者；写自身经历；评价社会现象的议论文	语义选择能力不足（看图作文没内容可写）	逃避性策略（写了解的事物）
	B20C	KPs 在文中未出现；以第一人称和多种社会人群作为参与者；写自身经历；评价社会现象的议论文	语域构型能力（不喜欢看图作文，擅长通过具体事例表达感情的纪实文）	逃避性策略（写了解的事物）；用擅长的方式写作
	B26C	KPs 类型庞杂；表征的经验间缺乏逻辑关系	语境识别能力不足（不善于审题）、语义选择能力不足（抓不住重点）	

结合参考素材对个性化经验意义选择背后的深层原因进行剖析，我们发现造成经验构型个体差异的主要原因仍然是两类个体变项：作文能力和联盟取向，而作者在这两个方面的差异又可与社会语义分配密切相关。

7.4.1　作文能力与想象创造个性化

　　小学生在表征经验方面存在作文能力的差异，这体现在两个方面：第一是表征不同类别经验能力的差异，第二是在语境识别、语域构型、语义表达等话语语义生成层面的作文素养发展差异。

　　从不同类别经验来看，小学生的个体差异可体现在表征直接经验和间接经验能力的发展不同步，表征物质过程、心理过程、关系过程等能力的发展不同步。例如聚焦 KPs 的小学生对于直接经验和关系过程的表征显得欠缺，因此聚焦 KPs 的个性化作文往往存在对表征现实生活的直接经验意义构型能力不足的问题，他们的作文往往不联系实际生活，不对现实加以评判，但是他们却善于写"想象中的东西"，因此三篇作文所有的经验构型均与现实无关。相反忽略 KPs 的小学生却对表征非现实生活的间接经验存在构型能力不足的问题，但是他们又善于"表达感情""发表观点"，在评价性语义的表达方面能力很强，因此他们无法将语境提供的可视图形转变为文字，虽然是"看图作文"，但是全文却未见对漫画场景的描写、对图像中参与者的经验构架。

　　从话语语义生成各层面来看，学生间亦存在差异。例如 52 篇作文中，大部分小学生对于语境的识别都是一致的，在写作中也不存在明显的语法结构和书写问题，但是我们却从 B26 的作文以及参考素材发现他在语境识别和文字表达方面发展滞后，B26 在问卷中的答非所问、在写作反思中的文不对题、在作文中的表达生硬，都显示该生在审题能力和答题能力上存在明显不足，其作文能力与班级其他同学存在明显差异。

7.4.2　联盟取向与想象创造个性化

　　从联盟取向看，7 位"个性化"作者中有 6 位作者（G23、G21、B27、G15、B19、B20）主动背离了集体性语义趋向。通过对参考素材的分析，我们发现这六位作者中除 B27 外，都不约而同地表达了他们对于自身某类写作能力的不自信,因此他们选择用另一种"非常规"的方式写作,他们在联盟取向上选择背离集体性语义趋向,一方面是按照自己擅长喜好的方式写,满足主观需求,另一方面是为了弥补自身作文能力不足而采取的逃避性策略。例如聚焦 KPs 配型作文的三位作者,其"想象创造性"不仅体现在通过大量的物质过程、行为过程表征"猫"的动作行为,而且还通过言语过程、心理过程为猫赋值,使其具有人性,同时,有很多经验过程还包括了源自其想象和创造的环境因素。围绕"猫"展开想象和创造是三位作者自主性写作的结果,虽然他们认识到看图作文也应该联系实际,但是在经验表征上还是选择了自己擅长的方式——"写想象中的事",这是他们根据自己的作文能力在表达评价性语义、表征直接经验、表征关系过程方面有所欠缺而进行的策略性逃避。相反,选择忽略 KPs 配型的四位作者中有三位(G15、B19、B20)的参考素材可反映出他们更善于写"纪实文",即表征现实生活中的经验,而非虚拟经验,由此他们策略性地背离了集体性经验语义选择,即不表征可视图形中的 KPs。

7.4.3 想象创造个性化与社会语义分配

对个性化案例及其参考素材的分析揭示作文经验意义的个性化选择往往源自小学生因作文能力分布不均、发展不均衡而采取的逃避性策略,这启发我们去寻找小学生个体作文能力分布不均背后的深层原因。

小学生作文表征的经验现象与作者的个体生活经历相关。例如 G15C、B26C 均选择言语过程引入他者声音,而他者声音或来自其阅读经历、或来自其社会交往经历,B19C 所表征的经验现象正是作者的亲身经历。即使作文选择表征虚构的间接经验,也往往和现实生活体验有相关性,例如 G21 作文中表征了 7 个以"猫"为参与者的经验序列,父亲的作文评语"漫画中的人物真实地反映出了现实生活中的自己"则证实这些想象图形源自对生活经历的再创造。

小学生作文的经验构型倾向和其家庭语码倾向具有一致性。例如,B27 虽然以"猫"为经验的主要参与者,但是整篇作文没有将"猫1""猫2"和"猫3"作为任何经验图形的参与者,而是对猫进行了对比性分类,将

"三只猫"作为集体参与者,反映了作者在经验意义的表征上具有一定的抽象性,表征抽象的"关系"多过表征具体的"行为",而这种"抽象"表征经验能力和 B27 母亲在评语中所凸显的"概括性"同样具有复杂语码倾向,说明 B27 在参与者配型上的语义选择和家庭的语义选择经历一致。又如,B19C 和其母亲评语均忽略漫画图像,聚焦于生活经历和观点态度,这同样说明背离集体语义趋向的经验意义选择往往和家庭语言习惯、家庭话语语义趋向的独特性相关。在社会化过程中,小学生自幼所接纳的家庭语码特点是社会语义资源对其个体语库进行语义分配的重要来源,对作文的想象创造个性化选择产生影响。

社会语义的分配对小学生的个体语库产生影响,一方面导致其语义发展的不均衡,在某些类别的语义表征能力得到发展,而另一些类别的语义表征能力发展不足,反映在写作上,是作文能力差异和作文素养发展不均衡,例如"聚焦 KPs"类作文的作者对直接经验的表征能力强于对间接经验的表征能力;另一方面,儿童也对其习惯和擅长的语义表达更加有兴趣、有信心,对其不擅长的语义选择逃避和背离,反映在写作上,是联盟取向上的反向选择,例如"忽略 KPs"类作文的作者选择对漫画不加描述,将漫画可视图形所表征的现象作为评判对象,选择不写"想象文",而写"议论文"或者"纪实文"。

7.5 实证研究小结

实证研究以"小学生作文个性化多维分析模式"框架,以 52 篇作文为语料,对一个班级小学生作文的想象创造个性化状况进行评估。研究以 SFL 及物性系统中与本研究相关的 6 个经验类型和 40 个参与者类型(见表 6.3)作为对作文的想象创造性进行分析的主要语义框架,在对作文指导语漫画进行多模态分析的基础上总结了漫画表征的 20 类"可视图形"以及相应的参与者类型(见表 6.4),提炼出可视图形中的六类"关键参与者(KPs)"(见表 6.5)。同时,我们对 52 篇作文所表征的经验图形数(见表 6.6)、KPs 参与经验构型次数(见表 6.7)、KPs 配型及频次(见附录 1—7)进行统计,上述统计结果是分析作文想象创造性的基本数据。

　　分析包括三个步骤,第一步是对比作文和漫画可视图形中六类 KPs 的配型(见表 6.8—表 6.13),对比结果显示:小学生在作文中充分利用自身的"想象"和"创造"来构建经验意义,52 篇作文所构架的 2550 个经验图形绝大多数并非对作文指导语漫画中可视图形的再现,而是对其丰富多彩的想象世界的反映,"想象图形"是小学生在写作中进行二次创作的结果。第二步是具体分析漫画中的六类 KPs 配型在作文中再现情况,研究揭示作文对作文语境具有一定程度的依赖性,对于语境信息进行有选择的语义再现。第三步是深入分析想象图形中的经验构架和 KPs 参与者特性,揭示了小学生在作文中实现其想象创造性的 4 类经验意义表征手段。三个步骤的实证研究揭示了作文在经验构型上的集体性语义趋向:一定程度的语境依赖性和较强的想象创造性。同时,小学生作文的想象创造性体现在多个方面,小学生通过创造和想象构架了丰富的想象图形,在间接经验意义的构架上有多种个性化渠道。研究反驳了三方话语对小学生作文缺乏想象创造性的诟病。

　　对聚焦 KPs 和忽略 KPs 的 7 篇个性化作文案例的细读揭示:个性化经验构型选择受到作者的个体作文能力影响,也往往是作者在联盟取向上的策略性逃避——选择其擅长的方式写作,回避作者不善于表征的语义。将上述研究发现置于小学生作文个性化研究的宏观语境下,揭示出想象创造个性化和儿童个体成长经历的关系以及个性化经验构架背后的"个体化"原因:个性化想象和创造无论是作文能力的体现,还是对语义倾向的策略性选择,均受到作者的生活经历、家庭语码倾向影响,想象创造个性化和社会语义分配具有不可分割的联系。每个人的个体语义经验都不一样,这种经历经验的差别既决定了其语义发展的个体差异,也体现为其联盟取向上的个体特征。

　　实证研究验证了 SFL 视阈下的"作文个性化多维分析模式"对研究小学生作文想象创造个性化的适用性,基于该框架的语料甄别分析、文本和分析研究,不仅可作为评判小学生作文想象创造性状况的客观依据,还有助于挖掘作文想象创造个性化发展的深层原因。实证研究构成与现有的机构、民间、学术三方话语的对话,为如何进一步开展作文个性化评估研究、改革作文教育并促进青少年个性化发展提供了语言学的理据。

附　录

附录1：KPs 配型及频次统计(猫1)

作文编号	频次	猫1
G1	3	Bhv DsA Syr
G2	0	
G3	1	DsA
G4	4	Tr3A Syr Tr3A DsA
G5	2	Tr3A Bhv
G6	9	Tr2A Crr1 Sns1 DsA Tr1A Crr1 Crr1 Tr1I Tr1A
G7	4	DsA Bhv Syr Syr
G8	11	Ext Tr2A Sns3 Syr Rcv Crr1 Crr1 Syr
G9	7	Idd1 DsA Bhv Bhv Sns3 Syr Bhv
G10	1	DsA
G11	2	Bhv Bhv
G12	2	Bhv Sns4
G13	3	Sns4 Tr1A Syr
G14	9	Crr1 Sns4 Sns3 Bhv Syr Syr Tr2A Bhv Bhv
G15	0	
G16	15	Crr1 Crr1 Rcp Sns3 Bhv Syr Bhv Bhv Sns3 Sns3 Sns3 Sns4 Tr2A Tr2A Bhv
G17	0	
G18	0	

作文编号	频次	猫 1
G19	5	Syr Tr3A Bhv Bhv Sns3
G20	7	Crr1 Tr1I Crr1 Idd1 Sns3 Crr1 Syr
G21	9	Sns3 Tr3A Bhv Syr Bhv Tr3A Tr3A Tr3A Bhv
G22	2	Tr1A Tr1A
G23	14	Idd1 Crr1 Tr1A Crr1 Syr Syr Tr3A DsA Sns3 TR3G Tr3G Tr3G Crr1 Syr
B1	3	Sns3 Bhv DsI
B2	5	DsA Crr1 Sns2 Tr1A DsI
B3	2	Bhv Bhv
B4	2	Tr2A Bhv
B5	1	Bhv
B6	3	Bhv Syr DsA
B7	0	
B8	2	DsA Syr
B9	5	Crr1 Crr1 Tr3A DsA DsA
B10	3	DsA Bhv Bhv
B12	8	Syr Syr Syr Syr Syr Sns3 Bhv DsA
B13	2	Crr1 Bhv
B14	2	Tr1A DsA
B15	5	Idd1 Crr1 DsA Bhv Bhv
B16	0	
B17	4	DsA Syr Tr1I Syr
B18	1	Idd1
B19	0	
B20	0	
B21	0	
B22	2	DsA Sns4
B23	0	
B24	0	
B25	10	Crr1 Bhv Syr Bhv Tr1I Syr Bhv Bhv DsA Sns3
B26	0	
B27	0	
B28	9	Bhv Bhv Tr3A Crr1 Sns2 Bhv Crr1 Bhv Bhv
B29	3	DsA Bhv Syr
B30	6	Crr1 Tr3A Sns3 Tr1A Tr1A Rcp
合计	185	

附录 2：KPs 配型及频次统计（猫 2）

作文编号	频次	猫 2
G1	2	Syr Rcv
G2	0	
G3	0	
G4	6	Bhv Syr Tr3A Syr Syr Rcv
G5	1	Sns4
G6	7	Tr2A Bhv Bhv Crr1 Crr1 Tr1A Sns3
G7	7	Tr1A Syr Rcv Syr Syr Syr Syr
G8	8	CrA CrAExt Tr2A Crr1 DsA Bhv Sns1
G9	5	Bhv Bhv Sns3 DsA Bhv
G10	1	Rcv
G11	3	Syr Sns1 Rcv
G12	3	Sns4 Syr Rcv
G13	9	Sns4 Tr1A Syr Syr Rcv Syr Bhv Tr2A Tr2A
G14	5	Crr1 Sns4 Syr Rcv Bhv
G15	0	
G16	13	Crr1 Rcp Sns3 Tr3A Syr Rcv Syr Sns4 Tr1I Bhv Bhv Crr1 Bhv
G17	0	
G18	2	Tr1A Tr2A
G19	0	
G20	10	Crr1 Idd1 Sns3 Rcv Syr Sns3 Syr Sns4 Syr Bhv
G21	14	Syr Syr Tr1A Rcv Syr Tr1A Tr3I Tr3A Tr3A CrA Tr3A Sns4 Syr Tr1A
G22	1	Bhv
G23	7	Crr1 Idd1 Crr1 Phn Tr3I Crr1 Tr1G
B1	2	DsG

作文编号	频次	猫2
B2	3	Tr3A Crr1 DsI
B3	9	Bhv Syr Rcv Syr Rcv Syr Crr1 Crr1 Phn
B4	1	Bhv
B5	3	Tr3A Bhv Sns4
B6	6	Tr3A Rcv Syr Bhv Bhv Sns4
B7	0	
B8	2	Bhv Syr
B9	2	Crr1 Crr1
B10	0	
B12	1	Tr3I
B13	2	Crr1 Sns2
B14	0	
B15	5	Idd1 Bhv Bhv Bhv Syr
B16	0	Syr
B17	2	Sns3 Syr
B18	1	Idd1
B19	0	
B20	0	
B21	1	Rcv
B22	0	
B23	0	
B24	0	
B25	8	Tr1A Syr Tr1A Syr Tr1A Sns3 Bhv Bhv
B26	0	
B27	0	
B28	4	Sns4 Tr1I Bhv Syr
B29	4	Tr1A Bhv Syr Rcv
B30	7	Rcv Syr Crr1 Tr3A Tr1A Tr1A Rcp
合计	167	

附录 3：KPs 配型及频次统计（猫 3）

编号	频次	猫 3(214)
G1	3	Sns1 Bhv Syr
G2	0	
G3	0	
G4	4	CrA Syr Syr Syr
G5	6	Sns4 Bhv Syr Sns3 Syr Bhv
G6	4	Tr2G Sns3 Syr Idd1
G7	7	Tr1A Syr Syr Syr Syr Syr Syr
G8	9	CrG Tr1I Tr2G Crr1 Bhv Sns3 Syr Syr Syr
G9	6	Syr Sns4 Tr1A Syr Sns4 Syr
G10	3	Syr Crr Bhv
G11	3	Tr1A Sys Sns1
G12	7	Syr Syr Sns4 Syr Sns3 Bhv Sns4
G13	5	Syr Sns4 Sns4 Sns1 Syr
G14	8	Crr1 Sns4 Syr Tr2A Syr Tr3A Sns3 Syr
G15	0	
G16	10	Rcp Tr3I Bhv Bhv Crr Syr Bhv Sns3 Bhv Bhv
G17	2	Tr2A Syr
G18	1	Att2
G19	8	Crr1 Bhv Bhv Syr Sns3 Sns3 Bhv Syr
G20	15	Syr Crr1 Idd1 Sns3 Syr Rcv Sns3 Sns4 Sns1 Sns4 Syr Sns4 Tr3A Syr Tr1A
G21	10	Rcv Rcv Syr Syr Syr Clt Syr Sns3 Syr Tr3I
G22	3	Bhv Sns3 Syr
G23	13	Sns4 Idd1 Bhv Tr3I Syr Syr Sns3 Syr TR3G Tr1G Tr3G Crr1 Syr
B1	3	Sns4 Tr3I DsG

编号	频次	猫3(214)
B2	3	Tr3A Crr1 DsI
B3	7	Bhv Tr2A Syr Syr Syr DsI Tr3G
B4	3	Bhv Bhv Syr
B5	10	Bhv Tr1A Syr Sns3 Bhv Syr Syr Syr Syr DsA
B6	7	Syr Bhv Syr CrG Sns1 Sns3 Bhv
B7	1	Syr
B8	2	Bhv Syr
B9	3	Crr1 Crr2 Syr
B10	1	Syr
B12	1	Tr3I
B13	2	Sns1 Syr
B14	0	
B15	6	Idd1 Sns1 Tr2A Syr Bhv Sns1
B16	1	Syr
B17	6	Syr Bhv Syr Sns3 Sns2 Syr
B18	3	Idd1 Sns2 Syr
B19	0	
B20	0	
B21	2	Syr Tr2A
B22	1	Syr
B23	3	Syr
B24	3	Phn DsA Syr
B25	8	Crr1 Bhv Bhv Bhv Syr Sns4 Bhv Syr
B26	0	
B27	0	
B28	1	Syr
B29	4	Sns1 Sns1 Syr Syr
B30	6	Sns4 Syr Syr Phn Crr2 DsI
合计	214	

附录 4：KPs 配型及频次统计（猫 4）

编号	频次	猫 4(458)
G1	25	Tr1A Tr3I Bhv Tr3A Sns3 DsA Tr1A Sns1 Bhv Syr Tr1A Tr3I Sns1 DsA DsA Tr3I Crr2 Rcv Tr3G Rcp DsA Bhv Syr Crr1 Bhv
G2	5	Tr3A Tr3A Crr2 Tr3A Sns1
G3	1	Tr3A
G4	4	Tr3A Syr Tr3A Syr
G5	7	Crr1 Tr3A Sns3 Tr3A Syr Tr3I CrA
G6	4	Sns3 Tr3I Tr3I Tr3A
G7	6	Tr1A Tr3I Tr3A Tr3I Syr Syr
G8	18	CrG Tr1I Tr2G Crr1 Sns1 Crr1 Sns1 Tr3I Syr Sns4 Tr3A Tr3A Tgt Tgt Bhv Syr DsA Crr1
G9	5	Tr3I Tr3A Tr3a Sns4 Syr
G10	7	Bhv Sns1 Sns4 Tr1I Tr3I Tr3A Syr
G11	14	Crr2 Tr3A Tr3A DsA Sns1 Tr3I Tr3A Tr1G Tr1A Sns1 Tr1I Tr1A Tr3G Tr1I
G12	8	Tr1I Tr3I Bhv Sns3 Tr3I Tr1I Tr2A Crr1
G13	19	Sns4 Sns4 Tr1G Rcv Tr1A Syr Sns4 Sns4 Sns1 Tr1A Bhv Syr Sns3 Sns1 Sns1 Tr1I Tr1A Sns3 Syr
G14	9	Crr1 Crr1 Phn Syr Idd1 Crr3 Tr3I Tr3A Syr
G15	0	
G16	16	Crr1 Crr1 Rcp Tr3I Bhv Sns3 Sns4 Syr Sns3 Tr3I Tr3A Crr1 Syr Sns3 Syr Syr
G17	8	Bhv Tr3A Idd1 Bhv Tr3A Sns1 Idd1 Sns4
G18	12	Crr2 Crr1 Tr3A Sns1 Tr3A Crr1 Sns1 Crr1 Rcp DsA Tr1A Tr1A
G19	11	Sns3 Tr3A Syr Sns1 Sns3 Sns1 Bhv Tr3I Syr Phn Rcv
G20	12	Crr1 Idd1 Tr3A Idd1 Bhv Tr3I Sns4 Syr Bhv Bhv Syr Tr1A
G21	14	Sns3 Tr3I Bhv Tr3I Tr1A Syr Tr2A Sns3 Tr3I Tr3A Syr Bhv Crr1 Tr1G
G22	4	Tr3I Tr3A Crr1 Syr
G23	22	Crr1 Tr1I Tr1G Tr1A CrA Syr Bhv Syr Syr Syr Bhv Sns3 Sns3 Tr3A Sns3 Sns4 TR3G Tr1G Tr1A Tr3G Tr1A Syr

编号	频次	猫 4(458)
B1	12	Phn Crr1 Bhv Tr3G Tr1G Tr3I Tr1A Tr1A Tr3A Crr1 Rcp Idr1
B2	11	Tr1I Tr3A DsA Tgt Sns4 Syr Tr1I Tr2A Crr1 Syr Tr1I
B3	8	Bhv Syr Sns3 Bhv Tr3I Tr3A Tgt Tr3A
B4	3	Tr3I Tr3I Tr3A
B5	3	Tr3A Syr Syr
B6	7	Tr1A Tr3A Crr2 Crr2 Tr3a Crr3 Syr
B7	3	DsA Tr3A
B8	5	Tr3I Tr3A Syr Syr Tr3A
B9	15	Idd1 Idd1 Crr2 Sns4 Crr1 Tr3A Sns4 Syr Sns4Sns4 Crr1 Tr3A Bhv Bhv Tr3A
B10	1	Tr3A
B12	13	Sns1 Syr Bhv Sns3 Tr3I Crr2 Sns3 Bhv Syr Sns3 Tr3I DsA Syr
B13	11	Sns4 Tr3A Crr1 Sns1 Sns1 Sns4 Sns1 Sns1 Crr1 Tr1I Crr1
B14	10	Clt Syr Syr Bhv Tr2A Bhv Tr3A Sns3 Bhv Syr
B15	16	Idd1 Idd1 Crr1 Sns3 Tr3I Tr2G Tr1I Sns1 Syr Tr2A Tr3A Tr3I Tr3I Bhv DsA Bhv
B16	19	Crr2 Syr Tr3A Syr Syr Crr1 Tr3A Sns1 Sns1 TR2A Sns1 Tr2A CrA CrA Sns1 Bhv Sns1 Sns1 Syr
B17	11	Bhv Sns1 Syr Tr3A Tr3I Sns3 Sns1 Syr Tr3A Syr Syr
B18	14	Idd1 Bhv Crr1 Crr1 Idd1 Tr3A Tr3A Crr1 Tr3A Tr3A Tr3A Syr DsA Syr
B19	0	
B20	0	
B21	3	Crr3 Tr3A Tr2A
B22	11	Bhv Bhv Tr3I Tr3A Sns3 Tr1A DsA Syr Syr Syr Tr1G
B23	5	Sns3 Tr3I Tr3A Bhv Syr
B24	2	Tr3A Sns4
B25	11	Tr1A Crr1 Crr1 Crr1 Bhv Syr Tr3A Bhv Sns3 Sns1 Syr
B26	0	
B27	19	Bhv Tr3a Phn Tr3A TR1A Tr1G Phn Phn Rcv Tr1G Rcv Sns1 Tr1I Crr1 Syr Syr syr Tr3A Syr
B28	5	Bhv Tr3I Tr3A Syr Phn
B29	5	Crr1 Syr Tr3A Tr3A Tgt
B30	4	Tr3I Tr3A Syr Tr3A
合计	458	

附录

附录 5：KPs 配型及频次统计（三只猫）

作文编号	频次	"三只猫"
G1	11	Tr1G Bhv Bhv Bhv Crr3 Crr3 Tr1I Crr2 Syr Crr3 Syr
G2	2	Sns3 Syr
G3	3	Tr1G Crr1 Syr
G4	1	Bhv
G5	4	Crr1 Crr2 Crr3 DsI
G6	0	
G7	0	
G8	0	
G9	0	
G10	8	Bhv Bhv Sns3 Bhv Syr Sns3 Bhv Sns4
G11	2	Crr1 Sns3
G12	0	
G13	6	Sns4 Sns3 Sns1 Tr1I Tr1A Crr1
G14	4	Sns1 syr Tr1I Sns3
G15	0	
G16	0	
G17	3	Bhv Crr1 Sns2
G18	6	Att2 Crr1 Bhv Syr Crr1 Crr1
G19	2	Bhv Tr3I
G20	3	Tr3I Bhv Bhv
G21	0	
G22	1	Bhv
G23	0	
B1	15	Tr1G Crr3 Tr1G Sns1 Sns4 Tr1I Tr1A Tr3A Bhv Sns3 Syr Tr1A Tr3A Crr1 Tr2G
B2	7	Tr1I Bhv Syr Sns4 Syr Sns4 DSI
B3	0	

作文编号	频次	"三只猫"
B4	0	
B5	0	
B6	0	
B7	2	Bhv Sns4
B8	0	
B9	7	Crr1 Crr1 Sns4 Bhv Syr Sns3 Sns4
B10	1	Bhv
B12	8	Sns1 Tr1I Syr Sns3 Syr Sns1 Tr3A DsA
B13	3	Bhv Crr2 DsI
B14	10	Syr Syr Syr Bhv Syr Syr Bhv Bhv Tr3A Tr1I
B15	15	Sns1 Sns1 Bhv Sns2 Tr3A Bhv Crr3 Tr1I Tr1I Tr1I Bhv Bhv Sns1 Syr Crr1
B16	12	DsA Bhv Syr Tr1G Crr1 Bhv Syr Syr Syr Sns2 Sns4 DsI
B17	1	Rcv
B18	7	Bhv Crr1 Sns3 Sns1 Bhv Crr1 Crr1
B19	0	
B20	0	
B21	2	Bhv Crr1
B22	6	Sns1 Syr Bhv Bhv Sns1 Tr1A
B23	0	
B24	0	
B25	0	
B26	0	
B27	20	Sns4 DsA Sns1 Syr Tr1G Sns4 Sns1 Syr Syr Tr1A Crr1 Phn Tr2G Rcv Sns4 Syr Syr Tr1I Bhv Syr
B28	4	Sns2 Bhv Tr1A Sns1
B29	7	Crr1 Syr Sns1 Syr Syr Tr2G DsI
B30	0	0
合计	183	

附录 6：KPs 配型及频次统计（四只猫）

作文编号	频次	"四只猫"
G1	1	Tr1I
G2	2	Ext DsA
G3	1	Ext
G4	8	Crr2 Crr1 CrA Tr3A Sns2 Sns3 Crr1 Sns1
G5	9	Tr1I Tr3A Tr2A CrA Rcp RcpSns4 Sns3 Bhv
G6	3	Tr3I Idd1 Idd1
G7	7	Tr1G Phn Tr1G CrA Rcp TR1I Bhv
G8	0	
G9	4	Rcp Crr1 Tr3I Bhv
G10	13	Crr1 Tr3I Tr3A Sns2 Tr3I Tr3I Clt Tr3I Tr3I Bhv Syr Syr DsA
G11	3	Att2 Crr1 Bhv
G12	0	
G13	0	
G14	5	Ext Syr Tr2A Crr1 Crr1
G15	0	
G16	6	Tr2G Idd1 Rcv Bhv Crr1 Tr3I
G17	7	Ext Tr1G Tr1G Tr3A Tr1G Crr1 Clt
G18	0	
G19	8	CrG Crr1 Tr1I Crr1 Bhv Crr1 Tr3G Tr2G
G20	3	Ext Crr1 Tr1I
G21	1	Bhv
G22	11	Tr3I Clt Sns1 Tr3A Tr3A Bhv Crr2 Tr3A Tr3A Bhv Syr
G23	3	Ext Tr3G Tr1I
B1	2	Bhv Tr3G
B2	14	Crr1 Crr1 Tr1I Tr1I Tr3G Tr1I Bhv Tr3A Crr1 Bhv Tr3G Tr1I Crr1 Tr2G

作文编号	频次	"四只猫"
B3	3	Crr1 Sns3 Bhv
B4	2	Bhv Sns4
B5	2	Idd1 Tr3A
B6	2	DsA Sns4
B7	1	Bhv
B8	2	Ext Bhv
B9	11	Idd1 Idd1 Crr1 Syr Crr1 Sns2 Crr1 Crr2 TR2A Crr1 Bhv
B10	0	
B12	4	Bhv Crr1 Idd1 Bhv
B13	1	Bhv
B14	5	Tr3I Tr3I Tr2A Sns4 Tr3A
B15	4	Ext Rcv Tr3A Tr2G
B16	6	Tr3I Bhv Idd1 Idd1 Tr1G Crr1
B17	1	Sns3
B18	21	Ext Crr1Crr1 Crr1 Tr3I DsA Sns4 DsA DsA Tr1G Crr1 Rcp Tr3G Rcp Tr3A Tr1G Sns2 Tr3I Tr1I Bhv Bhv
B19	0	
B20	0	
B21	0	
B22	5	Bhv Tr1I Sns2 Syr Sns4
B23	4	Tr1G Sns3 Tr3I Bhv
B24	0	
B25	2	Tr1I Bhv
B26	0	
B27	3	Tr1G Tr1G Rcp
B28	4	Tr3G CrA Rcp Tr1I
B29	2	Ext Tr3G
B30	6	Tr1G Tr1G Bhv Bhv Sns1 Bhv
合计	202	

234 附录 7：KPs 配型及频次统计（第一人称作者）

作文编号	频次	第一人称作者
G1	0	
G2	16	Sns1 Crr1 Crr1 Sns1 Sns1 Tr2A Tr1A Crr1 Crr1 Crr1 Tr3I Tr2A Crr1 Crr1 Crr1 Sns1
G3	14	Sns1 Tr1G Sns1 Sns1 Rcv Tr3I Crr1 Idd1 Rcp Tr1A Sns1 Sns1 Sns1 Sns1
G4	3	Crr1 Crr1 Crr1
G5	0	
G6	5	Sns3 Sns1 Sns3 Sns3 Rcv
G7	2	Tr1A Crr1
G8	1	Idd1
G9	3	Sns3 Crr2 Sns1
G10	2	Sns1 Tr1A
G11	1	Sns1
G12	0	
G13	0	
G14	0	
G15	7	Sns3 Sns3 Sns1 Tr2A Crr1 Tr2A Tr2A
G16	0	
G17	6	Tr1G CrA Sns3 Sns1 Sns1 Sns1
G18	16	Sns1 Crr1 Sns3 Sns4 Syr Rcp Sns1 Tr1A Tr3I Crr1 Rcp Sns1 Syr Sns1 Syr Crr1
G19	0	
G20	2	Crr1 Sns1
G21	0	
G22	0	
G23	0	
B1	7	Idd1 Tr1I Idd1Crr1 Sns1 Tr2A Clt
B2	1	Sns4
B3	13	Sns3 Crr1 Tr3I Bhv Bhv Sns1 Syr Syr Syr Syr Tr3I Syr Crr1

作文编号	频次	第一人称作者
B4	5	Sns1 Tr1A Idd1 Crr2 Tr1I
B5	1	Tr2A
B6	3	Crr1 Sns4 Tr2A
B7	15	Sns4 Tr1G Sns4 Idd1 Crr3 Tr3I Sns3 Tr3I Sns2 Sns3 Sns3 Sns1 Crr1 Tr2A Tr1I
B8	5	Tr3I Crr2 Crr2 Tr1A Tr1A
B9	0	
B10	10	Sns1 Syr Sns1 Sns1 Sns3 Tr2A Tr1I Sns2 Sns2 Sns1
B12	0	
B13	17	Tr1I Sns3 Sns1 Syr Syr Syr Sns1 Crr1 Crr1 Crr1 Bhv Sns1 Crr1 Tr2A Rcp Crr1 Crr1
B14	2	Syr Rcv
B15	0	
B16	3	Sns1 Syr Syr
B17	2	Rcv Rcv
B18	2	Syr Syr
B19	8	Tr3I Bhv Syr Bhv Tr3I Sns1 Sns1 Sns1
B20	11	Sns3 Sns4 Sns1 Tr3I Sns3 Sns1 Sns4 Sns1 Sns1 Sns1 Sns1
B21	14	Sns3 Rcp Sns1 Crr1 Tr1G Phn Crr1 CrA Rcv Syr Sns3 Rcv Sns4 Sns1
B22	0	
B23	0	
B24	37	Tr3I Sns1 Syr Sns1 Syr Tr3I Tr3I Bhv Sns3 Tr1A Crr1 Rcv Syr Rcv Bhv Sns1 Syr Tr1I Tr1I Crr1 Bhv Tr1I Bhv Sns3 Bhv Tr1I Bhv Rcv Bhv Tr1I Sns4 Sns3 Crr1 Crr1 Syr Sns4 Rcv
B25	0	
B26	5	Sns3 Syr Sns3 Syr Sns2
B27	0	
B28	1	Tr2A
B29	0	
B30	1	Rcv
合计	241	

附录8：聚焦 KPs 案例1（G23）

这是一幅漫画，用你自己擅长的语言、自己喜欢的方式把你从漫画中看到的、想到的写成一篇作文吧。题目自拟，文体不限。

都什么年代了，有鱼吃还捉老鼠！

标题	四只猫		
作者	储楚	六(4)	47

　　从前，有一座森林，森林里住着四只野猫，老大叫胖胖，他好吃懒做，什么事都让弟弟妹妹们做；老二是母的，叫苗苗，她很善良，所有动物都喜欢她；老三喜欢轻视所有比他小的动物，所以大家都叫他坏坏；老四很勤劳，总是为哥哥们干活，虽然哥哥们不让他吃好的、穿好的，但他依然像对待妈妈那样对待他们。

　　一天，老四烧好鱼，叫哥哥姐姐们出来吃饭，但只有姐姐出来了，随后老大气愤地说："现在都八点了，才做好饭！想要饿死你哥啊！"老四低了头说："对不起，下次我一定早点做饭。""这这差不多"说完他就直奔餐桌，坏坏一边看着书，一边走过来，老四喊道："哥哥吃饭时不能看书。""你管得着吗？"老四含着泪说："对不起，下次我不管了。""哼！"老四走向餐桌时，老大已经吃完了他的鱼，好像在回味似的，老四刚坐下，突然看见一只灰色的东西在乱跑乱跳，仔细一看，原是一只老鼠，老四以矫健的身体，一下就抓住了老鼠，这一幕都被老三看到，老三带着嘲笑的语气说："都什么年代了，有鱼吃，还捉老鼠！"这句话让老四觉得协尴尬。

有一天，一个猎人，将四只猫全部抓住了，而高高心地善良，在半路就被人救了，而别的猫全被猎人带了回去，要他们抓老鼠，可胖胖和坏坏都不会抓，只有老四一直为猎人尽心尽力，猎人看这只很忠实，就将它给放了，而另二只猫只能在痛苦中度过了，但老四用他的健强的身体和智商与其它动物的帮助，成功救出了胖胖和坏坏，胖胖和坏坏异口同声地说：老四，对便我……""没什么，没什么"从此他们过上了幸福快乐的生活。

80

附录9：聚焦 KPs 案例 2(G21)

这是一幅漫画，用你自己擅长的语言、自己喜欢的方式把你从漫画中看到的、想到的写成一篇作文吧。题目自拟，文体不限。

标题《"都什么年代了，有鱼吃还捉老鼠！"》

作者 张蔚 六(4)

在一个阳光明媚的下午，猫一家邀请猫表哥来自己家吃饭。

猫妈妈打了一个电话到猫表哥那里，刚一拨通电话那边就传来一声柔美的声音："舅妈，你打电话来请我吃饭呀？我就说嘛！一大早起来感觉怪怪地，早饭也吃不好，原来是要到舅妈你家吃饭呀！啧啧啧，舅妈，今天烧什么好吃的给我呀？我口水都流出来了，快说吧！""你怎么废话这么多？每次打你电话都这样，你呀！艾，都不知道怎么说你是好，是这样的为感谢你上次救了我儿子，让我儿转危为安，所以今天舅妈要隆重的接待你。""真的？！小意思，我应该做的，我知道舅妈你不会不报答我的不浪费时间了挂啦！我马上出发，拜！"猫妈妈挂上电话，走到厨房里系上围裙，从冰箱里拿出4条刚买来新鲜的鱼，开始烧猫表哥最爱吃的红烧鱼，过了一会儿香味遍弥漫在了整个房子，猫爸爸和猫儿子都闻味走来，站在厨房使劲的吸着鼻子，那味实在太香了，无猫能抵，突然，外面传来了表哥么唱声："舅妈，这香味都传到家门口啦！快开门，我等不及了！"猫儿子急忙迎上门前，替猫表哥开门："表哥好！""哎！好，好，舅妈，好了吗？""来喽！"猫妈妈把4盘鱼端到了饭桌上，那香味把鼻子都弄掉了。一家人外加猫表哥一起坐在饭桌边，猫爸爸吃的可真快，连技巧都掌握的那么好，他把鱼的尾巴提起来，鱼头对着猫嘴，放到嘴里一含，出来时已变成鱼骨头，猫爸爸满意的摸了摸肚子。猫儿子正要伸出爪来抓鱼，闻到了一股熟悉的味道——老鼠，猫儿忍不住的一下子扑了上去，头一仰都把老鼠吞下去了，猫表哥见状，说了一声："都什么年代了，有鱼吃还捉老鼠！""哼！老鼠可比鱼营养多了！"猫儿子说完便继续吃自己的鱼。猫妈妈外哭住了，那可是我花大笔钱买来的猫养式宠物鼠哇！

　　哎！猫儿子可小气喽！猫表哥一走，猫妈妈就痛打了它一顿。

请把这篇作文给你的父母和老师看，请他们写写"读后感"。（可附页或者写在反面）

父亲的话：
依题命做，把自己亲身经历化为习题也了作文里。漫画中的人物，真实他又映出了化实生活中的自己。

母亲的话：

老师的话：

240 附录 10：聚焦 KPs 案例 3(B27)

这是一幅漫画，用你自己擅长的语言、自己喜欢的方式把你从漫画中看到的、想到的写成一篇作文吧。题目自拟，文体不限。

都什么年代了，有鱼吃还捉老鼠！

标题：什么还在捉老鼠的猫

作者：朱冠希 六(4)

　　在新时代里人们的生活得到了极大的改善，因为这样所以人们养的猫也结束了每天费那么长时间、费那么多力气捉老鼠来填饱肚子的生活。

　　在一个富有人家里，主人养了四只猫，主人对这四只猫十分宠爱，给它们吃鲜美的鲤鱼一点都不敢含糊。别的猫都很喜欢这些美食，把鱼肉吃得一干二净，只剩下没有一点肉的鱼骨，但其中的一只猫却例外，它从不吃鱼只捉在主人家肆虐的老鼠来吃，因此它被别的猫看扁，每当它去捉老鼠吃时都险有猫说："白给你的鱼不吃，反倒费那么大的劲来捉那么难吃的老鼠。"也是因为这样主人对它们的好，别的猫做错事会被主人罚，配不小心做错事主人便睁一只眼闭一只眼。别的猫对它更不友好了。一次一只猫当它在捉老鼠时当众羞辱它小都什么年代了，有鱼吃还捉老鼠。"它听见回进反驳到"为什么在有鱼吃的年代不能吃老鼠？""你也不嫌累，跟我们一样改吃鱼吧。"另一只猫功说到，它没有理会别的猫嘲笑和劝说继续庄着这种生活。这样过了几个月，那三只猫胖的如个肉团，只有那只猫还很健康，主人看到那三只猫就想吐，实在忍无可忍，便将那三只猫丢弃了。在三只猫临走之前向健康的猫对它们说："主人对我们那么好，我们应好好报答他，怎么能心安理得在那享受生活呢？"三只猫垂头丧气的说："晚啦，你怎不早点对我们说？""那时就算对你们说了也没用，让你们吃点苦头你们才知道。""我们能想你一样

忙时候

上那么好的生活呢？""呃……你们那么胖怎么可能有人要你们呀！你还是先减肥吧。"说完从身后拿出一张表格上面写着：减肥计划：绕花坛跑三圈，爬树五个来回（上一下为一来回），跳高二十下，捉老鼠（每天必须捉到一只）。"上面写这一天内必做，要求完成我才会将从主人家偷拿出来的晚饭给你们吃，做不到不许吃饭！"

　　第二天它们一边做运动一边哭："早料到是这样，我们就和它一样捉老鼠吃了。"

父亲的话：

母亲的话：

安逸的生活使人容易失去斗志，历史上有很多例子，所以我们子保持清醒的头脑，居安思危。

老师的话：

附录 11：忽略 KPs 案例 1(G15)

这是一幅漫画，用你自己擅长的语言、自己喜欢的方式把你从漫画中看到的、想到的写成一篇作文吧。题目自拟，文体不限。

都什么年代了，有鱼吃还捉老鼠！

标题《现在的小孩怎么了？》

作者 陈贝诺 六(4)班

现在社会发展得真是太快了，人们都不像以前那样每天愁着粮食不够、衣服不够……儿童也不例外，生活过得有滋有味。小一点的天天买玩具，大一点的五六年级就要求父母买手机、MP4、PSP之类的。大人们也很"大方"孩子要什么就给他，她买什么，一点也不知道父母挣点钱有多么不容易。如果生活倒退50年，78发就会去买菜、烧饭、干家务，再大一点15、16发就会下地干活了，然而如今，21世纪的孩子们，那叫个乏味，回家写完作业就打开电脑，看电视，登QQ，以发帖和同学们玩，买衣服，一出手就向父母要400~500元，天哪以前小孩看到一两元就开心了，更别何况说，现在就连大人们就认为这是理所当然的事。

不仅如此，现在小孩什么也不会做，家务不会也就罢了，还经常给父母找麻烦，比如在学校里和同学打架，和老师顶嘴等。同现还振振有词的说："我爸是警察，小心让我爸来抓你。"另一位同学又说："我爸是公安局局长，管你爸。"看看现在小孩这么会攀比，自家住什么房，穿衣穿什么牌子……这些都是金钱惹的祸。

再便为严重的是有些家长一心想要孩成绩好，其它什么也不管让他去，就造成了现在普遍的一个词"高分低能"，见到谁从来不向别人问好，惹得家长提醒，他们有有自私心理表现，这些都是家长的教育不好和孩子心理自私。有些孩子什么家务都不会做有一次我看到一则消息，说有一个大学生在外地读大学后来回家，拎着一个大箱子说：怎么才放假呀衣服都脏啦，妈，快去把这些脏衣服洗了。"我看到这则消息心想：都大学了，怎么生活都不能自理，衣服都要家长洗，还以这种口吃对父母说话。然而我们应该学会自理，不能什么事都靠父母，如果有天当家长离开你时你该怎么办呢？总不能坐在那里什么也不做吧，所以我们不要成绩好不要学会照顾自己，总有一天你会离开父母，独自生活。

　　虽然，现在生活提高了，和以前不一样了，但是我们也要向以前一样学会能吃苦，不要什么事总想让别人来帮助你，而是想办法自己解决。

父亲的话：

母亲的话：陈贝贝能感悟出这些道理，我感到很高兴，说明她已经长大、懂事了。希望她能全面发展，成为一名优秀的学生。

老师的话：

系统功能语言学视阈下的中国小学生作文个性化分析模式研究

244 附录 12：忽略 KPs 案例 2(B19)

这是一幅漫画，用你自己擅长的语言、自己喜欢的方式把你从漫画中看到的、想到的写成一篇作文吧。题目自拟，文体不限。

都什么年代了，有鱼吃还捉老鼠！

标题	"都什么年代了"

作者 张致远 六⑷班

"都什么年代了去上学有车还走着？都什么年代了买衣服还买便宜的都什么年代查词语还用字典查都用电脑……"时间过的飞快，可科技也在不断发展，每次不着照是"百万富翁"？每次都把自己安顿的服服帖帖，把事情计划的好好的。

记得有一天，我和妈妈爸爸一起到餐厅吃饭，对面的客人有很多他们手都是大脱点东西都毫不犹豫，比如说："鲍鱼呀，螃蟹，呀，鸡翅，鸡腿，鱼，牛肉，排……"全都都上了，大人们要是少不了，记菜单子的小姐更是忙头不保，而我们吃，只是一些酸菜鱼，牛蛙，青菜……那能像他们一样，无忧虑的吃，一点的不考虑钱的问题。吃饭时还不时听他们敬酒的声音，说："今天不醉不归"，我们又能以茶代酒，，时时他们还谈谈工作上的所有的问题，哪个工程加快，哪个色输罗加快……一点也不说说家务事，好像应有尽有。吃完饭后，都有司机抉着他们上车，开的车子都是奔驰，宝马，个都很炫，我们则一起无忧无虑和爸妈爸爸一起走回家，到小家我想，富人看富人的快乐，平人有平凡用快乐过说说，各有各的乐趣。

通过这件事情，我知道人都有特别之处，做个平凡的人也能无忧无虑，快乐的过着每一天，以后的时还很长，科技会更加变好，大家都快乐。

通过这个漫画，我知道现代科技越来越进步了，生活越变越美好了，尽管人们都

期首但是有些人虽然生活不能那么富足但也能过的快乐

父亲的话：

看了孩子的想法，我很高兴。虽然他的人生观、世界观还没形成，但能知道精神世界比物质生活史重要。这条难能可贵的。希望他能保持这份童真。

母亲的话：

老师的话：

附录 13：忽略 KPs 案例 3 (B20)

这是一幅漫画，用你自己擅长的语言、自己喜欢的方式把你从漫画中看到的、想到的写成一篇作文吧。题目自拟，文体不限。

都什么年代了，有鱼吃还捉老鼠！

标题 传统不是落伍

作者 武睿文

今天，我看这幅漫画，颇有感触，让我想起老早以前发生的一件事。

这幅画中有只猫摆着现成的鱼不吃，点捉起老鼠，同伴都嘲笑他。可我觉得这并没有什么好笑的。因为养猫就是为了帮助人类捉老鼠，如果天底下的所有猫都像它们那样吃到嘴的鱼，老鼠会迅速繁殖，到时候的猫估计经济也养不了吃的吧！猫捉老鼠是一个很传统地事儿，不应该和什么年代挂钩。记得那天，我走在街上看见一位三、四十岁的中年男子骑着一辆破旧自行车在路上走，突然冲出一辆红色小轿车起身，险些撞上那位男子，车里是一个二十多岁的帅哥像"富一代"从车里吼道："靠！什么时代了？还骑破自行车啊！你要碰着，挡我道！"男子下了自行车，很有礼貌地说："对不起！可是你闯红灯了吧？"青年人不屑地问着么了？不就100块嘛？又不是什么大事！"青年人拿出一根烟，叼着说："你怎样样？要个说算件什么不是件吧！看上去就像你小100岁吧？都都换3百百了，你嚼！"那位中年人低着头，不说话，青年人说："你没理了吧？那愿赌就服输"说着从口袋里掏出4张红100块说："给！买辆新自行车吧！（不要骑辆破自行车到处乱窜！"说着就给了他，我在心里佩服着那位青年，觉得他明明是自己闯红灯的老总，撞到他了，还盖辱别人，不就有辆车有什么了不起吗？比你有钱的人多了去了！我在心里为他打抱不平，中年人的怒火还是压住了，他说："第一骑自行车没什么不好，第二骑自行车还环保，不可能影响你们调的市容。第三我的自行车是旧的可它还能骑，为什么要买新？"青年人有些不耐烦了说："讲那么多没有？你记住你没钱手牵你还给我讲那种大道理，没钱就是没钱！"青年人想踏上车，中年人拦住他，青年人说："怎么？又想打我？我说你们没钱就没钱呗还要打架啊？"中年人说："不是啊不是骑自行车的，你会吃亏的！"青年人说："吃亏又怎么样？我可是总经理，你什么？"青年人上车，正要发动，迎面中午一辆路虎S360，一位女士下车，对那位中年人说："董事长，怎么了？"那青年人说："怎惊？你怎么在这儿？那人谁？"女士说："看看这楼公司董事长！"年青人自惭莫及

一些比较传统的东西有人用不代表落后，而是环保！

附录 14：忽略 KPs 案例 4(B26)

标题	时代的变迁

作者 苏鑫 六(4)

随着平房越来越少，高楼越来越多，汽车越来越多，科技也越来越发达了。时代在改变，人的生活条件也越来越好，要求越来越高。

我看了这幅漫画，不禁想说上几句：现在不仅人的生活改善，连猫的食物也变好。猫就是抓老鼠的，然而现在人们给它们喂鱼、猫粮，这样，这种"美味"一旦吃多，他们就再也不会去吃不好吃的老鼠了。为什么会发生"鼠灾"，就是因为人们把猫惯坏，从而使猫不捉老鼠，所以才导致老鼠大量繁殖。我曾经在书上看到过一篇文章，把5只家养的猫与5只野猫放到一片森林里，在它们身上做上标记，不给它们喂食。然而调查结果却让人大吃一惊：5只野猫都活着，5只家养猫只有1只活了下来。这个测试说明了什么？猫一生下来就拥有同样的身体，但差别为什么那么大呢？同样是猫，但是为什么命运不同呢？

换个方面说，虽然现在人和人的宠物都享受着很好的生活条件，但"副作用"很大。人类因为大量地浪费自然能源，地球上的资源已经快被"盖光"了。人人都说人是最聪明的动物，但表说不见"得"为什么，就因为人类只会大量地浪费能源，让自己的下一代毁在自己的捏。现在人人都说要环保，要节约能源，但能有几个人能做到这一点，恐怕没有吧。

说到人，不得不说说"人口"问题，现在人口"爆满"，而且还在不断地增多尤其是中国，人口都可以用"亿"来做单位了。中国在世界上的国土是排名第三，第一是俄罗斯，但它的人口却没有中国多。现在虽然中国规定生孩子只能生一个，最多二个，但人口还是不断增多。一天增加两个，半年呢，一年呢，百年呢！

我希望人类不要毁坏自己的"家园"。

父亲的话：

母亲的话：读了这篇文章，父母让我看到了你的认真，文中蕴涵的问题也是让我很感兴趣。这问题的出现是谁呢？为什么不展开写完？

老师的话：

参 考 文 献

1. Albertson，B. R. 2007. *Organization and Development Features of Grade 8 and Grade 10 Writers: A Descriptive Study of Delaware Student Testing Program (DSTP) Essays*[D]. PHD Dissertation, University of Delaware.
2. Anderson，J. & Palmer A. S. 1976. *Language, Memory, and Thought* [M]. Hillsdale，NJ: Lawrence Erlbaum.
3. Anderson，J. & Palmer A. S. 1983. *The Architecture of Cognition* [M]. Cambridge，MA: Harvard University Press.
4. Anderson，J. & Palmer A. S. 1985. *Cognitive Psychology and Its Implications* [M]. San Francisco/New York: W. H. Freeman.
5. Anderson，J. & Palmer A. S. 1996. *Language Testing Practice* [M]. Oxford: Oxford University Press.
6. Applebee，A. N. 2000. Alternative Models of Writing Development[A]. In R. Indrisano & Squire，J. R. (eds.). *Perspectives on Writing: Research, Theory, and Practice*[C]. Newark，DE: International Reading Association: 90－110.
7. Bachman，L. F. 1990. *Fundamental Considerations in Language Testing* [M]. Oxford: Oxford University Press.
8. Bakhtin，M. M. 1986. *Speech Genres and Other Late Essays*[C]. (V. W. McGee，Trans.). Austin，TX: University of Texas Press.
9. Bakhtin，M. M. & Medvedev，P. N. 1985. *The Formal Method in Literary Scholarship: A Critical Introduction to Sociological Poetics*[M]. (A. J. Werhle，Trans.). Cambridge，MA: Harvard University Press.
10. Bamberg，M. 2004. Narrative discourse and Identities[A]. In J. C. Meister，T. Kindt，W. Schernus & M. Stein (eds.). *Narratology beyond Literary Criticism*

[C]. Berlin & New York: Walter de Gruyter: 213 – 237.

11. Barlow, M. 2010. Individual Usage: A Corpus-based Study of Idiolects[R]. *LAUD Conference. Landau.*

12. Barthes, R. 1977. The Death of the Author[A]. In Stephen Heath (ed. & Trans.). *Barthes, Image Music Text*[C]. London: Fontana/Collins: 142 – 148.

13. Barthes, R. 1984. La mort de l'auteur[A]. In R. Barthes, *Le Bruissement de la langue*[C]. Paris: Seuil: 61 – 67.

14. Bazerman, C. 2010. *Traditions of Writing Research*[M]. New York/London: Routledge.

15. Beard, R., Myhill, D., Riley, J. & Nystrand, M. (eds.). 2009. *Writing Development*[C]. London: Sage.

16. Bednarek, M. & Martin, J. R. (eds.). 2010. *New Discourse on Language: Functional Perspectives on Multimodality, Identity and Affiliation*[C]. London: Continuum.

17. Bernstein, B. 1967. Open schools, open societies?[J] *New Society* 10: 351 – 353.

18. Bernstein, B. 1970a. Education cannot compensate for society[J]. *New Society* 15: 344 – 347.

19. Bernstein, B. 1970b. A sociolinguistic approach to socialization: with some reference to educability[J]. *The Human Context*: 233 – 277.

20. Bernstein, B. 1981. Code modalities and the process of reproduction: a model [J]. *Language and Society* (10): 327 – 363.

21. Bernstein, B. 1999. Vertical and horizontal discourse: an essay[J]. *British Journal of Sociology of Education* 20(2): 157 – 173.

22. Bernstein, B. 2000. *Pedagogy, Symbolic Control and Identity: theory, research, Critique*[M]. London: Taylor & Francis.

23. Bernstein, B. 2003a. *Class, Codes and Control. (Vol. I): Theoretical Studies Towards a Sociology of Language*[M]. London; New York: Routledge.

24. Bernstein, B. 2003b. *Class, Codes and Control. (Vol. II): Applied Studies Towards a Sociology of Language*[M]. London; New York: Routledge.

25. Bernstein, B. 2003c. *Class, Codes and Control. (Vol. III): Towards a Theory of Educational Transmission*[M]. London; New York: Routledge.

26. Bernstein, B. 2003d. *Class, Codes and Control. (Vol. IV): The Structuring of Pedagogic Discourse*[M]. London; New York: Routledge.

27. Bernstein, B. and Brannen, J. 1996. *Children, Research, and Policy*[M]. London: Taylor & Francis.

28. Bloch, B. 1948. A set of postulates for phonetic analysis[J]. *Language* 24:

3 - 46.

29. Bloor. T & Bloor, M. 2001. *The Functional Analysis of English: A Hallidayan Approach*[M]. Beijing: FLTRP & Edward Arnold.

30. Bockting, I. 1994. Mind Style as an Interdisciplinary Approach to Characterization in Faulkner[J]. *Language & Literature* (3): 157 - 174.

31. Bourdieu, P. 1986. The Production of Belief: Contribution to an Economy of Symbolic Goods. In R. Collins et al. (eds.). *Media, Culture and Society: a Critical Reader*. Sage.

32. Bourdieu, P. 1990. *The Logic of Practice*. Polity.

33. Bourdieu, P. 1992. The Rules of Art: Genesis and Structure of the Literary Field. Stanford University Press.

34. Bourdieu, P. & Wacquant, L. 2001. Newliberal Newspeak : Notes on the New Planetary Vulgate. *Radical Philosophy* (105): 2 - 5.

35. Brend, R. 1975. Male-Female Intonation Patterns in American-English[A]. In B. Thome and N. Henley (eds.). *Language and Sex: Difference and Dominance* [C]. Rowley, MA: Newbury House: 33 - 37.

36. Britton, J. 1970. *Language and Learning*[M]. London: Penguin Press.

37. Britton, J., Burgess, T., Martin, N., McLeod, A., & Rosen, H. 1975. The development of writing abilities (11 - 18) [R]. London: MacMillan Education Ltd.

38. Brown, J. D. & Hudson, T. 1998. The Alternatives in Language Assessment[J]. *TESOL QUARTERLY* Vol. 32(4): 653 - 675.

39. Brown, G. & Yule, G. 2000. *Discourse Analysis*[M]. Beijing: FLTRP.

40. Bruner, J. 1990. *Acts of Meaning*[M]. Cambridge, MA: Harvard University Press.

41. Bucholtz, M. & Hall, K. 2005. Identity and interaction: A sociocultural linguistic approach[J]. *Discourse Studies* Vol. 7(4 - 5): 585 - 614.

42. Butler, D. S. 1985. *Systemic Linguistics: Theory and Application*[M]. London: Batsford Academic and Education.

43. Butt, D. 1983. Semantic 'drift' in verbal art[J]. *Australian Review of Applied Linguistics* 6(1): 38 - 48.

44. Caldwell, D. 2010. Making Metre Mean: Identity and Affiliation in the Rap Music of Kanye West[A]. In M. Bednarek, & J. R. Martin (eds.). *New Discourse on Language: Functional Perspectives on Multimodality, Identity & Affiliation*[C]. London: Continuum. 59 - 79.

45. Canale, M. 1983. On Some Dimensions of Language Proficiency[A]. In J. W. Oller (ed.). *Issues in Language Testing Research*[C]. Rowley, MA: Newbury

House, 333 - 342.

46. Canale, M. & Swain, M. 1980. "Theoretical Bases of Communicative Approaches to Second Language Teaching and Testing"[J]. *Applied Linguistics* (1): 1 - 47.

47. Casey, J. 2001. Between Writing Centers and Improvement in Ability: An Assessment of the Literature[J]. *Education* (3): 3 - 20.

48. Cazden, C B. 1967. On Individual Differences in Language Competence and Performance[J]. *Journal of Special Education* (1): 135 - 150.

49. Chomsky, N. 1965. *Aspects of the Theory of Syntax*[M]. Cambridge, MA: MIT Press.

50. Chomsky, N. 1980. Rules and Representations[M]. Oxford: Basil Blackwell.

51. Chouliaraki, L. & Fairclough, N. 1999. Discourse in Late Modernity: Rethinking Critical Discourse Analysis[M]. Edinburgh: Edinburgh University Press.

52. Christie, F. and Martin. J. R. (eds.). 2007. *Language, Knowledge and Pedagogy: Functional Linguistics and Sociological Perspectives*[M]. London: Continuum.

53. Clienki, A. 2005. Metaphor in the "Strict Father" and "Nurturant Parent" cognitive models: Theoretical issues raised in an empirical study[J]. *Cognitive Linguistics* 16 (2): 279 - 312.

54. Cook, G. & Seidlhofer, B. 1995. *Principles and Practice in Applied Linguistics* [C]. Oxford: Oxford University Press.

55. Cook, J. A. 1973. Language of Socialization[A]. In Basil Bernstein (ed.). *Class, Codes and Control (Vol. II): Applied Studies Towards a Sociology of Language*[C]. London & New York: Routledge: 293 - 342.

56. Cooper, C. & Odell, L. (eds.). 1978. *Research on Composing: Points of Departure*[C]. Urbana, IL: National Council of Teachers of English.

57. Cope, B. & Kalantzis. M. (eds.). 1993a. *The Powers of Literacy: A Genre Approach to Teaching Writing*[C]. Bristol, PA: Falmer Press.

58. Cope, B. & Kalantzis, M. 1993b. Introduction: How a genre approach to literacy can transform the way writing is taught[A]. In B. Cope & M. Kalantzis, *The Powers of Literacy: A Genre Approach to Teaching Writing*[C]. Bristol, PA: Falmer Press: 1 - 21.

59. Crystal, D. 2008. *A Dictionary of Linguistics and Phonology*[M]. Malden & Oxford: Blackwell.

60. Daffarel, A, Martin. J. R. & Matthiessen, CMIM (eds.). *Language typology: A*

参考文献

functional perspective[C]. Amsterdam: Benjamins. 2004.

254

61. Danes, F. 1974. Functional Sentence Perspective and the Organization of the Text[A]. In F. Danes (ed.). *Papers in Functional Perspective*[C]. Prague: Academia.

62. De Certeau, M. 1984. *The Practice of Everyday Life*[M]. Berkeley: University of California Press.

63. Department of Education, UK. 2012a, National curriculum of English Writing, http: //www. education. gov. uk/schools/teachingandlearning/curriculum/secondary/b00199101/english/ks3/attainment/writing, 2012 - 10 - 16 - 22: 10'15''.

64. Department of Education, UK. 2012b, National curriculum at key stage two in England http: //www. education. gov. uk/schools/teachingandlearning/curriculum/secondary/b00199101/english/ks3/attainment/writing, 2012 - 10 - 16 - 22: 10'15''.

65. Derewianka, B. 1995. Language development in the transition from childhood to adolescence: the role of grammatical metaphor[D]. Macquarie University: Ph.D. thesis.

66. Dittmar, N. 1996. Explorations in 'Idiolects'[J]. *Amsterdam Studies in the Theory and History of Linguistic Science Series* (4): 109 - 128.

67. Doughty, P., Pearce, J. & Geoffrey, T. 1971. *Language in Use*[M]. London: Edward.

68. Doughty, P., Pearce, J. & Geoffrey, T. 1972. *Exploring Language*[M]. London: Edward.

69. Eggins, S. 1994. *An Introduction to Systemic Functional Lingustics*[M]. London: Pinter.

70. Ellis, R. 1994. *The Study of Second Language Acquisition*[M]. Oxford: Oxford University Press.

71. Ellis, R. 2003. *Task-based Language Learning and Teaching*[M]. Oxford: Oxford University Press.

72. Ely, R. 2005. Language and Literacy in the School Years[A]. In J. B. Gleason. (ed.). *The development of language*[C]. Boston, Pearson: 395 - 443.

73. Englebretson, R. 2007. *Stancetaking in Discourse: Subjectivity, Evaluation, Interaction*[M]. Amsterdam /Philadelphia: John Benjamins Pub.

74. Fairclough, N. 1989. *Language and Power*[M]. London, Harlow & New York: Longman.

75. Fairclough, N. 1992. *Critical Language Awareness*[M]. London: Longman.

76. Fairclough, N. 1995. *Media discourse*[M]. London: Edward Arnold.
77. Fairclough, N. 2001. The dialectics of discourse[J]. *Textus* 14(2): 231 - 242.
78. Fairclough, N. 2003. *Analyzing Discourse: Textual Analysis for Social Research* [M]. London: Routledge.
79. Fariclough, N. 2005. Critical discourse analysis[J]. Marges Linguistiques (9): 76 - 94.
80. Fairclough N, Mulderrig J. & Wodak R. 2011. Critical discourse analysis[J]. In van Dijk (eds.). *Discourse Studies: a multidisciplinary introduction*. London: SAGE: 357.
81. Fauconnier, G. 1997. *Mappings in Thought and Language* [M]. Cambridge: Cambridge University Press.
82. Fawcett, R. P. 1980. *Cognitive linguistics and Social Interaction: Towards an Integrated Model of a Systemic Functional Grammar and the Other Components of a Communicating Mind* [M]. Heidelberg: Julius Groos.
83. Feldman, R. S. 2006. *Development Across the Life Span*[M]. Beijing: Pearson Education & Peking University Press.
84. Ferguson, C. A. 1971. *Language Structure and Language Use* [M]. Stanford: Stanford University Press.
85. Fina, A., Schiffrin, D. & Bamberg, M. 2006. *Discourse and Identity* [M]. Cambridge: Cambridge University Press.
86. Firbas, J. 1964. On Defining the Theme in Functional Sentence Perspective[A]. In Travaux Linguistiques de Prague 1: 267 - 268.
87. Fires, P. H. 1883. On the Status of Theme in English: arguments for discourse [A]. In J. S. Petofi & E. Sozer (eds.). *Micro and Macro Connexity of Texts*[C]. Hamburg: Buske Verlag.
88. Firth, J. R. 1950. Personality and Language in Society[J]. *The Social Logical Review* (42): 37 - 52.
89. Firth, J. R. 1957a. *A Synopsis of Linguistic Theory, 1935 - 1955*[M]. London: Blackwell.
90. Firth, J. R. 1957b. *Papers in Linguistics 1934 - 1951* [M]. Oxford: Oxford University Press.
91. Fischer, J. L. 1958. Social Influences in the Choice of a Linguistic Variant[A]. In D. Hymes. (ed.). *Language in Culture and Society: A Reader In Linguistics and Anthropology*[C]. New York: Harper and Row: 47 - 56.
92. Flower, L. & Hayes, J. R. 1981. A cognitive process theory of writing[J]. *College Composition and Communication* (32): 365 - 387.

参考文献

93. Forsyth, I. J. & Kathleen, W. 1977. *Language and Communication* [M]. London: Longman.

256 94. Foucault, M. 1984. What is an author? [A] In P. Rabinow (ed.), J. Harari. (Trans.). *The Foucault Reader*[C]. New York: Pantheon: 101 - 120.

95. Fowler, R. 1977. *Linguistics and the Novel*[M]. London: Methuen.

96. Freeman, D. 1993. Read "Reading the language itself" itself[J]. *Language and Literature* 2(2): 129 - 33.

97. Freeman, M. H. 1997. Grounded spaces: Deictic-self anaphors in the poetry of Emily Dickinson[J]. *Language and Literature* 6(1): 7 - 28.

98. Gee, J. P. 1992. *The Social Mind: Language, Ideology and Social Practice*[M]. New York: Bergin & Garvey.

99. Gee, J. P. 1996. *Social Linguistics and Literacies: Ideology in Discourses*[M]. London: Falmer Press.

100. Gee, J. P. 2000a. *An Introduction of Discourse Analysis: Theory and Method* [M]. Beijing: FLTRP & Routledge.

101. Gee, J. P. 2000b. The new literacy studies: From "socially-situated" to the work of the social. In D. Barton, M. Hamilton, & R. Ivanic (eds.). *Situated Literacies: Reading and Writing in Context*[C]. London: Routledge: 180 - 196.

102. Graff, H. 1987. *The Labyrinths of Literacy: Reflections of Literacy Past & Present*[M]. London: Falmer Press.

103. Graham S. 2006. Writing[A]. In P. Alexander & P. Winne (eds.). *Handbook of educational psychology*[C]. Mahwah, NJ: Lawrence Erbaum: 457 - 478.

104. Graham S., Berninger V. & Fan W. 2007. The structural relationship between writing attitude and writing achievement in first and third grade students[J]. *Contemporary Educational Psychology* (32): 516 - 536.

105. Gregg, N. & Mather, N. 2002. School is fun at recess: Informal analysis of written language for students with learning disabilities[J]. *Journal of Learning Disabilities* (1): 7 - 22.

106. Gross, S. 1997. Cognitive Readings: Or, The Disappearance of Literature in the Mind[J]. *Poetics Today* 18(2): 271 - 297.

107. Gumperz, J. & Levinson, S. 1996. *Rethinking Linguistic Relativity* [M]. Cambridge: Cambridge University Press.

108. Halliday, M. A. K. 1961. Categories of the theory of grammar[J]. *Word* 17(2): 242 - 292.

109. Halliday, M. A. K. 1964. The users and uses of language[A]. In J. Webster (ed.). *The Collected Works of Halliday (Vol. 10): Language and Society*[C].

London: Continuum./Beijing: Peking University Press. 2007: 5 - 40.

110. Halliday, M. A. K. 1971. A "linguistic approach" to the teaching of the mother tongue? [A] In J. Webster (ed.). *The Collected Works of Halliday* (*Vol. 9*): *Language and Education* [C]. Beijing: Peking University Press. 2007: 35 - 49.

111. Halliday, M. A. K. 1973. *Explorations in the Functions of Language* [M]. London: Edward Arnold.

112. Halliday, M. A. K. 1974. Language and Social Man[A]. In J. Webster (ed.). *The Collected Works of Halliday* (*Vol. 10*): *Language and Society* [C]. London: Continuum./ Beijing: Peking University Press. 2007: 65 - 130.

113. Halliday, M. A. K. 1975. Learning how to mean[A]. In J. Webster (ed.). *The Collected Works of Halliday* (*Vol. 4*): *The Language of Children*[C]. London: Continuum./ Beijing: Peking University Press. 2007: 28 - 59.

114. Halliday, M. A. K. 1978. *Language as Social Semiotic: The Social Interpretation of Language and Meaning*[M]. London & Baltimore: Edward Arnold.

115. Halliday, M. A. K. 1979. Differences between spoken and written language: some implications for literacy teaching[A]. In J. Webster (ed.). *The Collected Works of Halliday* (*Vol. 9*): *Language and Education* [C]. London: Continuum./ Beijing: Peking University Press. 2007: 63 - 80.

116. Halliday, M. A. K. 1980. Three aspects of children's language development: learning language, learning through language, learning about language[A]. In J. Webster (ed.). *The Collected Works of Halliday* (*Vol. 4*): *The Language of Early Childhood*[C]. London: Continuum./ Beijing: Peking University Press. 2007: 308 - 327.

117. Halliday, M. A. K. 1988. Language and socialization: home and school[A]. In J. Webster (ed.). *The Collected Works of Halliday* (*Vol. 9*): *Language and Education*[C]. London: Continuum./ Beijing: Peking University Press. 2007: 81 - 96.

118. Halliday, M. A. K. 1992. How do you mean? [A] In D. Martin & R. Louise (eds.). *Advances in Systemic Linguistics: Recent Theory and Practice* [C]. London: Pinter. 20 - 35.

119. Halliday, M. A. K. 1993. New ways of meaning: a challenge to applied linguistics[A]. In M. A. K. Halliday (ed.). *Language in a Changing World*. *Occasional Paper 13*[C]. Sydney: Applied Linguistics Association of Australia. 1 - 41.

120. Halliday, M. A. K. 1994a. Language and the theory of codes[A]. In J. Webster

(ed.). *The Collected Works of Halliday* (*Vol. 10*): *Language and Society* [C]. London: Continuum./ Beijing: Peking University Press. 2007: 231–246.

258

121. Halliday, M. A. K. 1994b. *An Introduction to Functional Grammar* (*2nd edition*)[M]. London: Edward / Beijing: FLTRP & Edward Arnold.

122. Halliday, M. A. K. 1995a. On language in relation to evolution of human consciousness[A]. In J. Webster (ed.). London: Continuum./ Beijing: Peking University Press. 2007: 390–432.

123. Halliday, M. A. K. 1995b. Computing meanings: some reflections on part experience and present prospects[A]. In J. Webster (ed.). The *Collected Works* of Halliday (*Vol. 6*): *Computational and Quantitative Studies* [C]. London: Continuum/ Beijing: Peking University Press. 2007: 239–267.

124. Halliday, M. A. K. 1996. Literacy and Linguistics[A]. In J. Webster (ed.). *The Collected Works of Halliday* (*Vol. 9*): *Language and Education* [C]. London: Continuum./Beijing: Peking University Press. 2007: 97–132.

125. Halliday, M. A. K. 1997. Linguistics as Metaphor[A]. In J. Webster (ed.). The *Collected Works* of Halliday (Vol. 6): *Computational and Quantitative Studies*[C]. London: Continuum./ Beijing: Peking University Press. 2007: 248–270.

126. Halliday, M. A. K. 1999. Grammar and the construction of educational knowledge[A]. In J. Webster (ed.). *The Collected Works of Halliday* (*Vol. 4*): *The Language of Early Childhood* [C]. London: Continuum/ Beijing: Peking University Press. 2007: 353–372.

127. Halliday, M. A. K. 2000. *Language as Social Semiotic: The Social Interpretation of Language and Meaning*[M]. Beijing: FLTRP.

128. Halliday, M. A. K. 2002. Applied linguistics as an evolving theme[A]. In J. Webster (ed.). London: Continuum./ Beijing: Peking University Press. 2007: 1–19.

129. Halliday, M. A. K. 2003. Introduction: on the 'architecture' of human language[A]. In J. Webster (ed.). London: Continuum./ Beijing: Peking University Press. 2007: 1–29.

130. Halliday, M. A. K. 2006. Some theoretical considerations underlying the teaching of English in China[J]. *The Journal of English Studies*. No.4: 7–20.

131. Halliday, M. A. K. & Hasan, R. 1985. *Language, Text and Context: Aspects of Language in a Social-Semiotic Perspective* [M]. Geelong: Deakin University Press.

132. Halliday, M. A. K. & Matthiessen, C. 2004. *An Introduction to Functional Grammar* (*3rd edition*)[M]. London: Edward Arnold.

133. Halliday, M. A. K. & Matthiessen, C. 2008a. *An Introduction to Functional Grammar* (*3rd* edition)[M]. London: Edward Arnold/Beijing: Foreign Language Teaching and Research Press.

134. Halliday, M. A. K. & Matthiessen, C. 2008b. *Construing Experience through Meaning-A Language-based Approach to Cognition* [M]. Beijing: World Publication Cooperation.

135. Halliday, M. A. K., McIntosh, A.& Strevens, P. 1964. *The Linguistic Sciences and Language Teaching*[M]. London: Longman.

136. Hancock, C. 2009. How linguistics can inform the teaching of writing[A]. In R. Beard & D. Myhill (eds.). *Sage Handbook of Writing Development* [C]. London: Sage. 194 – 208.

137. Harris, A. 1952. Discourse Analysis[J]. *Language* (28): 1 – 30.

138. Hasan, R. 1973. Code, register and social dialect[A]. In R. Hasan (ed.). *Selected Works of Ruqaiya Hasan on Applied Linguistics*[C]. Beijing: Foreign Language Teaching and Research Press. 2011: 34 – 75.

139. Hasan, R. 1978. Text in the systemic-functional model[A]. D. Wolfgang (ed.). *Current Trends in Text Linguistics*[C]. Berlin: de Gruyter: 228 – 246.

140. Hasan, R. 1989. Semantic variation and sociolinguistics[J]. *Australian Journal of Linguistics* (9), 221 – 275.

141. Hasan, R. 2005. Language and society in a systemic functional perspective[A]. In R. Hasan (ed.). *Selected Works of Ruqaiya Hasan on Applied Linguistics* [C]. Beijing: Foreign Language Teaching and Research Press. 2011: 3 – 32.

142. Hasan, R. 2008. *Context in the System and Process of Language*[M]. London/ Oakville: Equinox Pub.

143. Hasan, R. 2011. *Selected Works of Ruqaiya Hasan on Applied Linguistics*[C]. Beijing: Foreign Language Teaching and Research Press.

144. Hasan, R. and Geoff, W. 1996. *Literacy in Society*[M]. London: New York: Longman.

145. Hasan, R., Matthiessen, C., and Webster, J. 2007. *Continuing Discourse on Language: A Functional Perspective*, *Vol. I*[M]. London: Equinox.

146. Hayes J. 1996. A new framework for understanding cognition and affect in writing[A]. In M. Levy & S. Ransdell (eds.). *The science of writing: Theories, methods, individual differences, and applications* [C]. Erbaum: Mahwah, NJ: 1 – 27.

147. Hilton, J. 2006. *Lost Horizon* [M]. Kunming: Yunnan People's Publishing House.

148. Hudson，R. A. 2000. *Sociolinguistics*［M］. Cambridge：Cambridge University Press/Beijing：Oxford & FLTRP.

149. Hyland，K. 2000. *Disciplinary Discourse: Social Interactions in Academic Writing*［M］. England：Pearson Education.

150. Hyland，K. 2005. *Metadiscourse*［M］. London & New York：Continuum.

151. Hymes D. 1971a. *On Communicative Competence*［M］. Philadelphia，PA：University of Pennsylvania Press.

152. Hymes D. 1971b. Competence and Performance in Linguistic Theory［A］. R. Huxley & E. Ingram.（eds.）. *Language Acquisition: Models and Methods*［C］. London：Academic Press，3‑28.

153. Hymes D. 1972a. Toward ethnographies of communicative events［A］In P. P. Giglioli & S. Isard（eds.）. *Language and Social Context*［C］. Harmondsworth，Midds：Penguin books.

154. Hymes，D. 1972b. Models of the Interaction of Language and Social Life［A］. In J.Gumperz & D. Hymes（eds.）. *Directions in Sociolinguistics: The Ethnography of Communication*［C］. New York：Holt，Rinehart & Winston. 25‑37.

155. Hymes，D. 1979. Sapir，Competence，Voices［A］. In J. Charles，D. Fillmore & W. Wang.（eds.）. *Individual Differences in Language Ability and Language Behavior*［C］. New York：Academic. 33‑45.

156. Iedema，R.，Feez，S. & White P. 1994. *Media Literacy*［M］. Sydney：Metropolitan East Region's Disadvantaged Schools Program.

157. Ioannis，C. D. 1998. *Teacher Assessment of Students' Writing Skill*［D］. Doctoral Dissertation. Graduate School of Syracuse University，USA.

158. Ivanic，R. 2004. Discourses of writing and learning to write［J］. *Language and Education*（3）：220‑245.

159. Jakobson，R. 1960. Linguistics and Poetics［A］. In T. Sebeok（ed.）. *Style in Language*［C］. Cambridge，MA：M.I.T. Press：350‑377.

160. Jakobson，R. 1971. *Studies on Child language and Aphasia*［M］. The Hague：Mouton.

161. Johnson，K. 2001. An Introduction to Foreign Language Learning and Teaching［M］. Beijing：Pearson Education Limited.

162. Johnstone，B. 1991. Individual Style in an American Public Opinion Survey：Personal Performance and the Ideology of Referentiality［J］. *Language in Society*（20）：557‑576.

163. Johnstone，B. 1996. *The linguistic Individual: Self-expression in Language and Linguistics*［M］. Oxford：Oxford University Press.

164. Johnstone, B. 1997. Self-expression and Language Variation[J]. *Language and Society* vol 26.(2): 221 - 246.

165. Johnstone, B. 2000. The Individual voice in language[J]. *Annual Review of Anthropology* (29): 405 - 424.

166. Johnstone, B. 2001. Individual. In A. Durantio (ed.). *Key Terms in Language and Culture*. New York: Blackwell. 122 - 124.

167. Johnstone, B. 2009. Stance, Style and the Linguistic Individual[A]. A. Jaffe (ed.). Sociolinguistic Perspectives on Stance[C]. Oxford: Oxford University Press, 2009: 29 - 52.

168. Kamberelis, G. 1999. Genre development and learning: Children Writing Stories, Science Reports and Poems[J]. *Research in the Teaching of English*. Vol. 33: 403 - 460.

169. Knight K. N. 2010. Wrinkling complexity: concepts of identity and affiliation in humor. In M. Bednarek & J. R. Martin (eds.). *New Discourse on Language: Functional Perspectives on Multimodality, Identity & Affiliation*[C]. London: Continuum. 35 - 58.

170. Krashen S. 1985. *The Input Hypothesis: Issues and Implications*[M]. London: Longman.

171. Kress, G. 1989. *Linguistic Processes in Sociocultural Practice*[M]. New York: Oxford University Press.

172. Kress, G. 1993. Genre as social process[A]. In B. Cope & M. Kalantzis (eds.). *The Powers of Literacy: A Genre Approach to Teaching Writing*[C]. Bristol, PA: Falmer Press.

173. Kress, G. & van Leeuwen, T. 1996/2006. *Reading Images: The Grammar of Visual Design*[M]. London: Routledge.

174. Labov, W. 1966. *The Social Stratification of English in New York City*[M]. Washington, D.C.: Center for Applied Linguistics.

175. Labov, W. 1972. *Sociolinguistic Patterns*[M]. Philadelphia: University of Pennsylvania Press.

176. Labov, W. 1978. Where does the sociolinguistic variable stop? A response to Beatriz Lavandera[J]. *Working Papers in Sociolinguistics* (44). Austin, Texas: Southwest Educational Development Laboratory.

177. Labov, W. 1989. The exact description of the speech community: Short 'a' in Philadelphia[A]. In R. Fasold and D. Schiffrin (eds.). *Language Change and Variation*[C]. Washington D.C.: Georgetown University Press, 1 - 57.

178. Labov, W. 2010. The community as the focus of social cognition[R]. LAUD

参考文献

Conference. Landau. Germany.

179. Lakoff, G. 1987. *Woman, Fire and Dangerous Things: What Categories Reveal About the World*[M]. Chicago: University of Chicago Press.

180. Lakoff, G. 1992. Metaphors and war: the metaphor system used to justify the Gulf War[A]. M. Pütz (ed.). *Thirty Years of Linguistic Evolution. Studies in Honour of René Dirven on the Occasion of his Sixtieth Birthday* [C]. Amsterdam: John Benjamins. 463 - 481.

181. Lakoff, G. 1995. Metaphor, Morality and Politics or Why Conservatives Have Left Liberals in the Dust[J]. *Social Research*. Vol. 62(2): 177 - 231.

182. Lakoff, G. 1996. *Moral Politics: What Conservatives Know that Liberals Don't* [M]. Chicago: University of Chicago Press.

183. Lakoff, G. 2002. *Moral Politics: How Liberals and Conservatives Think*[M]. Chicago: University of Chicago Press.

184. Lakoff, G. & Johnson, M. 1980. *Metaphor We Live By* [M]. Chicago: University of Chicago Press.

185. Lakoff, G. & Johnson, M. 1999. *Philosophy in the Flesh: The Embodiment Mind and its Challenge to Western Thought*[M]. New York: Basic Books.

186. Lakoff, R. 1975. *Language and Women's Place* [M]. New York: Harper and Row.

187. Lam, W. & Eva. S. 2000. L2 literacy and the design of the self: A case study of a teenager writing on the Internet[J]. *Tesol Quartly Vol. 34(3)*: 457 - 481.

188. Langacker, R. W. 1987/2004. *Foundations of Cognitive Grammar (Vol. I)* [M]. Stanford: SUP./ Beijing: PUP.

189. Lea, M. & Street, B. 1998. Student writing in higher education: An academic literacies approach[J]. *Studies in Higher Education 23(2)*: 157 - 172.

190. Leech, G. 2007. Style in Fiction Revisited: The beginning of Great Expectation[J]. *Style* 41(2): 117 - 133.

191. Leech, G. & Short M. H. 2001. *Style in Fiction: A Linguistic Introduction to English Fictional Prose*[M]. Beijing: Pearson & FLTRP.

192. Louwerse, M. M. 2004. Semantic variation in idiolect and sociolect: corpus linguistic evidence from literacy texts[J]. Computers and Humanities 38(2): 207 - 221.

193. MacArthur, C. & Graham, S. 2006. *Handbook of writing research*[C]. New York: Guilford Press.

194. Mackey, D., Thompson, B. & Pamela, S. 1970. *Breakthrough to Literacy*[M]. London: Longman.

195. Mann, W. C. & Thompson, A. 1988. Rhetorical structure theory: Toward a functional theory of text organization[J]. *Text* 8(3): 243 - 281.

196. Martin, J. R. 1984. Systemic functional linguistics and an understanding of written text[A]. In Wang Zhenhua (ed.). *The Collected Works of J. R. Martin Vol(7): Language in Education*[C]. Shanghai: Shanghai Jiao Tong University Press. 2012b: 60 - 80.

197. Martin, J. R. 1992. *English Text: System and Structure*[M]. Amsterdam/ Philadelphia: John Benjamins.

198. Martin, J. R. 1993a. A contextual theory of language[A]. In B. Cope & M. Kalantzis (eds.). *The Powers of Literacy: A Genre Approach to Teaching Writing*[C]. Bristol, PA: Falmer Press: 116 - 136.

199. Martin, J. R. 1993b. Genre and Literacy: Modeling Context in Educational Context[A]. In Wang Zhen-hua (ed.). *The Collected Works of J. R. Martin Vol(7): Language in Education*[C]. Shanghai: Shanghai Jiao Tong University Press. 2012: 133 - 159.

200. Martin, J. R. 1997. Linguistics and the Consumer[A]. In Wang Zhen-hua (ed.). *The Collected Works of J. R. Martin Vol(7): Language in Education*[C]. Shanghai: Shanghai Jiao Tong University Press. 2012: 187 - 223.

201. Martin, J. R. 2000. Grammar Meets Genre: Reflections on the "Sydney School"[A]. In Wang Zhen-hua (ed.). *The Collected Works of J. R. Martin Vol(7): Language in Education*[C]. Shanghai: Shanghai Jiao Tong University Press. 2012: 255 - 294.

202. Martin, J. R. 2004. *English Text: System and Structure*[M]. Beijing: Peking University Press and John Benjamins.

203. Martin, J. R. 2006. Genre, ideology and intertextuality: A systemic functional perspective[A]. In Wang Zhen-hua (ed.). *The Collected Works of J. R. Martin, Vol(1): SFL Theory*[C]. Shanghai: Shanghai Jiao Tong University Press. 2012: 458 - 483.

204. Martin, J. R. 2008a. Tenderness: Realisation and instantiation in a Botswanan town. In Wang Zhen-hua (ed.). *The Collected Works of J. R. Martin, Vol(1): SFL Theory*[C]. Shanghai: Shanghai Jiao Tong University Press. 2012: 484 - 513.

205. Martin, J. R. 2008b. Innocence: Realization, instantiation and individuation in a Botswanan town[A]. In N. Knight & A. Mahboob (eds.). *Questioning Linguistics*[C]. Cambridge: Cambridge Scholars Publishing. 27 - 54.

206. Martin, J. R. 2009a. Realization, instantiation and individuation: Some

thoughts on identity in youth justice conferencing. 36th SFLC[R]. Beijing. 2009 - 07 - 14 - 18.

264

207. Martin, J. R. 2009b. Genre and language learning: A social semiotic perspective[A]. In Wang Zhen-hua (ed.). *The Collected Works of J. R. Martin Vol (7): Language in Education* [C]. Shanghai: Shanghai Jiao Tong University Press. 2012: 372 - 385.

208. Martin, J. R. 2010. Semantic variation: Modelling system, text and affiliation in social semiosis. In Bednarek & Martin (eds.). *New Discourse on Language: Functional Perspectives on Multimodality, Identity and Affiliation*. London: Continuum. 1 - 34.

209. Martin, J. R. 2012. Writing and Genre Studies[A]. In Wang Zhenhua (ed.). *The Collected Works of J. R. Martin Vol (7): Language in Education* [C]. Shanghai: Shanghai Jiao Tong University Press. 2012b: 411 - 420.

210. Martin, J. R. 2016. Meaning matters: a short history of systemic functional linguistics[J]. WORD, 2016. http://dx.doi.org/10.1080/00437956.2016.1141939.

211. Martin, J. R. & Bednarek, M.(eds.). 2010. *New discourse on language* [C]. London & New York: Continuum.

212. Martin, J. R. & Rose, D. 2007. *Working with Discourse* [M]. Beijing: Peking University Press.

213. Martin, J. R. & Rose, D. 2014. *Genre Relations: Mapping Culture* [M]. Beijing: Foreign Language Teaching and Research Press.

214. Martin, J. R. & Rothery, J. 1981. The ontogensis of written genre[A]. In Wang zhen-hua (ed.). *The Collected Works of J. R. Martin Vol(7): Language in Education*[C]. Shanghai: Shanghai Jiao Tong University Press. 2012: 9 - 59.

215. Martin, J. R. & Rothery, J. 1986. What a functional approach to the writing can show teachers about "Good Writing"[A]. In Wang zhen-hua (ed.). *The Collected Works of J. R. Martin Vol (7): Language in Education* [C]. Shanghai: Shanghai Jiao Tong University Press. 2012b: 81 - 101.

216. Martin, J. R. & White, P. R. R. 1985. On the analysis of exposition[A]. In Wang Zhen-Hua (ed.). *The Collected Works of J. R. Martin Vol (5): Text Theory*[C]. Shanghai: Shanghai Jiao Tong University Press. 2010c: 6 - 45.

217. Martin, J. R. & White, P. R. R. 2008. *The Language of Evaluation: Appraisal in English* [M]. Beijing: Foreign Language Teaching and Research Press & Palgrave Macmillan.

218. Martinet, A. 1962. *Realism Versus Formalism in a Functional View of Language*[M]. Cambridge: Oxford University Press.

219. Malvern, D., Richards, B. J., Chipere, N., Duran, P. 2004. *Lexical Diversity and Language Development. Quantification and Assessment* [M]. Basingstoke, UK: Palgrave Macmillan.

220. Maton, K. 2000. Recovering pedagogic discourse: a Bernsteinian approach to the sociology of educational knowledge [J]. *Linguistics & Education* 11 (1): 79 - 98.

221. Maton, K. 2010. Analysing knowledge claims and practices: language of legitimation [A]. In K. Maton & R. Moore. Eds. *Social Realism, Knowledge and the Sociology of Education* [C]. London: Continuum. 35 - 59.

222. Matthiessen, C. M. I. M. 2007. The "architecture" of Language according to systemic functional theory: developments since 1970s [A]. In R. Hasan, C., Matthiessen & Webster, J. (eds.). *Continuing Discourse on Language: A Functional Perspective* [C]. London: Equinox. 505 - 561.

223. Matthiessen, C. M. I. M., Teruya, K & Lam, M. (eds.). 2010. *Key Terms in Systemic Functional Linguistics* [M]. London & New York: Continuum.

224. McKeller, G. B. 1987. The Place of Socio-Semiotics in Contemporary Thought [A]. In R. Steelle and T. Threadgold (eds.). *Language Topics: Essays in Honor of Michael Halliday* [C]. Amsterdam /Philadelphia: John Benjamins. 523 - 548.

225. Milroy, L. 1987. *Language and Social Network* [M]. Oxford: Blackwell.

226. Milroy, L. 2003. *Sociolinguistics: Methods and Interpretation* [M]. Malden, MA: Blackwell,.

227. Morf, C. C. & Ayduk, O. 2007. *Current Directions in Personality Psychology* [M]. Beijing: Beijing Normal University Press & Pearson Education.

228. Myers, G. 2009. *Discourse of Blog and Wiki* [M]. London, NewYork: Contimuum.

229. Myers, G. 2010. Stance-taking and public discussion in blogs [J]. *Critical Discourse studies* 7(4): 263 - 274.

230. Nelson, N. & Grote-Garcia, S. 2010. Text analysis as theory-laden methodology [A]. In C. Bazerman, R. Krut, K. Lunsford, S. Mcleod, S. Null, P. Rogers, & A. Stansell (eds.). *Traditions fo Writing* [C]. New York & London: Routledge. 406 - 418.

231. New London Group. 1996. A pedagogy of Multiliteracies: Designing social futures [J]. *Harvard Educational Review* 66(1): 69 - 92.

232. Nunan D. 1989. *Designing Tasks for the Communicative Classroom* [M]. Cambridge: Cambridge University Press.

参考文献

266

233. Nystrand, M. 1989. A social-interactive model of writing [J]. *Written Communication* (6): 66–85.

234. Nystrand, M. 2006. The social and historical context for writing research[A]. In MacArthur & Graham (eds.). *Handbook of writing research*[C]. New York: Guilford Press: 11–27.

235. O'Halloran, K. 2003. *Critical Discourse Analysis and Language Cognition*[M]. Edinburgh: Edinburgh University Press.

236. Rabinow, Paul. 1984. *The Foucault Reader*[M]. New York: Pantheon books.

237. Rebecca, R. 2003. *A Critical Discourse Analysis of Family Literacy Practices: Power In and Out Of* [M]. Erlbaum.

238. Rebecca, R. 2009. *Designing Socially Just Learning Communities: Critical Literacy Education Across the Life Span*.[M]. New York/London: Routledge.

239. Richards J. C., Platt J. & Platt H. 1998. *Longman Dictionary of Language Teaching and Applied Linguistics*[M]. Addison Longman. China.

240. Roger, B. 2009. *The Sage Handbook of Writing Development*[M]. Los Angles: SAGE.

241. Rosemarin, A. 1985. *The Power of Genre*[M]. Minneapolis, MN: University of Minnesota Press.

242. Rothery, M. 1986. Teaching writing in the primary school: A genre-based approach to the development of writing abilities[A]. In *Working Papers in Linguistics 4: Writing Project-Report 1986* [C]. Sydney: Department of Linguistics, University of Sydney. 3–62.

243. Sachs, J. 1975. Cues to the Identification of Stories by Children[A]. In B. Thome and N. Henley (eds.) *Language and Sex: Difference and Dominance* [C]. Rowley, MA: Newbury House.

244. Santambrogio, E. & Violi. M. P. 1988. *Meaning and Mental representations* [M]. Bloomington: Indiana University Press.

245. Sapir, E. 1949a. Speech as Considerable Attention[A]. In Mandelbaum, D. G. (ed.). *Selected Writings of Edward Sapir in Language, Culture and Personality* [C]. Berkeley: University of California Press. 534–544.

246. Sapir, Edward. 1949b. The emergency of the concept of personality in a study of cultures[A]. In Mandelbaum, D. G. (ed.). *Selected Writings of Edward Sapir in Language, Culture and Personality* [C]. Berkeley: University of California Press. 590–597.

247. Sapir, E. 1949c. Why cultural anthropology needs the psychiatrist[A]. In Mandelbaum, D. G. (ed.). *Selected Writings of Edward Sapir in Language,*

Culture and Personality [C]. Berkeley: University of California Press. 572 – 576.

248. Sarroub, L. K. 2004. Reframing for decisions: Transforming talk about literacy and assessment among teachers and researchers[A]. In R. Rogers (ed.). *An Introduction to CDA in Education* [C]. New Jersey, Lawrence Erlbaum Associations. 97 – 116.

249. Saussure, F. D. 2001. *Course in General Linguistics*[M]. Harris, R. (Trans.). Beijing: FLTRP & Gerald Duchworth.

250. Schultz, K. 2006. Qualitative Research on Writing[A]. In MacArthur. et al. (eds.). 357 – 374.

251. Semino, E. & Swindlehurst, K. 1996. Metaphor and mind style in Ken Kesey's One Flew Over the Cuckoo's Nest[J]. *Style* 30(1): 143 – 166.

252. Shusterman, R. 1999. *Bourdieu: A Critical Reader* [M]. Oxford, UK & Malden, Mass, USA: Blackwell.

253. Shuy, R. W., Wolfram, A. & Riley, W. K. 1968. *Field Techniques in an Urban Language Study*[M]. Washington, D.C.: Center for Applied Linguistics.

254. Skehan, P. 1998. Analysability, accessibility, and ability for use[A]. In G. Cook & B. Seidlhofer (eds.). *Principle and Practice in Applied Linguistics*[C]. Oxford: Oxford University Press. 91 – 106.

255. Skehan P. 1998. *A Cognitive Approach to Language Learning* [M]. Oxford: Oxford University Press.

256. Sperber, C. & Wilson, D. 1986. *Relevance: Communication and Cognition* (*2nd edition*) [M]. Oxford: Blackwell.

257. Stein, P. 2008. *Multimodal Pedagogies in Diverse Classroom* [M]. London & New York: Routledge.

258. Stockwell, P. 1999. Towards a Critical Cognitive Linguistics? [Z] Online Proceedings of the Annual Conference of the Poetics and Linguistics Association (PALA), http://www. pala. ac. uk/resources/proceedings/1999/pdf/stockwell.pdf

259. Strunk, J. R. & White, E. B. 1979. *The Elements of Style*[M]. New York: Macmillan.

260. Swales, J. *Genre Analysis: English in Academic and Research Settings* [M]. Cambridge: Cambridge University Press.

261. Thao Le. 2009. *Critical Discourse Analysis: An Interdisciplinary Perspective* [M]. New York: Nova Science Publishers.

262. Thompson, G. 1994/2000. *Introducing Functional Grammar* [M]. London:

参
考
文
献

Edward Arnold. / Beijing: FLTRP & Edward Arnold.

263. Thurlow, C. 2005. Deconstructing adolescent communication [A]. In A. Williams & Thurlow, C. (eds.). *Talking Adolescence: Perspectives on Communication in the Teenager Years*[C]. New York: Peter Lang Publishing, Inc.

264. Timothy, B. J. 2004. *The Psychology of Language* [M]. Beijing: Peking University Press.

265. Trudgill, P. 1974. *The Social Differentiation of English in Norwich* [M]. Cambridge: Cambridge University Press.

266. van Dijk, T. A. 1977. *Text and Context*[M]. London: Longman.

267. van Dijk, T. A. 1997. *Discourse as Structure and Process*[M]. London: Sage.

268. van Dijk, T. A. 2003a. The Discourse-knowledge Interface[A]. In *G. Weiss & R. Wodak* (eds.). *Critical Discourse Analysis: Theory and Interdisciplinarity* [C]. London, Macmillan. 85 – 109.

269. van Dijk, T. A. 2003b. Knowledge in parliamentary debates[J]. *Journal of Language and Politics 2(1)*: 93 – 129.

270. van Dijk, T. A. 2005. Contextual knowledge management in discourse production: A CDA perspective[A]. In R.Wodak & P. Chilton (eds.). *A New Agenda in CDA*[C]. Amsterdam and Philadelphia: PA. 71 – 100.

271. van Dijk, T. A (ed.). 2006. *Discourse Studies: A Multidisciplinary Introduction (2nd Edition)* [M]. London: SAGE.

272. van Dijk, T. A. 2008. Critical discourse analysis and nominalization: problem or pseudo-problem[J]. *Discourse and Society 19(6)*: 821 – 828.

273. van Dijk, T. A. 2010. Cognitive Discourse Analysis: An Introduction[Z]. http://www.discourses.org/UnpublishedArticles/cogn-dis-anal.htm: 2010 – 01 –22 – 16: 20

274. Ventola, E. 1988. *The Structure of Social Interaction: A Systemic Approach to the Semiotics of Service Encounter*[M]. London: Frances Pinter.

275. Wang Zhen-hua (ed.). 2012a. *The Collected Works of J. R. Martin Vol(1): SFL Theory*[C]. Shanghai: Shanghai Jiao Tong University Press.

276. Wang Zhen-hua (ed.). 2012b. *The Collected Works of J. R. Martin Vol(7): Language in Education*[C]. Shanghai: Shanghai Jiao Tong University Press.

277. Wang Zhen-hua (ed.). 2012c. *The Collected Works of J. R. Martin Vol(5): Text Theory*[C]. Shanghai: Shanghai Jiao Tong University Press.

278. Wardhaugh, R. 2000. *An Introduction to Sociolinguistics*[M]. Beijing: FLTRP & Blackwell.

279. Webster. J. (ed.). 2005. *The Collected Works of Ruqaiya Hasan (Vol. 1):*

Language, Society and Consciousness[C]. London; Oakville : Equinox Pub.

280. Webster. J. (ed.). 2007a. *The Collected Works of Halliday* (*Vol. 1*): *On Grammar*[C]. London: Continuum./ Beijing: Peking University Press.

281. Webster. J. (ed.). 2007b. *The Collected Works of Halliday* (*Vol. 2*): *Linguistic Studies of Text and Discourse*[C]. London: Continuum./ Beijing: Peking University Press.

282. Webster. J. (ed.). 2007c. *The Collected Works of Halliday* (*Vol. 3*): *On Language and Linguistics* [C]. London: Continuum./ Beijing: Peking University Press.

283. Webster. J. (ed.). 2007d. *The Collected Works of Halliday* (*Vol. 4*): *The Language of Early Childhood* [C]. London: Continuum./ Beijing: Peking University Press.

284. Webster. J. (ed.). 2007e. *The Collected Works* of Halliday (*Vol. 5*): *The Language of Society*[C]. London: Continuum./ Beijing: Peking University Press.

285. Webster. J. (ed.). 2007f. *The Collected Works* of Halliday (*Vol. 6*): *Computational and Quantitative Studies*[C]. London: Continuum./ Beijing: Peking University Press.

286. Webster. J. (ed.). 2007g. *The Collected Works of Halliday* (*Vol. 7*): *Studies in English Language*[C]. London: Continuum./ Beijing: Peking University Press.

287. Webster. J. (ed.). 2007h. *The Collected Works of Halliday* (*Vol. 8*): *Studies in Chinese Language*[C]. London: Continuum./ Beijing: Peking University Press.

288. Webster. J. (ed.). 2007i. *The Collected Works of Halliday* (*Vol. 9*): *Language and Education*[C]. London: Continuum./ Beijing: Peking University Press.

289. Webster. J. (ed.). 2007j. *The Collected Works of Halliday* (*Vol. 10*): *Language and Society*[C]. London: Continuum./ Beijing: Peking University Press.

290. Weigle, S. C. 2011. *Assessing Writing* [M]. Beijing: Foreign Language Teaching and Research Press.

291. Weiner, E. J. & Labov, W. 1983. Constraints on the agentless passive[J]. *Journal of Linguistics* 19(1): 29 - 58.

292. Widdowson, H. G. 1989. Knowledge of Language and Ability for Use[J]. *Applied Linguistics Vol. 10* (2): 128 - 137.

293. Wilkinson A., Arnsley G., Hana P., Swan M. 1980. *Assessing Language Development* [M]. Oxford: Oxford University Press.

294. Williams, G. 1998. Children entering literate worlds: perspectives from the study of textual practices[A]. In F. Christie and R. Misson. (eds.). *Literacy*

参
考
文
献

and Schooling[C]. London：Routledge. 47‑73.

295. Williams，G. 2001. Literacy pedagogy prior to schooling：Relations between social positioning and semantic variation[A]. In A. Morais，I. Neves，B. Davies & H. Daniels（eds.）. *Towards a Sociology of Pedagogy: The Contribution of Basil Bernstein to Research*[C]. New York：Peter Lang. 17‑45.

296. Williams，R. 1977. *Marxism and Literature*[M]. Oxford：Oxford University Press.

297. Wilson，A. 2004. Foucault on the 'question of the author'：a critical exegesis [J]. *The Modern Language Review 99*（2）. 339‑363.

298. Wodak，R. 2002. The Discourse-historical Approach[A]. In R. Wodak & M. Meyer（eds.）. *Methods of Critical Discourse Analysis*. London：Sage Publication. 63‑94.

299. Wodak，R. 2006. Critical linguistics and critical discourse analysis[A]. In J. Verschueren & J. Olaostman （eds.）. *Handbook of Pragmatics*. [C]. Amsterdam：John Benjamins. 1‑24.

300. Wodak，R. 2006. Mediation between discourse and society：Assessing cognitive approaches in CDA[J]. *Discourse Studies Vol 8*（1）：179‑190.

301. Wodak，R. 2009. *Methods of Critical Discourse Analysis*[M]. London：SAGE.

302. Wodak，R. & Chilton，P.（eds.）. 2005. A New Agenda in Critical Discourse Analysis：Theory，Methodology and Interdisciplinarity [C]. Amsterdam，Philadelphia：John Benjamins.

303. 白忠明，潘忠，2016，试论中国学生发展核心素养背景下高中语文教学中的审美教育[J]，《宁夏大学学报（人文社会科学版）》2016 年第 5 期：181‑187。

304. 班建武，2010，《符号消费与青少年身份认同》[M]，北京：教育科学出版社。

305. 蔡慧萍，方琰，2007，语类结构潜势理论与英语写作教学模式实践研究[J]，《浙江海洋学院学报（人文社科版）》2007 年第 4 期：72‑78。

306. 柴葳，刘博智，2016，六大素养树立学生成长"标杆"[N]，《中国教育报》2016 年 9 月 14 日 001 版。

307. 陈本益，2001，索绪尔语言学对西方现代思想的影响综述[J]，《四川外语学院学报》2001 年第 2 期：53‑55。

308. 陈望道，2005，《陈望道学术著作五种》[M]。上海：复旦大学出版社。

309. 陈新仁，2001，话语风格的认知模式[A]，载何自然，冉永平主编，《语用与认知——关联理论研究》[C]。北京：外语教学与研究出版社：348‑354。

310. 陈瑜敏，黄国文，2012，《马丁文集(5)：语篇分析》导读[A]，载 Wang Zhen-Hua，*The Collected Works of J. R. Martin Vol*（5）：*Text Theory*[C]. Shanghai：Shanghai Jiao Tong University Press. 2010c：i‑xii。

311. 崔允漷,2016,追问"核心素养"[J],《全球教育展望》(5):3-10。

312. 丁海蓉,2017,在核心素养视角下彰显"个性语文"教学理念[J],《现代语文》(11):43-44。

313. 丁建新,2007,主体间性、功能进化论、社会生物学——M. A. K. Halliday 社会符号学理论述评[J],《四川外国语学院学报》,2007(6):26-30。

314. 丁念金,2013,学生评价重心:从学业考试到素质发展评价[J],《教育测量与评价(理论版)》,2013(11):39-44。

315. 董敏,2006,论当前中国民事一审判决书的语类结构潜势[J],《修辞学习》,2006年第4期:33-37。

316. 董敏,2010,从实践型社会符号观述评语类结构研究模式[J],《外语教学》2010年第1期:17-20;26。

317. 方读子,1998a,作文评价研究二十年——新时期作文评价的分类描述[J],《中学语文教学参考》(6):4-5。

318. 方读子,1998b,作文评价研究二十年——新时期作文评价的分类描述(续)[J],《中学语文教学参考》(7):2-4。

319. 方珊,2001,《形式主义论》[M]。济南,山东教育出版社。

320. 方生,2001,《后结构主义文论》[M]。济南,山东教育出版社。

321. 方琰,2001,语篇语类研究[J],《清华大学学报(哲学社会科学版)》,2002年增1期:15-21。

322. 冯寿农,2003,"语言学转向"给文学批评带来的革命[J],《外国语言文学》,2003年第1期:50-54。

323. 付欣,2017,培育生命的种子和根——中国学生发展核心素养的理解及校本表达[J],《基础教育论坛》2017年第7期:6-8。

324. 高一虹,龙迪,2001,电话心理咨询导语:结构与功能[J],《语言文字应用》(1):55-63。

325. 葛红兵,2010,谁在教中国人撒谎,新浪博客:http://blog.sina.com.cn/s/blog_473d280c0100gy0v.html.2010-04-01。

326. 贡如云,冯为民,2017,高中语文核心素养的实质内涵及培育路径[J],《教育理论与实践》(5):52-54。

327. 顾日国,1999,使用者话语的语言学地位综述[J],《当代语言学》1999(3):3-14。

328. 顾振彪(编),2006,《作文个性化发展研究》[C]。长春:吉林文史出版社。

329. 韩传达,2005,曹丕《典论·论文》重点难点辅导[Z],http://www1.openedu.com.cn/file_post/display/read.php? FileID=28291:2005-04-26。

330. 韩传达,谢洪光,庄之强,关龙艳,2005,《中国古代文论选读学习指导》[M]。北京:北京大学出版社。

331. 韩礼德,1999,从社会符号学的角度解析儿童语言发育[A](李战子、陆丹云译)。

载姚小平编《韩礼德语言学文集》[C]。长沙：湖南教育出版社：287-320。

332. 韩泉欣，2000，《文心雕龙·体性》"各师成心其异如面"说[J]，《浙江大学学报（人文社科版）》(1)：52-57。

333. 何克抗，马宁，2005，基于儿童思维发展新论的语文教育跨越式发展创新试验[J]，《中国电化教育》(12)：43-50。

334. 核心素养研究课题组，2016，中国学生发展核心素养[J]，《中国教育学刊》2016(10)：1-3。

335. 胡壮麟，2000，《功能主义纵横谈》[M]。北京：外语教学与研究出版社。

336. 胡壮麟，朱永生，张德禄，李战子，2005，《系统功能语言学概论》[M]。北京，北京大学出版社。

337. 胡壮麟、黄国文，2007，解读韩礼德的 Appliable Linguistics[J]，《四川外语学院学报》，2007(6)：1-6。

338. 黄国文，2001，《语篇分析的理论与实践——广告语篇研究》[M]。上海：上海外语教育出版社。

339. 黄国文，2006，《功能语言学与适用语言学》[M]。广州：中山大学出版社。

340. 黄国文，2009，系统功能语言学研究中的整合[J].《中国外语》(1)：17-23。

341. 黄国文，2009，中国系统功能语言学研究：发展与展望[A]，载庄智象、胡文仲编，《中国外语教育发展论坛》[C].上海：上海外语教育出版社，2009.857-892.

342. 黄国文、常晨光(编)，2010，《功能语言学年度评论》[C]。北京：高等教育出版社。

343. 黄国文、常晨光、丁建新(编)，2005，《功能语言学的理论与应用》[C]。北京：高等教育出版社。

344. 黄国文、王宗炎(编)，2002，《语篇与语言的功能》[C]。北京：外语教学与研究出版社。

345. 黄克恭，尹继东，2017，高考作文命题要关注的五项关系[J]，《语文教学通讯》2012 年第 3 期：47-48。

346. 黄书泉，2001，作家人格：批评的解读与误读[J]，《文艺争鸣》2001 年第四期：44-47。

347. 见龙在田，2010，语文老师从没有教中国人说谎（驳"葛红兵等批语文老师教中国人说谎"言论），搜狐博客：<u>http://teacher-tian.blog.sohu.com/</u>.2010-04-02。

348. 教育部基础教育课程教材专家工作委员会(编)，《义务教育语文课程标准(2011 年版)解读》。北京：高等教育出版社。

349. 解正宝、杨永明，2006，刍议高中生作文个性化评价的若干原则[A]，载顾振彪(编)，《作文个性化发展研究》[C]。长春：吉林文史出版社：324-330。

350. 课程教材研究所(编)，《全日制义务教育语文课程标准(实验稿/修订稿)》[S]，<u>http://www.pep.com.cn/xiaoyu/jiaoshi/tbjx/kbjd/</u>，2012/10/13/08：00'00''

351. 课程教材研究所(编)，2000，《20 世纪中国中小学课程标准·教学大纲汇编》[G]。北京：人民教育出版社。

352. 孔凡哲,2009,关注教育评价技术的研究[J].《教育测量与评价(理论版)》,2009
　　(6):1-5。

353. 孔凡哲,2017,中国学生发展核心素养评价难题的破解对策[J],《中小学教师培
　　训》2017年第1期:1-6。

354. 李福印,2008,《认知语言学概论》[M]。北京:北京大学出版社。

355. 李吉林,陆志平,2012,"写作",教育部基础教育课程教材专家工作委员会(编),
　　《义务教育语文课程标准(2011年版)解读》。北京:高等教育出版社:188-217。

356. 李力,2004,及物性理论应用在辨识个人语型上的可行性[J],《天津外语与学院
　　学报》2004年第3期:33-36。

357. 李战子,2000,《语言的人际功能新探》[M]。北京:军事谊文出版社。

358. 李战子,2002,《话语的人际意义》[M]。上海:上海外语教育出版社。

359. 李战子,2005,身份理论与应用语言学研究[J],《外国语言文学》(4):234-241。

360. 林崇德,2016,《21世纪学生发展核心素养》[M]。北京:北京师范大学出版社。

361. 林崇德,2017,构建中国化的学生发展核心素养[J],《北京师范大学学报(社会
　　科学版)》(1):66-73。

362. 林崇德,2017,中国学生发展核心素养:深入回答"立什么德、树什么人"[J],《人
　　民教育》(19):14-16。

363. 刘琰,2017,基于语文教学加强核心素养的研究[J],《北方文学》2017年第5期:
　　157-158。

364. 刘传权,2012,小学生作文个性化发展教学策略研究[Z],重庆市教育科研骨干
　　答辩论文,http://wenku.baidu.com/view/fc6684737fd5360cba1adbcf.html

365. 刘炯辉,2006,再谈"作文个性化"[A],载顾振彪(编),《作文个性化发展研究》
　　[C],长春:吉林文史出版社,2006:100-103。

366. 刘淼,2000,国外作文评价指标研究及其启示[J],《学科教育》(3):46-49。

367. 刘青,2016,PISA2015科学素养评估体系的研究与启示[J].中国考试,2016(3):
　　32-37.

368. 刘庆昌,2017,人文底蕴与科学精神——基于《中国学生发展核心素养》的思考
　　[J],《教育发展研究》2017年第4期:35-41。

369. 刘润清,1995,《西方语言学流派》[M]。北京,外语教学与研究出版社。

370. 刘世生,朱瑞青,2006,《文体学概论》[M]。北京:北京大学出版社。

371. 刘锡庆,2008,漫谈"读"与"写"[J],《广播电视大学学报(哲学社科版)》(3):50-54。

372. 刘学东,汪霞,2015,美国大学生写作素养培养研究——以斯坦福大学为例[J],
　　《现代大学教育》2015年第4期:33-39。

373. 陆丹云,2003,wh-分裂句的元语言功能和英语句法教学,《外语研究》第3期。

374. 陆丹云,2007,《语际迷茫》中的态度与对话[A],李战子(主编),《跨文化自传与
　　英语教学》[C]。北京:高等教育出版社:89-120。

274

375. 陆丹云,2009,汉语 TP 小句的语义潜势和语法构型——兼论"优先话题"的语法身份,《外国语文》第 5 期。

376. 陆丹云,2010a,英语双及物结构的多义性探析——系统功能语言学的视角。《外国语》第 3 期。

377. 陆丹云,2010b,回归论元结构构式理论——英语双及物构成"给予"问题再研究。《外语研究》第 3 期。

378. 陆丹云,2010c,狂欢杂糅对话——社会符号学视野中的大众文化新话语。《江苏行政学院学报》第 3 期。

379. 陆丹云,2011a,个体化——语言异质性研究的新途径[J],《外语研究》(2):14-19。

380. 陆丹云,2011b,多模态符号研究中的系统功能观[J],《语言学研究》第十辑:36-47。

381. 陆丹云,2013,个体语义发展和再社会化[A],黄国文主编《系统功能语言学群言集(3)》[C],高等教育出版社:67-77。

382. 陆丹云,2013,基于系统功能语言学的儿童写作研究[A],黄国文主编《功能语言学与语篇分析(5)》[C],高等教育出版社:96-110。

383. 陆丹云,2013,知识机制、心理语境和个体语域模型——认知性话语分析和系统功能语言学"个体化"研究的融合[J],《外语研究》(4):33-40。

384. 陆丹云,2014a,作文个性化研究的学术现实和语境重构[J],《外语研究》2014 年第 3 期:1-7。

385. 陆丹云,2014b,三方话语和被湮没的声音——作文个性化研究范式探析[J],《当代中国话语研究(第六辑)》,2014 年 11 月:21-34。

386. 陆丹云,2015,写作素养的多向发展模式——系统功能语言学的视角[J],《外语研究》2015 年第 2 期。

387. 陆丹云,2016,"想象创造力"去哪儿了——作文个性化之及物性研究[J],《外语研究》2016 年第 4 期:43-52。

388. 路德庆,1994,《普通写作学教程》[M]。北京:高等教育出版社。

389. 吕智敏,2016,PISA 测评的素质发展评价意蕴[J].当代教育科学,2014(22):21-22;30。

390. 马丁,王振华,2008,实现化、实例化和个性化——系统功能语言学的三个层次[J],《上海交通大学学报(哲学社会科学版)》(5):73-81。

391. 马玉蕾,2012,《马丁文集(7):教育语言研究》导读,见 Wang Zhen-Hua 2010b:i-xxii。

392. 潘自由,2006,中央教科所"十五"重点课题"中小学生作文个性化发展研究"总体介绍[A],载顾振彪(编)《作文个性化发展研究》[C],长春:吉林文史出版社,14-19。

393. 彭寿清,张增田,2016,从学科知识到核心素养:教科书编写理念的时代转换[J],《教育研究》(12):106-111。

394. 彭宣维,2000,《英汉语篇综合对比》[M]。上海:上海外语教育出版社。

395. 戚雨村,1997,《现代语言学的特点和发展趋势》[M]。上海:上海外语教育出版社。

396. 区培民,2003,《语文课程与教学论》[M]。杭州:浙江教育出版社。

397. 人民教育出版社官网,《小语论坛》[Z],http://www.pep.com.cn/xiaoyu: 2010-04-07~2011-06-18.

398. 申丹,2006,及物性系统与深层象征意义[J],《外语教学与研究》(1):4-10。

399. 沈谦,1986,《文心雕龙》论文学风格[A]。载毛庆其编《台湾学者中国文学批评论文选》[C],人民文学出版社:55-60。

400. 沈永耿,1994,文章本质辩——简评《普通写作学教程》的文章定义[J],《浙江广播电视高等专科学校学报》(2):54-58。

401. 施民贵,高雅,2017,儿童写作核心素养与培育路径——兼谈吴立岗先生作文教学观[J],《小学语文教师》2017年第9期:65-67。

402. 石鸥,2016,核心素养的课程与教学价值[J],《华东师范大学学报(教育科学版)》(1):9-11。

403. 宋灵青,田罗乐,2017,"互联网+"时代学生核心素养发展的新理路[J],《中国电化教育》(1):78-82。

404. 唐丽萍,2011,语料库语言学在批评话语分析中的作为空间[J],《外国语》(4):43-49。

405. 田贵森,2012,语言变异的功能语言学思考[J],《当代外语研究》(3):22-26。

406. 田海龙,2006,语篇研究的批评视角:从批评语言学到批评话语分析[J]。《山东外语教学》(2):40-47。

407. 汪瑞林,杜悦,2016,凝练学生发展核心素养 培养全面发展的人——中国学生发展核心素养研究课题组负责人答记者问[N],《中国教育报》2016年9月14日009版。

408. 王红阳,陈瑜敏,2008,韩礼德思想溯源[J],《宁波大学学报》(1):56-62。

409. 王可,2007,《中学生写作能力——结构、发展特点和对写作能力的预测》[D]。北京师范大学博士论文。

410. 王丽,1997,中学语文教学手记[J],《北京文学》(11):7-10。

411. 王文忠,2001,语言——文化研究中的语言个性理论[J],《外语学刊》(4):72-77。

412. 王寅,2005,认知参照点原则与语篇连贯[J],《中国外语》(9):17-22。

413. 王振华,2002,马丁论篇章结构[A],载黄国文(编),《语篇·语言功能·语言教学》。广州:中山大学出版社:178-186。

414. 王振华,2007,《语篇研究:跨越小句的意义》导读,载Martin & Rose(2007):1-15。

415. 王振华,2012,詹姆斯·R·马丁的司法语言研究及其启示[J],《当代外语研究》(1):19-24。

276

416. 维基百科：2012, Writing, http：//en. wikipedia. org/wiki/Writing：2012 - 08 - 13

417. 吴立刚,2010,《语文教育寻踪》[M]。北京：人民教育出版社。

418. 吴思敬,1985,《写作心理能力的培养》[M]。北京：北京出版社。

419. 武小军,2005,行话、网语：语言的反域话及语域模糊[J],《西南民族大学学报（人文社科版）》(7)：212 - 214。

420. 夏珍珍,2008,儿童博客中的儿童话语表达现状探析——以雏鹰网为个案[A],载方卫平编《中国儿童文化第四辑》[C],杭州,浙江少年儿童出版社：24 - 39。

421. 小学语文课程教材研究所,2007,小学语文教学大纲的比较研究[R], http：//www.pep.com.cn/xiaoyu/shuwu/xy_dsyz/shuwu1/200706/t20070628_399810.htm：2010 - 05 - 28

422. 辛斌,2005,《批评语言学：理论与应用》[M]。上海：上海外语教育出版社。

423. 辛斌,2007,《辛斌语言学选论》[M]。上海：复旦大学出版社。

424. 辛斌,2007,批评语篇分析的社会和认知趋向[J],《外语研究》(6)：19 - 24。

425. 辛涛,2006,学生发展核心素养研究应注意几个问题[J],《华东师范大学学报（教育科学版）》,2016(1)：6 - 7。

426. 辛志英、黄国文,2010,系统功能语言学研究方法论[J],《外语研究》(5)：1 - 5。

427. 熊建辉、俞可,2014,国际大规模教育评估的影响力——以 PI-SA, TIMSS 和 PIRLS 为例[J].人民教育,2014(2)：29 - 33。

428. 徐同,2005a,个性化教育理论下的作文与作文教学——兼评"中小学生作文个性化发展研究"课题[J],《教育实践与研究》(4)：17 - 20。

429. 徐同,2005b,从生命的发展解读作文与作文教学——作文个性化刍议[J],《教育实践与研究》(9)：8 - 10。

430. 许书明,2005,试论个性化作文教学的目标和原则[J],《教育探索》(10)：63 - 64。

431. 薛毅,1997,文学教育的悲哀[J],《北京文学》(11)：11 - 17。

432. 杨劼,2008,关于作家论[Z],当代中国文学网：http：//www.ddwenxue.com/html/zgxs/llpp/20081013/2828_4.html,2008 - 10 - 13。

433. 杨兴彰,2008,《通过意义识解经验》导读,载 Halliday & Matthiessen 2008b：11 - 24。

434. 杨雪燕,2011,对系统功能语言学的再认识[J],《中国外语》(6)：39 - 46。

435. 叶圣陶,1980,《叶圣陶语文教育论集》[M]。北京：教育科学出版社。

436. 尹继东,2005,写作：是能力,还是素养[J],《现代语文》2006 年第 9 期：100 - 101。

437. 尹继东,2006,高考作文评分标准的变化对作文教学的影响[J],《语文教学通讯》2006 年第 2 期：54。

438. 尹继东,2012,论高考作文的评阅关系[J],《教研天地》2012 年第 2 期：24 - 25。

439. 俞发亮,2007,刍议"争议作文"的价值[J],《语文建设》(4)：31 - 32。

440. 张德禄,2002a,语类研究理论框架探索[J],《外语教学与研究》(5)：339 - 344。

441. 张德禄,2002b,语类研究概览[J],《外国语》(4)：13-22。

442. 张德禄,2005,《功能语言学与外语教学》[M]。北京：外语教学与研究出版社。

443. 张德禄,2006,批评话语分析和词汇语法[R],"当代中国新话语国际会议"大会发言。

444. 张德禄,2007,《韩礼德文集(9)：语言与教育》导读[A],见 Webster 2007i：ix-xxxi。

445. 张德禄、秦双华,2010,马丁论跨学科性[J],《当代外语研究》(6)：13-16。

446. 张辉、江龙,2008,试论认知语言学与批评话语分析的融合[J],《外语学刊》(5)：12-19。

447. 张楠,2017,学生发展核心素养：为何与何为——评《21世纪学生发展核心素养研究》[J],《教学导刊》2017年第6期：95-96。

448. 张雪珍、朱静英、蔡幽凤、胡兴宏,1988,小学毕业生语文能力综合评价方案的设想和实施[J],《上海教育科研》(3)：54-58。

449. 章熊,2000,《中国当代写作与阅读测试》[M]。成都：四川教育出版社。

450. 赵莹莹,2016,从"语文素养"看"语文核心素养"的内涵及特征[J],《牡丹江大学学报》2016年第11期：174-176。

451. 赵中建,2005,美国课程标准之标准研究[J].全球教育展望,2005(6)：37-41。

452. 郑秉成,2003,写作素养论——写作能力与情意素养的统一[J],《福建师范大学学报(哲学社会科学版)》2003年第5期：132-136。

453. 钟传祎,写作、作文、习作、写话辨析[Z],【新浪博客】：学科作文教学研究,http://blog.sina.com.cn/s/blog_71dd823f0100y6e3.html 2012-02-25 10：47'14''

454. 周泓,2002,《小学生写作能力研究》[D],西南师范大学博士论文。

455. 周泓、张庆林,2004,小学生写作能力测验的编制报告[J],《心理学探新》(4)：72-77。

456. 周慧、綦春霞,2015,PISA2012数学素养测试分析框架及例题分析[J].《教育测量与评价(理论版)》(5)：36-42。

457. 周晓康,1999,现代汉语物质过程小句的及物性系统[J],《当代语言学》(3)：36-50。

458. 朱永生,2011a,Bernstein的教育社会学理论对系统功能语言学的影响[J],《外语教学》(4)：6-12。

459. 朱永生,2011b,系统功能语言学中的个体发生学[J],《中国外语》(6)：18-25。

460. 朱永生,2012,系统功能语言学个体化研究的动因及哲学指导思想[J],《现代外语》(4)：331-337。

461. 朱永生、严世清,2011,《系统功能语言学再思考》[M]。上海：复旦大学出版社。

462. 朱作仁,1990,《小学生作文量表》[M]。西安：陕西人民出版社。

463. 祝新华,1993,青少年作文能力结构及其发展特点的研究[J],《华东师范大学学报(教育科学版)》(3)：79-82。

464. 邹静之,1997,女儿的作业[J],《北京文学》(11)：4-6。

参考文献

后　记

　　论文自开题数易其稿、几欲放弃,终能告竣并入选文库,得益于诸多良师益友、亲人贤士的大力提携和真诚帮助。没有他们的合力支持,很难想象拙作能以今天的面目呈现。

　　我从硕士生开始便师从李战子教授,导师领我进入功能语言学的殿堂,通过精心栽培和严格调教使我的科研能力、学术素养得到规范化训练,导师鼓励我不断挑战自我、参加各类学术活动、承担语言学和功能语言学等硕士生专业课教学,使我的学术视野不断拓宽、在各种学术平台上得到锻炼。在论文撰写的各个环节,导师以开放的学术心态激励我开展符合个人学术特点的"个性化论文写作",在我陷入思维的瓶颈僵局时,导师高屋建瓴地指出我的理论盲区、引我走出学术误区,没有她的谆谆教导和殷切期望,或许这项研究至今还停留在设想阶段。

　　胡壮麟教授是中国语言学界的泰斗,也是战子老师的博士生导师、我的"师爷爷",虽然他已入耄耋之年,且学术日程繁忙,我却真真切切地体会到他对后辈的提携帮助、言传身教。他鼓励我开展跨学科前沿研究,也以自己求学不休的实例教我在学习生活中思考、创新和进步。当我因撰文之累、思考之苦而流露退堂之意,他及时通过短信、邮件等方式远程"扬鞭"、策我"奋蹄";在论文初成、尚未确定出版之时,他第一时间以"师爷爷"的身份审读全文、扬笔赐序,序言中的褒扬之词、关爱之切令我惶恐,促我静心修改、完善书稿,希望本书的出版不令师门受辱、前辈失望。

研学期间有幸得遇多位语言学大家，他们直接或间接地、有心或无意地为我在学术之路上指明了方向。Halliday 在 2009 年北京师范大学的系统功能语言学暑期讲习班和同济大学的国际话语分析暨全国语篇分析研讨会上为我答疑解惑，他非常敏锐地把握到我在"语义发生"等问题上的关键疑惑点、一针见血地指出我在"语义冗余"等具体问题上的理解误差和知识空缺，也启发我探索功能语言学与其他学科的互补整合。Martin 在 2011 年清华大学的语言学讲习班和第 12 届全国功能语言学研讨会上启发我开展教育研究，并多次通过邮件分享他的最新研究。黄国文教授用"live and let live"这一学术人生观引导我将学术研究纳入一个良性的、有生的发展途径。与江苏省外国语言学界的张洁、辛斌、陈新仁、苏晓军、王永祥、李曙光等"学术达人"在学术研讨会上的相逢让我不仅在学识上循序渐进，也收获了许多做人的道理与处世的原则。杨小荣、张辉、何树、李德俊等教授在课堂上所传授的真知灼见为此课题研究提供了更为宽广的思路和更为新颖的视角。

　　博研旅程伴随孩子的写作成长，在陪他涂鸦学字到拜读他的"新月派长诗""章回体小说""隐喻式童话"的过程中，我们共同经历了"个性"和"规范"间的诸种挣扎和努力，体会了当代中国教育语境下一个学生的个体作文发展历程，这成为我选择"作文个性化"课题的现实动力。撰写论文期间，孩子亦经历着"备战中考""决战高考"所带来的繁重学业压力，目睹他笑脸盈盈应对自如，参观他的个性化小发明、小设计、小创新，深夜苦读时收到他入睡前发来的"加油"短信和调皮表情，欣慰的同时也要求自己以身作则，争取以好的学术成果回报一个小小少年对他时而任性、时而心不在焉的"特二母亲"的理解。

　　完稿之际，尚觉需要感谢的人太多。例如为实证研究提供手写作文和参加问卷调查的 54 名小学生和他们的家长，虽说对作文进行逐篇语义标记的工作是枯燥而辛劳的，但也不乏在读到文中趣事、新奇表达甚至是连篇错字时忍俊不禁的片刻。特别要感谢他们的语文老师朱海蓉女士，她耐心、细致和无私的帮助是实证研究得以实施的基础，在搜集语料的过程中我与她有过多次交谈，朱老师的教育经历和感悟让本研究"更接地气"。博研期间，有幸拥有很多关系融合、相互提携的同事、知己

后记

280

与朋友,王波主任、孙金华主任等主动为我减免了工作负担,教研室同事陈罡等替我承担了部分教学任务和资料整理工作。在与刘喆、朱洪涛、周红英、吕文茜、花爱萍、庞超伟等学弟学妹共同求学的过程中,我们收获的不仅是学业的进步,还有真挚的情谊和彼此的默契。儿时的伙伴、家乡的旧友、球场和牌局上的搭档一贯地关心、鼓励、爱护我,他们在各自领域的故事和成就丰富和拓展我的"个体语义资源",与他们的每一次相遇都让我在学习之余过得精彩积极、乐观向上。

重读论文,总会发现新的问题,如理论不够深刻、分析不够透彻、证据不够充分、论证不够严谨、语言不够精炼等等。聊以欣慰的是,研究过程中,我始终以真诚的态度去探索语言学理论中一个罕为触及的方面、真诚地面对一个语言的现实问题、真诚地使用我所理解的语言学理论去解决这个问题。我也愿意用一份学术真诚,去面对研究中的诸多不足,现有的研究不是一只严丝合缝的"木桶",我会一步步弥补短板,努力在语言"个体化"理论和作文"个性化"研究之路上走得更远一些。

陆丹云

2018 年 3 月